MAXIME DU CAMP

DE L'ACADÉMIE FRANÇAISE

MÉMOIRES

D'UN

SUICIDÉ

PARIS

C. MARPON ET E. FLAMMARION

ÉDITEURS

26, RUE RACINE, PRÈS L'ODÉON

Tous droits réservés.

MÉMOIRES

D'UN SUICIDÉ

IMPRIMERIE C. MARPON ET E. FLAMMARION
RUE RACINE, 26, A PARIS.

AVERTISSEMENT

DE CETTE NOUVELLE ÉDITION

Ce livre a été écrit en 1852 ; je viens de le relire afin de l'émonder un peu et c'est à peine si je l'ai reconnu ; ce n'est pas lui qui est changé, c'est moi ; le temps a fait son œuvre. Il m'a fallu un grand effort de mémoire pour reconstituer ce Jean-Marc dont jadis j'ai publié le manuscrit posthume. Au temps de ma jeunesse, ses douleurs me paraissaient naturelles et légitimes, j'avoue qu'aujourd'hui elles me semblent passablement incompréhensibles. J'aurais même hésité à remettre ces notes sous les yeux du public, si le pauvre homme qui les a écrites n'avait si nettement senti lui-même par où il péchait et s'il n'avait toujours indiqué le remède du mal dont il souffrait ; remède bien simple, à la portée de tous, et que son manque d'énergie l'empêcha de s'administrer à doses convenables. Ce rêveur qui vit sur sa propre substance jusqu'à l'épuiser, sait que le travail seul pourrait la renouveler et étayer ses facultés chancelantes ; il recule, il n'a pas le courage de saisir cet ami des bons et des mauvais jours ; il meurt misérablement, délaissé de lui-même, après avoir vécu inutile, improductif, funeste aux autres. Comme le moine de Saint-Bruno, il peut dire : *Justo judicio damnatus.*

Jean-Marc était-il bien sain d'esprit ? en relisant ses mémoires, j'en ai douté. Il quitta la vie à trente ans, à cet âge particulièrement périlleux où le jeune homme n'est plus, où l'homme n'est pas encore, où le système nerveux cherche à prendre un équilibre définitif qu'il ne rencontre pas toujours. A cette heure climatérique, il n'est pas rare de voir la nature humaine saisie par l'étrange maladie que les anciens ont nommée *Tœdium vitæ*, et que nos médecins modernes appellent l'hystéro-mélancolie, maladie souvent mortelle, car elle conduit presque invariablement au suicide. Les dernières impressions de Jean-Marc sont très troublées, purement subjectives; il les trouve en lui-même comme les fruits d'un cerveau malade. Sa raison de l'abandonne pas, car, jusqu'à la dernière minute, il argumente sur sa propre résolution et n'est pas bien certain de ne point faire une sottise, mais elle est assez ébranlée pour dénaturer les objets, fausser les déductions, obscurcir sa vraie pensée et l'arracher à tous les devoirs dont l'accomplissement seul élève l'homme au-dessus de l'animalité. Lorsqu'il se décide à mourir, il est bien près d'être irresponsable, et ses facultés ne sont plus intactes. Si ce livre n'eût pas été l'œuvre de Jean-Marc et s'il lui était tombé sous les yeux, il lui eût sans doute apporté quelque soulagement, et peut-être même le salut.

On se demandera probablement si Jean-Marc est un personnage réel, et si toute cette histoire n'est pas un simple roman offert par un désœuvré à d'autres désœuvrés? A telle question, je ne saurais répondre. J'ignore même si ce triste héros s'est tué, comme le disent ses mémoires; mais je sais qu'il n'existe plus.

M. D.

8 février 1876.

Relu et approuvé.
Mars 1890.

M. D.

PROLOGUE

> On entrevoit alors que la mort est un remède, et qu'elle vient au secours des destinées qui ont peine à s'accomplir.
> MICHELET.

En 1850, j'étais en Égypte; je revenais de la Nubie, et ma cange, après avoir descendu les cataractes, côtoyé les paysages du Nil, stationné devant les ruines de Thèbes, s'arrêta un matin au mouillage de Kénéh. C'était à la fin de mai; l'inondation avait abandonné les terres crevassées par le soleil; il faisait chaud et le vent de khamsin poussait des rafales brûlantes sous le ciel décoloré. Mon équipage, qui depuis six semaines maniait ses longues rames en chantant, était épuisé de fatigue, il demandait un repos que je lui accordai sans peine, et je résolus d'aller visiter les bords de la mer Rouge, dont la ville de Kénéh est séparée par un petit désert que les caravanes mettent quatre jours à traverser. Un certain chrétien de Bethléem nommé Iça, faisant fonction d'agent consulaire de France à Kénéh, se chargea de trouver des dromadaires pour mon drogman et pour moi, des chameaux pour les outres et pour les bagages, et fit prix avec des chameliers qui devaient me conduire au port de Qôseir et me ramener ensuite à Kénéh, où le reste de mes hommes demeurait à m'attendre.

On partit avant le lever du jour, et le soir, à la nuit close, on piqua la tente au puits de la *Djita*, après avoir marché quatorze heures sous le soleil, à travers les tourbillons de poussière soulevés par le vent du sud. Le lendemain, on fit la sieste dans une grotte couverte d'inscriptions hiéroglyphiques de la dynastie éthiopienne, à un endroit nommé *Gamré-Schems*, et le soir on s'arrêta à quelque distance de *Bir-el-Hamammat* (le puits des Pigeons). Nos chameliers auraient voulu pousser plus loin, car le diable venait souvent visiter les voyageurs à cette place que j'avais choisie, et ils ne se sentaient que médiocrement rassurés malgré les plaisanteries et les raisonnements philosophiques de mon drogman.

Lorsque j'eus terminé ce rapide repas des voyages au désert qui se compose presque invariablement de pain et d'œufs durs, lorsque j'eus pris mes notes à la clarté de ma lampe portative, je m'étendis sur mon tapis, la tête soutenue par un bon oreiller de sable fin, mes armes près de moi, sous le ciel étoilé, sentant mon cœur se dilater à l'aise dans les immensités silencieuses qui m'entouraient.

Le sommeil approchait de moi, les images des songes passaient déjà devant mes yeux, je n'avais plus qu'une perception confuse des paroles que les chameliers échangeaient à voix basse, lorsque mon drogman se prit à dire en ricanant :

— Ah ! si le diable vient nous chercher cette nuit, il trouvera à qui parler, car voilà une caravane qui s'arrête à cent pas d'ici.

En effet, un grand bruit vint jusqu'à moi. Des chameaux faisaient entendre ce gargouillement plaintif qui est leur cri, des hommes parlaient à voix haute, on enfonçait à coups de marteau les piquets d'une tente ; on s'agita ainsi pendant quelque temps, puis peu à peu la rumeur s'apaisa, se tut tout à fait, et je m'endormis.

Je ne sais depuis combien d'heures je reposais de ce sommeil vigilant particulier aux voyageurs qui gardent toujours une oreille ouverte au danger, lorsque je fus réveillé par un grand tumulte. Des Arabes criaient, un coup de fusil ébranla les échos du désert, on entendait des miaulements douloureux semblables à des vagissement d'enfant. Je sautai sur ma carabine, mon drogman passa ses pistolets à sa ceinture.

— C'est Schîtan le Lapidé qui tord le cou à de mauvais pèlerins, disaient les chameliers.

— C'est quelque bête féroce qui attaque la caravane, disait le drogman.

— Allons voir, disais-je à mon tour.

Le drogman et moi nous partîmes en courant, pendant que les chameliers s'accroupissaient prudemment derrière leurs dromadaires.

Comme nous approchions du lieu d'où était sorti ce vacarme, mon oreille fut frappée par un juron français si nettement articulé, que je ne pu m'empêcher de m'arrêter avec étonnement.

— Qui vive! criai-je en riant.
— France! répondit-on.

Je fis encore quelques pas et je me trouvai face à face avec un grand jeune homme vêtu en Wahabi. Il me tendit la main.

— Parbleu! Monsieur, me dit-il, je ne m'attendais pas à être secouru par un Français; car ceci est un pays peu fréquenté par nos compatriotes. Je vous remercie de votre empressement, le péril n'était pas bien grand tout à l'heure, et maintenant il est entièrement passé.

— Qu'était-ce donc? lui demandai-je.
— Rien. Une bande de chacals qui rôdaient par ici a voulu tâter de nos provisions; un chamelier a crié contre eux, mon Arnaute leur a envoyé un coup de fusil, mon chien s'est mis à leur poursuite, et à cette heure tout est au mieux dans le meilleur des déserts possible. Est-ce que vous venez de Kénéh?

— Oui, j'en suis parti hier matin.
— Dieu soit loué! s'écria-t-il, car vous devez avoir de l'eau du Nil. Depuis un an que je cours l'Arabie, je ne bois que des breuvages invraisemblables et j'ai hâte d'avaler quelques gorgées d'eau douce. Les puits de Qôseir sont pleins d'un liquide nauséabond; vous m'en direz des nouvelles, lorsque vous y serez.

J'envoyai mon drogman chercher une outre à laquelle on donna de longs baisers, comme dit Sancho. J'étais surpris de la joie qu'éprouvait ce jeune homme à boire cette eau, qui depuis deux jours ballottait au soleil dans de vieilles peaux de chèvre, et que déjà je trouvais détestable.

Lorsqu'il eut largement bu, il fit claquer sa langue comme un gourmet qui vient de savourer un verre de ce fameux vin de Porto retrouvé sous les décombres du tremblement de terre de Lisbonne.

— Merci, me dit-il en rendant l'outre au drogman. Est-ce que vous avez bien envie de dormir! Puisque nous sommes en Orient, vous me permettrez de vous traiter à l'orientale : nous ne pouvons nous séparer sans avoir pris le café et fumé un tchibouk.

— Soit, lui dis-je; mais avant tout, présentons-nous l'un à l'autre. Je m'appelle Maxime Du Camp; je viens de Wadi-Halfa et je compte me rendre à Constantinople à travers le continent, pour de là rejoindre la France par la Grèce et l'Italie. Et vous, mon hôte?

— Moi, répondit-il, je m'appelle Jean-Marc; j'arrive du Caucase, à travers la Perse, le Khurdistan, la Mésopotamie et l'Arabie; je me rends à Alexandrie, où je m'embarquerai pour la France ou tout autre pays, selon la fantaisie qui me poussera.

— Eh bien, mon cher Jean-Marc, entrons sous votre tente!

— Ma foi, mon cher Maxime, vous y serez le bienvenu.

Les voyageurs se lient facilement : on se rencontre aujourd'hui, demain on se quittera peut-être pour toujours; aussi l'on met vite le temps à profit; on donne en quelques instants ce qui, dans des circonstances ordinaires, demanderait des semaines et des mois; au bout d'une heure on se sépare en s'aimant, sans savoir si jamais on se retrouvera. Il n'y a pas de transition, on en est déjà à l'intimité qu'on sait à peine de quel nom s'appeler. On se jure de se rechercher, de se revoir plus tard ; mais les exigences de la vie vous dispersent, l'oubli vous éloigne, et vous restez sans nouvelles de ceux à qui vous avez livré une portion de votre cœur dans une poignée de main. — Sur les chemins du monde, que d'amis j'ai déjà laissés, pour qui mon visage serait maintenant inconnu !

Au bout de quelques minutes, Jean-Marc et moi, accroupis sur une natte, fumant nos longues pipes, roulant nos chapelets entre nos doigts, nous nous traitions en vieilles connaissances.

Pendant que nous causions, le rideau de la tente se souleva doucement, et un grand lévrier épagneul entra. Il étira ses membres, lécha ses babines, me flaira avec circonspection, et alla ensuite se coucher auprès de son maître, qui le caressa en lui disant :

— Eh bien ! Baobdil, nous avons donc mangé un peu les chacals, que nous avons la gueule ensanglantée. Le coup de Bekir-Aga a porté. Ce vieux diable est comme les chats, il y voit aussi bien la nuit que le jour.

Le personnage dont on parlait ne tarda pas à paraître lui-même, apportant le café. C'était un homme grand et sec,

Plus délabré que Job et plus fier que Bragance,

de mine hautaine, malgré le dépenaillement de son costume albanais. Sa fustanelle retombait trouée comme une guipure sur ses jambes laissées à demi nues par des guêtres déchirées ; de sa ceinture sortaient des pistolets à crosse de corail et un yatagan à fourreau de vermeil ; sa veste, autrefois rouge brodée d'or, s'en allait en lambeaux ; un fez éraillé couvrait sa tête et était entouré, en guise de turban, d'un mauvais mouchoir en colonnade jaunâtre qui accompagnait bien les tons bronzés de son visage maigre, orné d'une longue moustache blanche retroussée jusqu'aux oreilles.

— Où donc avez-vous trouvé ce chef de brigands ? demandai-je à Jean-Marc lorsque Bekir-Aga se fut éloigné.

— Dans les montagnes de l'Albanie, me répondit-il. C'est toute une histoire. Il y a une dizaine d'années, je lui ai sauvé la vie, et depuis ce temps il ne m'a jamais quitté. Son accoutrement se ressent du long voyage que nous venons de faire. Il ne paie pas de mine, je le sais, mais c'est le serviteur le plus dévoué qui soit au monde ; et, ajouta-t-il avec une certaine tristesse, c'est depuis bien des jours déjà ma seule compagnie avec ce chien qui dort maintenant à mes pieds.

Après une heure de conversation avec Jean-Marc, je me levai pour lui faire mes adieux ; il me retint par le bras :

— Il y a si longtemps, me dit-il, qu'une voix française n'a sonné à mon oreille que je ne peux me décider à vous quitter. Et puis, j'ai bien des questions à vous faire ; voilà plus d'une année que je n'ai eu de nouvelles de la France, je ne sais ce qui s'y passe.

Notre rencontre ne me laisserait que des regrets si vous ne consentiez à la prolonger. Si rien ne vous presse vers Qôseir, où vous arriverez toujours trop tôt pour ce que vous y verrez, consacrez-moi votre journée de demain. Le khamsin est violent, prenez un jour de repos et laissez-moi le passer avec vous; nous causerons de l'Opéra et du boulevard des Italiens, je vous donnerai des renseignements sur les contrées que vous voulez parcourir et où j'ai longtemps voyagé. En m'accordant ce que je vous demande, vous me rendrez heureux. C'est une grande joie de trouver un compatriote dans de telles solitudes, et aussi de pouvoir parler le langage de son pays.

Malgré la contrariété que j'éprouvais de perdre un jour, je ne voulus point refuser une offre aussi cordialement proposée; il fut donc convenu que nous passerions ensemble la journée du lendemain.

— Merci, me dit Jean-Marc avec effusion; en revanche et à la condition que ma société ne vous fatiguera pas trop, je vous promets de vous attendre à Kénéh, et, si vous avez une place à me donner sur votre cange, je descendrai le Nil avec vous jusqu'au Kaire.

J'acceptai de grand cœur, et nous nous séparâmes pour reprendre un sommeil qui, cette fois, ne fut plus interrompu.

Les morsures du soleil levant me réveillèrent au moment où mon compagnon improvisé arrivait à mon campement.

— J'ai trouvé, me dit-il, un endroit sans pareil où

nous aurons de l'ombre et de la fraîcheur, deux choses rares au mois de mai dans le désert de Qôseir. J'ai déjà poussé une reconnaissance matinale jusqu'au puits dont nous sommes voisins, afin de voir s'il contenait de l'eau; j'ai aperçu au fond une sorte de fange croupie que refuseraient d'habiter des grenouilles, mais c'est le plus joli lieu du monde pour y causer *de omni re scibili et quibusdam aliis*. Figurez-vous une tour à l'envers, cent soixante degrés à descendre et un large palier à chaque vingtaine de marches. Ce sont les Anglais qui ont creusé et construit tout cela, pour notre plus grand plaisir, à l'époque où ils occupaient l'Égypte, et comme ce sont d'ingénieux utilitaires, ils ont fait autour du puits des auges avec des sarcophages antiques.

Les domestiques portèrent nos tapis dans l'escalier découvert par Jean-Marc. L'endroit était bien choisi en effet; quelques geskos, il est vrai, rampaient le long des murs, une senteur de vase humide planait autour de nous, mais qu'importe! En voyage on ne s'arrête pas à de si minces considérations; le soleil ne pouvait nous atteindre, la chaleur ne descendait pas jusqu'à nous, nous avions du tabac Djébéli, de bons tchibouks, du café, et nous aurions été ingrats de nous plaindre.

Sous la pleine lumière du jour je pus examiner Jean-Marc à mon aise. C'était un grand jeune homme de vingt-huit ans environ, pâle sous la teinte brune, dont le soleil avait doré son visage; une courte barbe noire, drue, serrée et frisée, encadrait ses mâchoires saillantes et sa lèvre épaisse; son front large, très développé, se plissait de deux ou trois rides prématurées ; des sourcils fins suivaient les contours de l'arcade orbitaire qui se projetait hardiment au-dessus d'un œil ouvert, d'un noir velouté, très doux malgré une certaine ironie désolée, et dont la fixité devenait, par moments, insupportable. Ainsi que je l'ai dit, il portait le costume de l'Hedjaz : un turban blanc serrant une kufieh rouge et jaune entourait sa tête rasée ; une longue robe ponceau retombait jusqu'à ses pieds, dont la cambrure et la finesse correspondaient à l'élégance presque féminine de ses mains maigres et allongées. Il avait le geste abondant, sec et très expressif. Pendant les courts instants que j'ai passés auprès de lui, il me parut être ce qu'on appelle un homme distrait ; au milieu d'une conversation il oubliait facilement son interlocuteur et tombait au fond de lui-même dans l'absorption d'une pensée secrète. L'urbanité de ses manières se doublait d'une hardiesse hautaine qui animait la sévérité un peu dure dont ses traits étaient empreints ; il avait, comme on dit, le poing sur la hanche ; tout en causant, il m'avoua qu'il ne fuyait pas les querelles et ne détestait pas les gourmades.

A force de parcourir les pays du soleil qu'il connaissait mieux que personne, il avait conquis un flegme oriental qui s'alliait d'une façon singulière à sa vivacité naturelle, à cette *furia francese* qui nous fait si vite reconnaître par les étrangers. Il répétait souvent cet axiome : L'honnête homme est celui qui ne s'étonne de rien. A toutes ses admirations il donnait un correctif souvent amer. Il avait beaucoup vu, beaucoup regardé, beaucoup réfléchi sans doute, et il résumait parfois son opinion dans un aphorisme nerveux qui repoussait toute réplique.

La roideur tranchante avec laquelle il lançait sa pensée n'était souvent qu'apparente, car il lui arrivait d'abandonner son opinion lorsqu'il voyait qu'elle allait amener une discussion sérieuse; parfois même il restait dans un vague étrange et reculait devant une conclusion. Par moments, et sur un mot qui heurtait ses idées, il s'exaltait, s'emportait, et peu à peu, sur le même sujet, redevenait calme et presque indifférent, comme s'il n'eût pas jugé l'objet de la contestation digne d'un effort. Il me sembla à travers toutes choses traîner le poids d'un insurmontable ennui. — J'ai pris la vie à rebours, me disait-il.

— Ah! bah! répliquai-je, tout mal garde en soi son remède, et, comme disent les bonnes gens, chacun porte sa croix : connaissez-vous un homme heureux!

— Oui, s'écria-t-il, j'en ai vu un.

— Où donc? le cas est rare, et j'irais volontiers lui demander son secret.

— Dans un village du Nadj. C'était un Kurde que les Wahabis avaient fait prisonnier dans leur guerre contre le pacha d'Égypte; il est condamné à tourner la roue d'un puits du matin au soir. Au lever du soleil, il se met à sa besogne, qu'il fait avec conscience, dans la crainte des coups de bâton; quand vient la nuit, il va se coucher sur une natte et dort d'un bon sommeil pour recommencer le lendemain.

— Et vous estimez que ce misérable est heureux! m'écriai-je avec une certaine vivacité.

— « Si j'avais encore la folie de croire au bonheur, je le chercherais dans l'habitude; » c'est Chateaubriand qui l'a dit, et il est notre maître à tous. Ce misérable, comme vous l'appelez, est habitué, donc il est heureux.

— Eh bien, il fallait prendre sa place !

— Ah! non, répondit-il, car j'aurais pris la place sans prendre l'habitude, et j'aurais manqué mon but.

— Vous aimez les paradoxes, lui dis-je en riant.

— Moins que vous ne croyez, répliqua-t-il.

Ses discours, ainsi que cet exemple peut le prouver, étaient souvent pleins de contradictions ; je voyais en lui un esprit droit, intelligent, curieux, mais, hésitant encore et n'osant pas se formuler. Parfois, comme s'il eût emprunté aux dogmes mahométans leur loi fondamentale, il s'avouait fataliste et déclarait hautement que rien n'arrive que ce qui doit arriver ; d'autres fois, au contraire, il réclamait son libre arbitre et le droit que chacun porte en soi de guider sa vie à travers les événements qui l'assaillent; et comme je lui faisais remarquer la contradiction qui existait entre ces deux termes.

— Tout cela peut se concilier, me répondit-il. (Et plus tard, en lisant ses Mémoires, j'ai reconnu qu'il avait raison.)

Nous eûmes, à ce propos, une discussion sur le suicide. Certes, on a dit sur ce sujet tout ce qu'on peut dire. La mort volontaire est-elle permise? est-elle défendue? Ceci est une question que je ne veux pas me charger de résoudre.

Lorsque des idées semblables sont en cause, chaque

argument gagne sa réplique. J'argumentais, et Jean-Marc répliquait; je disais non, il disait oui.

— Avez-vous le droit de retirer une force quelconque de la circulation? m'écriais-je.

— Parbleu! répondit-il, si la circulation m'entraîne où je ne veux pas.

— Voilà du fatalisme.

— Oui, mais je me tue pour faire acte de libre arbitre, et je rétablis l'équilibre.

Sa conclusion fut celle-ci :

— Si je me tuais, mon suicide serait le résultat ou plutôt la résultante de la volonté de Dieu et de la mienne. En effet, Dieu pense en nous, puisque notre âme est une émanation directe de son essence. Si donc la pensée me vient de hâter l'instant où je quitterai ma forme actuelle, c'est à Dieu que je la dois. Je reste maître, moi, avec mon libre arbitre, de la discuter, de la repousser ou de l'admettre. Il en est de cela comme d'une maladie qui est insignifiante, dangereuse ou mortelle, et dont le germe est en nous. Si cette pensée s'agite en moi sans me troubler, elle est insignifiante; si elle m'inspire une résolution funeste, elle est dangereuse; si elle s'est emparée de moi jusqu'au point de me forcer à exécuter ma résolution, elle est mortelle.

— Heureusement, lui dis-je banalement, que vous n'en êtes point à ces dures extrémités.

— On ne sait pas ce qui peut arriver, répondit-il. Croyez-moi, les Arabes ont raison : ce que Dieu fait est bien fait.

— Ainsi soit-il! répliquai-je en riant, et nous changeâmes de conversation.

Ce fut au milieu de ces causeries que la journée s'écoula, et si l'on me demande comment j'ai si bien conservé tous ces détails, je répondrai qu'en voyage ces sortes de rencontres sont assez rares pour devenir de petits événements dont chaque particularité reste dans la mémoire, et ensuite que la mort de ce pauvre Jean-Marc me força à reconstituer, par réflexion, tout ce qui avait pu se passer entre lui et moi.

Le lendemain, au petit point du jour, tous deux juchés sur nos dromadaires, après nous être serré la main, en nous promettant de nous retrouver à Kénéh pour gagner le Kaire ensemble, nous prenions chacun notre route, lui vers le Nil et moi vers la mer Rouge.

Huit jours après, un soir, j'étais de retour à Kénéh, et comme j'entrais dans ma cange, le reïs me remit une lettre que, disait-il, un voyageur avait écrite pour moi. Cette lettre était de Jean-Marc, et la voici :

« Malgré ma promesse, je pars sans vous attendre,
« et remerciez-en Dieu, car, seul ou près de vous, je
« n'aurais pas su vaincre la tristesse qui m'accable.
« Il y a deux ans, j'ai passé à Kénéh, et à cette épo-
« que je gardais encore en moi un espoir maintenant
« à jamais renversé; or, quand je suis rentré dans
« cette ville, où j'avais séjourné une semaine, où j'a-
« vais répondu à des lettres écrites par une main à
« cette heure refroidie par la mort, j'ai senti le levain
« des vieilles douleurs monter jusqu'à mon cœur, et
« je me suis sauvé d'ici pour fuir un implacable sou-
« venir que pourtant j'emporte avec moi. Dans bien
« des endroits je retrouve ainsi des traces de ma vie
« misérable, et alors je m'éloigne en détournant la

« tête, comme s'ils ne devaient pas me suivre, ces
« chers fantômes qui peuplent mon esprit. Par-
« donnez-moi ; l'habitude d'une solitude presque
« constante m'a trop permis de m'abandonner sans
« réserve aux sentiments qui me dominent; main-
« tenant je suis sans force et presque sans volonté
« pour réprimer mes chagrins ou mes joies, je me
« laisse emporter à leur courant, absorbé dans ma
« pensée, dont rien ne me distrait, et tout prêt à de-
« venir au moins fatigant pour ceux qui m'entourent
« lorsqu'ils ne connaissent pas à fond ma nature in-
« quiète et parfois revêche. Je n'aurais été pour vous
« qu'une triste compagnie, je vous l'épargne ; ne
« vous en plaignez pas. Nous nous rencontrerons, je
« l'espère, soit au Kaire, si vous venez vite, soit à Pa-
« ris, ce rendez-vous général de tous les voyageurs,
« lorsque vous aurez terminé vos courses à travers le
« vieux monde. Ne chassez pas de votre mémoire
« cette courte journée passée sur les marches du
« puits des Pigeons !

« Au revoir donc, sinon dans cette existence, du
« moins dans une autre. »

Cette lettre me surprit et m'inquiéta ; j'interrogea
le reïs de ma cange, et voici à peu près ce qu'il me
répondit :

— Quatre jours après ton départ pour Qôseir, le
voyageur arriva ici avec ses chameliers et un Arnaute. Il nous dit qu'il devait se rendre au Kaire avec
toi ; nous le laissâmes entrer ; il s'assit sur le divan.
Il était tard, le jour allait finir, les muezzins commençaient à chanter la prière du coucher du soleil, et je

revenais de faire mes ablutions, lorsque je vis le voyageur debout sur le pont. Il regardait du côté du fleuve. Tout à coup il mit sa tête dans ses mains, ses épaules se soulevèrent et un grand sanglot sortit de ses lèvres. Je n'osais rien dire, car je ne savais pas pourquoi il pleurait. Il se tourna vers son Arnaute et lui parla dans une langue que je ne comprends pas. L'Arnaute s'en alla, et au bout d'une heure, il revint. Alors le voyageur t'écrivit la lettre que je t'ai remise ; il fit emporter ses bagages et partit après m'avoir donné un bakchiche. J'ai appris le lendemain qu'il avait fait prix avec un reïs de barque pour qu'on le conduisît au Kaire sans arrêter.

Ces renseignements ne m'apprenaient rien, et je restai dans l'incertitude que m'avait causée la lettre de Jean-Marc.

Lorsque j'arrivai au Kaire, je m'informai de lui ; il n'avait fait, pour ainsi dire, que traverser la ville, s'était rendu à Alexandrie, d'où il avait dû gagner l'Italie par un paquebot français.

Quant à moi, je continuai mon itinéraire projeté. Dans plusieurs endroits on me parla de Jean-Marc. Partout il avait laissé la réputation d'un homme taciturne et fantasque. A Beyrouth, on me conta une singulière histoire dont il avait été le héros et sur laquelle il donne dans ses Mémoires bien des détails que l'on ignorait.

Je terminai mon voyage, rapportant en moi la nostalgie des pays parcourus, et je revins à Paris.

Dès que j'eus embrassé mes amis ; lorsque j'eus brièvement répondu aux questions que chacun m'adressait, je m'informai de Jean-Marc, dont le souvenir avait toujours flotté dans mon esprit; lui aussi, il était de retour. Je me présentai chez lui et ne le trouvai pas; je laissai ma carte et j'attendis en vain sa visite; plusieurs fois j'y retournai sans jamais le rencontrer; je lui écrivis, il ne me répondit pas. Je ne devais plus le revoir.

J'en parlai à plusieurs personnes qui le connaissaient, et nul ne put me donner positivement de ses nouvelles. Chacun, au reste, paraissait avoir sur son compte une opinion toute faite.

— C'est un fou, disait l'un.
— C'est un ours, disait l'autre.
— C'est un original, prétendait un troisième.
— C'est un malade, me dit un médecin.

Je rencontrai un jour un de ces hommes qui font fortune avec des mots alambiqués que l'on croit profonds parce qu'ils sont obscurs. Autrefois, il avait vu Jean-Marc, et lorsque je lui demandai ce qu'il en pensait, il me répondit avec un geste de mépris:

— C'est un être inutile; c'est un fils naturel de René, élevé par Antony et Chatterton!

L'explication me parut peu satisfaisante; elle me laissa mes doutes. Plus tard, lorsque je lus les notes qui forment ce volume, je compris cette réponse : C'est un être inutile. En effet, là était tout le mystère de cette existence douloureuse; Jean-Marc est mort parce qu'il fut inutile.

Au milieu des occupations multiples dont la vie de Paris est pleine, je ne tardai pas à mettre un peu Jean-Marc en oubli; son souvenir rentra naturellement dans un des casiers les plus profonds de ma mémoire, pour n'en sortir qu'à certains moments de tristesse et d'ennui. Alors le pâle visage de ce jeune homme et l'expression languissante de ses yeux m'apparaissaient comme ces amis fidèles qui s'éloignent dans nos joies et reviennent nous trouver aux jours de deuil et d'épreuves.

Donc je pensais à Jean-Marc, sur lequel ma curiosité était toujours demeurée insatisfaite, lorsqu'il y a quelques jours, en revenant d'un court voyage à la Teste-de-Busch, je trouvai chez moi un paquet assez volumineux entouré d'un papier blanc scellé de cinq cachets noirs. Il y avait trois enveloppes.

La première portait mes noms et mon adresse.

Sur la seconde je lus : *Pour être remis après ma mort.*

Quant à la troisième suscription, elle était ainsi conçue :

Ceci est l'expression dernière de ma volonté. J'ordonne que ces papiers, ainsi cachetés et scellés de mes armes, soient remis à Monsieur Maxime Du Camp. Je ne reconnais à personne le droit de s'y opposer ou de demander au sus-nommé compte de ce qu'il en aura fait. Je déclare n'agir ainsi que pour le plus grand soin de ma mémoire et la plus grande utilité de tous, et je signe :

JEAN-MARC.

Je rompis les derniers cachets, comprenant que la mort avait élu mon compagnon d'un jour, et sur une liasse de notes je trouvai la lettre suivante, qui m annonçait que ce pauvre Jean-Marc avait été demander à un monde supérieur le repos qu'il n'avait pas su trouver dans le nôtre :

« Est-ce la fatalité? est-ce le libre arbitre qui me
« pousse? Je n'en sais rien. Ce qu'il y a de certain,
« c'est que je suis las et que je m'en vais. Quand
« vous recevrez cette lettre, tous mes doutes seront
« éclaircis, et j'aurai peut-être enfin compris le But et
« la Cause. Vous vous rappelez sans doute nos cau-
« series du désert. Le suicide est-il permis? est-il dé-
« fendu? Ai-je tort? ai-je raison? Le fait est que je
« vais me tuer; voilà tout.

« Comment, à trente ans à peine, en suis-je arrivé
« là, c'est ce que vous verrez; si vous avez le courage
« de lire les notes que je vous envoie. Toutes les fois
« que j'ai été frappé par un événement ou par une
« pensée de douleur, j'ai écrit, sans ordre, sans mé-
« thode, il est vrai, mais enfin j'ai, comme disent les
« danseuses, couché mes impressions sur le papier,
« et ce sont ces impressions que je vous adresse.
« A travers bien du décousu, vous y trouverez cette
« vérité terrible dont la négation me fait mourir,
« c'est que, sous peine de malheur, il faut suivre le
« précepte que Dieu donne dans la Genèse, sous peine
« de mort, il faut travailler.

« Comme un imprudent, j'ai consumé dans une
« heure, par une inutile clarté, l'huile de la lampe qui
« devait brûler toute la nuit; les ténèbres sont ve-
« nues, j'ai peur des fantômes; ainsi qu'un enfant,
« je me jetterais de grand cœur dans les bras de ma
« nourrice pour qu'elle apaisât mes terreurs; mais

« j'ai beau interroger le silence et l'obscurité, je ne
« vois personne qui puisse me secourir, et je pars
« pour les créations futures, où je revivrai sans doute
« avec l'expérience gagnée au prix de bien des mi-
« sères. Je vous l'ai dit autrefois, j'ai pris l'existence
« à rebours, et voilà que je meurs dégoûté de la vie,
« sans avoir jamais vécu. — Que Dieu me pardonne,
« car je ne l'ai pas compris !

« Depuis longtemps je garde et je mûris en moi le
« projet qu'aujourd'hui je vais accomplir. J'agis avec
« calme et même avec recueillement; du jour où ma
« résolution est devenue inébranlable, j'ai mis mes
« affaires en ordre, j'ai recueilli mes souvenirs, et
« jusqu'au dernier moment j'ai noté les sentiments
« qui remuaient mon cœur. Ensemble, nous avons
« parlé de tout cela, et vous ne vous doutiez guère à
« ce moment que vous causiez avec un homme déjà
« presque mort. Ces notes vous seront peut-être
« utiles, aussi je vous les envoie ; faites-en ce que
« vous voudrez, et puisque vous appartenez à ceux
« qui recherchent les effets et les causes, usez-en
« comme vous l'entendrez, je vous les abandonne ; si
« vous leur trouvez un côté sérieux et moralisant,
« publiez-les sans crainte, je vous y autorise, car je
« me réjouirais, en entr'ouvrant ma tombe, si je pou-
« vais penser que leur lecture apprendra à quelques
« cerveaux troublés, comme le mien, ce qu'il faut
« éviter pour ne pas trop souffrir.

« Ne me plaignez pas; je meurs avec indifférence,
« sinon avec joie, et je sens un grand allègement au
« dedans de moi-même; peu d'êtres s'affligeront de

« mon absence, et encore ils se dépêcheront de m'ou-
« blier, afin de se débarrasser de la petite part de
« douleur que je vais leur léguer. Je n'ai droit à
« aucune larme ; je le sais, et je m'en attriste ; car
« je subis l'action de cet impérissable égoïsme du
« cœur humain qui voudrait se survivre à lui-même
« en continuant à être aimé par les regrets, cet autre
« égoïsme des vivants abandonnés par leurs morts.

« Quant à vous dont j'ai fui les rencontres, cher
« ami, afin de n'avoir pas à répondre aux questions
« que vous m'auriez adressées sur mon départ de
« Kénéh, excusez-moi. Vous voyez que je ne vous
« avais pas oublié, et que les courtes heures que nous
« avons passées ensemble m'ont laissé de vous assez
« haute estime pour que je vous confie la seule chose
« qui me reste maintenant : ma mémoire et les sou-
« venirs de ma vie.

« Avant que j'en finisse, écoutez le conseil d'un
« mourant : travaillez, travaillez sans cesse, travaillez
« sans relâche, avec ou sans résultat, peu importe,
« mais travaillez ! Le travail, c'est la massue d'Hercule
« qui écrase tous les monstres.

« Autrefois je vous ai dit au revoir, et maintenant
« je vous dis : Adieu !
                               « JEAN-MARC. »

« P.-S. — Si vous publiez ces notes, je vous prie
« de respecter la dédicace qui les termine, toute sin-
« gulière qu'elle puisse vous paraître. »

Je courus chez Jean-Marc, et son concierge me raconta en langage de portier que le « cher monsieur »

s'était tué, que l'Église avait refusé de prier sur son corps, qu'il était enterré depuis huit jours, et que le mameluk (c'est ainsi qu'il nommait Békir-Aga) était parti en emmenant le grand lévrier.

Je rentrai chez moi profondément triste, je fis défendre ma porte, et, sans désemparer, je lus les mémoires que ce pauvre Jean-Marc m'avait légués.

C'étaient des notes sans suite, toutes empreintes d'une incessante préoccupation de la mort, des lettres, une touchante histoire d'amour, des plaintes amères, de simples réflexions jetées çà et là, comme pour servir de thème à des développements qui ne sont pas venus, des cris de douleur souvent poussés sans motif, enfin le récit de ses dernières impressions.

Tous ces papiers avaient certainement été relus par lui : bien des passages étaient effacés, d'autres ajoutés, presque tous les noms étaient biffés avec soin et remplacés par des pseudonymes.

Je donnai communication de ce manuscrit à plusieurs de mes amis, il fut décidé que je devais le publier. Je n'ai rien voulu y changer ; j'ai religieusement gardé ces notes dans l'ordre où je les ai reçues, et ce sont elles qui forment le présent volume.

C'est presque un livre d'archéologie, car, grâce à Dieu, elle s'éteint chaque jour davantage, cette race maladive et douloureuse qui a pris naissance sur les genoux de René, qui a pleuré dans les *Méditations* de Lamartine, qui s'est déchiré le cœur dans Obermann, qui a joui de la mort dans le Didier de *Marion Delorme*, qui a craché au visage de la société par la bouche d'Antony. C'est à cette génération rongée par des ennuis sans remède, repoussées par d'injustes déclassements, attirée vers l'inconnu par les désirs des imaginations déréglées, que Jean-Marc appartenait. Il avait fait de longs voyages pour fuir ces alanguissements des âmes rêveuses; mais comme Hercule, il ne put arracher la tunique dévorante qui lui brûlait la chair. Il revint, refusant de voir un monde dont l'infériorité l'irritait; il vécut dans la solitude, cette mauvaise conseillère qui porte pendus aux mamelles ses deux sinistres enfants : l'Égoïsme et la Vanité. Il prit en mépris les intérêts de l'existence ; tout lui parut misérable et indigne d'un effort, il nia l'humanité, parce qu'il ne la comprit pas; il repoussa le divin précepte : Aimez-vous les uns les autres! Il en voulut aux hommes des douleurs qu'il puisait en lui, il s'enorgueillit de ses souffrances jusqu'au jour où elles l'accablèrent, et enfin, dégoûté, énervé, sans courage et sans foi, pour échapper à cet ennemi qui était lui-même, il se tua, et chercha dans la mort un repos que peut-être il n'y a pas trouvé. Ce n'est pas à moi qu'il appartient de faire ce procès, quoiqu'il m'en ait confié toutes les pièces; il a compris l'impiété, non pas de sa mort, mais de sa vie et il l'avoue lui-même dans plus d'une des pages des tristes Mémoires que l'on va lire.

MAXIME DU CAMP.

Janvier 1853.

MÉMOIRES D'UN SUICIDÉ

I

28 septembre 1852.

Hier j'ai eu trente ans.

La journée avait été froide, j'étais assis au coin du feu, regardant les flammes qui léchaient les parois de la cheminée en soulevant de leur haleine la poussière des charbons éteints. J'étais triste. J'avais essayé de lire, mais mon esprit fuyait loin de mon livre et je tournais machinalement des pages dont ma mémoire n'aurait pas su dire un mot. Je sentais monter en moi ces mélancolies vagues et indéfinies qui sont la pire souffrance des tempéraments nerveux ; j'entendais une troupe de pensées douloureuses qui voletaient autour de moi, comme des oiseaux de nuit. Je voulus fuir ces tourments sans remède qui attendent les désœuvrés sur le seuil de leur solitude ; je me levai et je marchai dans mon appartement. La lampe placée sur la table décrivait un grand cercle lumineux au milieu de la chambre ; le reste était dans l'obscurité. Tout à coup une bûche s'écroula dans le feu ; un jet de lumière en jaillit, tremblotant au bout d'un souffle de gaz qui poussait un long soupir ; tout un panneau de muraille se trouva illuminé par cette clarté subite ; sur ce panneau était accroché un portrait de ma mère ; la flamme qui mourait et renaissait dix fois par minute semblait l'animer en le tirant de l'ombre où il dormait. Je regardai ce portrait et je me pris à songer à ma mère. Cela me rejeta loin dans la vie, car il y a bien longtemps que ses lèvres pâlies m'ont donné le baiser d'adieu.

Je la revis, d'abord en mes souvenirs les plus éloignés, vêtue de noir, en deuil de mon père, dans un grand parc à la campagne, marchant sous de vieilles charmilles et me traînant par la main, pendant que j'appelais un petit chien que je martyrisais de ma sollicitude. Puis je revis un appartement très beau ; c'était le soir ; il y avait des bougies et une lampe que je vois encore, en forme de colonne et couronnée d'un globe aplati ; les personnes présentes gardaient le silence, ma bonne agenouillée, pleurait dans un coin ; ma mère me tenait renversé sur ses genoux, et je sentais la pluie tiède de ses larmes qui tombaient sur mon visage ; un médecin assis en face d'elle me posait sur la poitrine des ventouses scarifiées ; je me débattais contre la douleur et je tendais mes petits bras en criant : Je n'ai plus de courage ! Puis c'était dans une étroite chambre donnant sur le jardin des sourds et muets dont j'avais peur ; un maître m'apprenait à lire et me donnait des coups de règle sur les doigts quand j'épelais mal mes lettres. Mon enfance revenait à moi et m'apportait mille souvenirs que je croyais oubliés.

Plus tard, j'étais déjà grand, un domestique m'emportait en courant et me déposait à côté de ma mère dans une chaise de poste. On tirait des coups de fusil, on brisait les réverbères. C'était la révolution de Juillet. La voiture partit, elle roula lentement à travers les rues encombrées par la foule qui hurlait ; je voulais regarder aux portières, mais on m'en empêchait dans la crainte que je ne fusse blessé. Pendant deux jours nous courûmes sur une grande route ; on nous arrêtait pour nous demander des nouvelles ; puis nous arrivâmes enfin dans une ville tout embastionnée de remparts : c'était Mézières. J'y restai un mois. Ah ! le bon temps que ce fut là, et comme souvent je l'ai regretté ! J'étais libre, en plein espace ; j'allais sur l'esplanade, sur les remparts, sur les bords de la Meuse, jouer avec les gamins du pays ; je tournais en rond avec les petites filles ; il y en avait une que j'aimais par-dessus les autres ; elle s'appelait Apollonie ; je l'ai revue dernièrement, après vingt-deux ans ; nous nous sommes reconnus, c'est une des plus belles créatures qui soient.

Deux ans plus tard, un lundi du mois d'octobre, ah ! le jour maudit ! on me conduisit dans une grande vieille maison de la rue Saint-Jacques qui ressemblait à une caserne ou à une prison ; c'était le collège. Je me jetai au cou de ma mère, et avec des sanglots je la suppliai de me remmener avec elle et de ne pas me laisser au milieu de toutes ces personnes que je ne connaissais pas et qui m'effrayaient.

— Cher petiot, me dit ma mère, qui avait aussi les yeux humides et qui sentait peut-être son courage lui échapper, cher petiot, sois raisonnable ; il faut apprendre à devenir un homme ; toute ma joie est en toi maintenant, et tu travailleras pour me faire plaisir.

— Je ne sais pas si je travaillerai, mais je sais bien que je serai malheureux, répondis-je avec un gros soupir.

Une façon de domestique me prit par la main, et, à travers des cours, des couloirs et des corridors, me conduisit jusqu'à une porte qu'il ouvrit. C'était l'étude. Tous les élèves tournèrent la tête vers moi, et j'entendis que l'on disait :

— Tiens ! c'est un nouveau !

On me donna une place, on m'indiqua le devoir à faire et la leçon à apprendre. Je pensai à la maison, à ma bonne qui avait eu tant de peine en me voyant partir, et je me mis à pleurer de plus belle. Mon voisin se tourna vers moi :

— Eh bien ! me dit-il, tu es encore joliment melon de piauler comme ça.

Ce fut à peine si je compris ; c'était là un argot que je ne savais pas encore.

Quand la récréation fut venue, chacun me demandait mon nom et retournait à ses jeux après l'avoir appris. Cette indifférence me glaça ; je compris que j'étais seul au milieu de cette foule ; il me parut que mes camarades se moquaient de ma tristesse, je trouvai le sort injuste; j'allai m'asseoir sur un banc, retenant mes larmes, méditant des projets de fuite, murmurant tout bas des imprécations, me désolant de ne pas être comme les fils de nos fermiers, qui vivaient libres dans les champs; et, rejetant le pain sec de mon goûter, je ne mangeai pas quoi que j'eusse faim, obéissant à mon insu à ce sentiment inné chez l'homme d'exagérer sa propre douleur afin de s'enorgueillir.

Comme j'étais perdu dans mes réflexions, de grands cris se firent entendre et je levai la tête. Par la porte de la cour, un enfant venait d'entrer. Il était vêtu en Grec, et s'était réfugié dans un coin pour fuir la foule des écoliers qui se ruaient sur lui. Un sentiment de curiosité me souleva et me poussa de son côté; j'arrivai et je pénétrai au milieu du groupe.

— Comment t'appelles-tu ? disait-on au nouveau venu.

— Je m'appelle Ajax, répondit-il.

Un éclat de rire accueillit ce nom qui semblait singulier.

— De quel pays es-tu ?
— De Chypre !

Les hourras recommencèrent.

— Qu'est-ce que fait ton père ?
— Il est drogman au consulat de France.

A ces mots, la rumeur devint immense; se nommer Ajax, être né à Chypre, avoir un père drogman (mot incompréhensible pour des enfants) semblait une telle singularité que le malheureux en porta la peine immédiate. On l'entoura, on le bouscula, on le poussa jusqu'à lui faire crier grâce! On lui jeta son fez par terre, on lui tira les cheveux, on le frappa à coups de pied, on dansa devant lui en chantant sur l'air du rappel :

— Il est né à Chypre ! — Il s'appelle Ajax ! — Son père est drogman !

L'enfant pleurait et se débattait. Il avait peur. Un sentiment de justice blessée me jeta devant lui, à sa défense. J'attaquai à coups de poings le premier qui s'approcha ; Ajax me soutint de son mieux, et la mêlée devint générale. Le résultat fut, qu'au bout de deux minutes, j'eus le visage en sang et que les beaux habits grecs d'Ajax étaient en pièces.

Un pion accourut, sépara les combattants et me tint à peu près ce langage : « Vous paraissez avoir des « habitudes turbulentes, Monsieur, mais je ne vous « permettrai pas de tyranniser vos camarades. Vous « serez en retenue demain et vous me copierez dix « fois le verbe : *J'ai-tort-de-vouloir-faire-le-fier-à-* « *bras*. Ça vous apprendra à vous tenir tranquille. »

Telle fut ma première journée de collège ; j'y suis resté dix ans, et je n'ai jamais pu y accoutumer l'indépendance de mon humeur. Ce furent dix années de luttes incessantes où je restai toujours vaincu, mais toujours indompté.

Quatre ans après, un samedi, par une humide journée d'avril, on venait me chercher ; ma mère allait mourir.

Déjà depuis longtemps elle était malade ; mais j'ignorais qu'elle fût en danger. J'arrivai à la maison, j'escaladai en trois bonds les trois étages qui conduisaient à l'appartement, et j'entrai. Des amies de ma mère me reçurent et me firent promettre de n'avoir pas trop de chagrin. Puis, après avoir lavé mes yeux rouges de larmes, j'entrai dans la chambre de la mourante.

Les persiennes fermées et les rideaux baissés tamisaient un jour obscur, un feu voilé de cendres couvait dans la cheminée, une femme de chambre était assise près de l'alcôve, une autre dormait dans un fauteuil ; il y avait partout des senteurs de laudanum.

J'approchai du lit ; depuis quinze jours je n'avais pas vu ma mère ; je fus terrifié. Pâle jusqu'à la transparence, oppressée, sans regard défini, amaigrie, déjà sollicitée par la mort, elle était couchée sur le dos, la tête perdue dans ses oreillers. De sa main mate et desséchée elle caressait ses lèvres par un mouvement machinal et régulier comme le battement d'une pendule. Je m'inclinai vers elle et je l'embrassai. Elle leva sur moi ses yeux agrandis.

— C'est ton fils, lui dit une de mes parentes qui m'avait suivi.

— Ah ! fit ma mère.

A l'aide d'une petite cuiller on lui mit un morceau de glace dans la bouche.

— Eh bien, reprit ma parente, tu ne lui dis rien, ce pauvre garçon est si content de te voir.

Ma mère fit une sorte de mouvement douloureux, puis elle dit :

— Le médecin a oublié son bistouri dans mon côté, ça me fait mal ; et elle pleura comme un petit enfant.

Je me jetai sur une chaise, la figure sur mon bras et soulevé par mes sanglots.

— Qu'est-ce qui pleure? demanda ma mère.

— C'est moi! c'est moi! m'écriai-je en m'élançant à genoux devant elle; je pris une de ses mains et je la couvris de baisers. Elle tourna vers moi ses yeux vagues et indécis; une lueur d'intelligence sembla les illuminer peu à peu, une expression de douleur y passa, un regret atroce y éclata tout à coup; elle saisit ma tête et, l'appuyant sur sa poitrine, elle m'embrassa avec frénésie, en répétant ces mots dont elle m'appelait toujours :

Ah! cher petiot! cher petiot! qu'est-ce que tu vas devenir tout seul? Cher petiot! cher petiot!

Je ne sais trop ce qui se passa alors; on m'entraîna, on m'emporta sans doute, car je me retrouvai dans ma chambre, sur mon lit poussant des cris de colère plutôt que des cris de douleur.

J'assistai dans un désespoir muet et irrité à cette bataille inégale de la vie contre la mort; je suivis, sans une pensée d'espérance, toutes les phases de la lutte, tous les déchirements de cette agonie lente et terrible, tous les mouvements divers de cet abaissement humiliant des facultés de l'intelligence, décomposition de l'âme qui précède celle du corps. Pendant trois jours ce pauvre corps hurla de souffrance pendant que son âme s'obstinait à ne pas le quitter. Enfin, le mardi soir, le souffle s'affaissa et devint irrégulier, les mains semblaient chercher dans l'infini un objet indéterminé; les yeux fixes et à demi fermés ne s'agitaient plus dans leur orbite; les extrémités étaient froides. Elle venait, elle venait, l'insatiable déesse !

Les femmes s'agenouillèrent et récitèrent les prières des agonisants, à laquelle les sanglots répondaient ; une force inconnue me poussa à genoux et j'essayai aussi de dire ma prière, mais nulle parole ne vint à mes lèvres, et je restai éperdu, abruti, sans conscience, sans mémoire, en proie à une indéfinissable terreur.

Quelqu'un me releva, me conduisit près du lit, et j'entendis une voix qui me disait :

— Embrassez-la ! embrassez-la !

Je me penchai vers ma mère, mais dès que mes lèvres eurent touché son pauvre visage refroidi, je jetai un cri et je me sauvai en courant.

Une heure après je revins ; tout était fini. Je soulevai les rideaux et je regardai. On avait répandu autour d'elle sa longue et merveilleuse chevelure. Une indicible beauté était descendue sur ses traits et leur avait donné une placidité céleste ; une lampe placée sur un secrétaire éclairait d'en haut ses tempes violettes, ses paupières baissées et sa pâleur de pâle ivoire ; ses lèvres décolorées semblaient entr'ouvertes par un sourire d'adieu. Elle me parut plus grande et plus belle qu'une créature humaine ; et maintenant encore que les années ont passé sur moi, maintenant que je vais partir pour la rejoindre peut-être, c'est toujours ainsi qu'elle m'apparaît, immobile, blanche, sérieuse et déjà déifiée par la mort.

J'avais treize ans.

Le jour de l'enterrement fut plein de soleil. Des

brises tièdes passaient dans l'air, les bourgeons se réjouissaient sur les arbres ; la nature était en fête.

Dans la foule qui suivait j'entendais des conversations dont les lambeaux venaient frapper mon oreille.

— Elle doit laisser de la fortune, disait quelqu'un.

— Si ce garçon-là était une fille, ce serait un bon parti dans cinq ou six ans, disait un autre.

En revenant du cimetière où les oiseaux chantaient dans les arbres, j'entendis le concierge qui disait :

— Va falloir mettre un écriteau, car on ne gardera sûrement pas l'appartement ; c'est égal, c'était un joli convoi, il y avait fièrement du monde.

Beaucoup de personnes demandèrent à me voir, et pas une ne sut me parler. On me donnait des conseils et pas une consolation ; personne ne me disait : Je t'aimerai, je t'aiderai, j'essayerai à combler le vide qui vient de se faire autour de toi ; mais tout le monde me disait : Le malheur grandit ; il faut te conduire comme un homme ; tu ne sais pas encore ce que c'est que la vie ; l'existence est pleine de douleurs, tu en feras la triste expérience, et mille autres banalités.

Le chagrin qui m'accablait n'était point suffisant sans doute, car il s'y ajouta toutes les irritations, et tous les froissements dont s'aigrissent si facilement ceux qui souffrent. Puis vint la vente ? Oh ! l'infâme chose ! Je voulus m'y opposer, je priai, je suppliai : ce fut en vain, on me répondit que la loi était formelle et que tout devait être vendu. On ouvrit un Code et on me lut ceci :

« Art. 452. — Dans le mois qui suivra la clôture de
« l'inventaire, le tuteur fera vendre en présence du

« subrogé-tuteur, aux enchères reçues par un officier
« public et après des affiches ou publications dont le
« procès-verbal fera mention, tous les meubles autres
« que ceux que le conseil de famille l'aurait autorisé
« à conserver en nature. »

Elles s'en allèrent donc, je ne sais où, chez les marchands de bric-à-brac et chez des filles entretenues, ces chères reliques d'un passé qui saigne encore mon souvenir. Le canapé sur lequel je m'étais si souvent endormi, la petite table à ouvrage de ma mère, sa corbeille à laines, son piano, les tableaux qu'elle m'expliquait lorsque j'étais petit, ses gants, son linge, que sais-je? tous ces objets sacrés furent maniés, criés, marchandés, souillés, emportés enfin, et pour jamais. On me conserva seulement les livres et quelques bijoux de famille.

Lorsque après cette profanation je rentrai dans cet appartement démeublé qui me sembla triste et morne comme le champ d'une bataille perdue, lorsque je vis les parquets crasseux rayés par les clous des gros souliers, lorsque j'eus lentement savouré l'amertume de cette solitude qui me parut plus vaste qu'un désert, je fus saisi d'un accès de rage, et ramassant un marteau oublié sur la cheminée, je courus vers un buste de mon père et je le brisai en criant :

— Maudit, maudit sois-tu, toi qui m'as engendré!

Ce fut mon premier cri de révolte contre la vie.

J'avais eu trop de grands déchirements pour que ma santé ne s'en ressentît pas. Je restai longtemps malade et ce fut seulement après ma guérison que je revins au collège, où, malgré l'entourage de mes camarades, je me trouvai plus isolé que jamais.

C'est là que s'arrêtaient les souvenirs que j'avais de ma mère, mais ce ne fut pas là que s'arrêta mon esprit ; une fois lancé sur la pente rapide des réminiscences personnelles, on va jusqu'au bout ; on aime à se raconter sa propre histoire. Je déroulai sous mes yeux le panorama de mon existence entière, j'évoquai les fantômes de ma vie, ils passèrent tous,

> L'un emportant son masque et l'autre son couteau.

Je revis encore le collège, mais un autre ; j'avais dix-sept ans ; je rêvais toutes les gloires, j'aspirais à toutes les joies ; j'avais besoin d'aimer, je faisais des vers, je méditais des drames, je lisais sans cesse *Antony* et *René*, j'étais rongé par des désirs immodérés de liberté, j'enviais la vie de Bas-de-Cuir au fond des bois, je songeais à des voyages sans fin parmi les pays inconnus, je me sentais de force à dévorer l'avenir, et cependant je croyais à ma mort prochaine, car bien souvent, lorsque je portais mon mouchoir à mes lèvres, je le retirais marbré de taches sanguinolentes.

Puis après vinrent mes premières années d'affranchissement. Je me retrouvai emporté vers tout par une curiosité immodérée : je voulais savoir et j'apprenais à mes dépens. Je vivais sans mesure, comme un prodigue, jetant mes jours à travers les hasards qui en voulaient bien. Je tenais enfin la liberté, cette réalité du rêve de ma vie, et, semblable à ceux qui, après un long jeûne, se gorgent imprudemment de nourriture, je la dévorais jusqu'à en mourir. C'étaient les chevaux, les assauts d'armes, les chasses à courre, les femmes perdues, les orgies nocturnes, les jeux, les veilles, le théâtre, les paris insensés, les folies de tout genre, les extravagances de toutes sortes, les absurdités de toute espèce et la satisfaction inepte d'un amour-propre stupide. Un jour, au soleil levant, je me rencontrai l'épée à la main, face à face avec un homme; je sentis le froid du fer pénétrer mon bras et déchirer ma poitrine, tandis que mon adversaire tombait sur le dos en jetant un cri.

— Deux honnêtes gens presque tués pour une fille! dit un des témoins.

A peine remis, et tout fier peut-être de mon bras en écharpe, je recommençai ma vie de dévergondage. Le bois de Boulogne me voyait tous les jours, les coulisses me voyaient tous les soirs, les Cydalises me voyaient toutes les nuits. Je marchais rapidement vers le gouffre, non pas de la ruine, ce qui n'est rien, mais de l'abrutissement, ce qui est bien pis. Enfin l'ennui vint, ennui profond, implacable. Je compris au dégoût que j'éprouvai, la sottise que j'avais faite, je me relevai rapidement de cette vie, où je m'étais vautré pendant presque une année; existence impie et mauvaise qui prend un homme pour en faire un crétin, comme la mer qui reçoit un vivant et rejette un mort.

Je revis alors un village des Vosges assis les pieds dans une vallée, appuyé à de hautes montagnes et peuplé de paysans ignorants. J'y restai de longs mois, dans l'étude, dans la contemplation des choses de la nature, réparant par la réflexion et l'austérité les brèches que mes folies avaient faites à mon intelligence. Ma majorité me rappela à Paris, où je trouvai des tourments sans nombre : tiraillements d'argent, luttes avec ce qui me restait de famille, tristesses de l'adolescence, regrets du passé, soucis de l'avenir, souffrances physiques, indécision sur le choix d'une carrière, chagrins de l'isolement, tout cela m'attendait pour me saluer au seuil de ma maison.

L'étude du droit, vers laquelle on essayait de me conduire, épouvantait mon esprit naturellement contemplatif et porté aux choses d'art ; on voulut m'imposer cette condition que je suivrais assidûment les cours ; je refusai par un sentiment de fausse dignité, je m'entêtai dans le désœuvrement par colère, et je vécus dans une oisiveté plus dangereuse que les plus dangereux travaux.

Je portais trop encore la honte raisonnée de ma vie première pour jamais retomber dans cet abîme sans fond de la débauche et de la sottise ; il me fallait une occupation cependant, et, par malheur, elle me vint de moi-même ; elle ressortit fatalement de ma chétive organisation ; elle fut la suite, inévitable peut-être, de ces longues maladies qui avaient assailli mon enfance et des souffrances qu'elles m'avaient léguées. Je devins, — j'ose à peine le dire, tant le mot est prétentieux, — je devins un rêveur. Tout le jour, assis ou couché, immobile, les mains pendantes, l'œil perdu dans des contemplations étranges, je m'absorbais dans des rêveries infinies qui me laissaient tomber tout meurtri sur la réalité. Je m'en allais bien loin, dans une vie meilleure, accrochant ma pensée à tout ce qui passait et faisant aliment de tout pour nourrir l'insatiable démon qui m'habitait. De bonnes journées se sont écoulées ainsi.

Parfois je touchais à l'extase ; mais parfois aussi je souffrais considérablement. Lorsque mon esprit, qui, comme disent les bonnes gens, n'était pas porté à voir les choses en beau, suivait les voies de tristesse que lui ouvrait sa périlleuse manie, j'en arrivais à supporter d'intolérables douleurs. Sans cesse sollicité par ces attractions singulières vers le chagrin qui meuvent les natures affaiblies et nerveuses, j'aimais ce mal qui me dévorait, je le recherchais, je le provoquais, je m'y abandonnais sans mesure ; je subissais l'attrait de la souffrance ; mon orgueil s'en trouvait bien, et je chassais violemment mon âme dans les profondeurs des peines imaginaires.

Mes désirs même les plus légitimes tombaient dans ce fleuve toujours agité qui me les renvoyait morts ou mourants sur ses rives, et je savourais ces joies dangereuses, sans me douter que je livrais mon être à un vampire qui ne devait me le rendre que pâli, sans force et désorienté à toujours.

Me réservant naturellement le meilleur rôle parmi les personnages dont je peuplais cette vie idéale que je m'étais faite, j'arrivai vite à prendre en répulsion le monde banal qui choquait mes instincts ou tout au moins mes susceptibilités. Je m'éloignai donc de toute société et je vécus presque seul, ne voyant qu'un petit nombre d'amis pleins d'indulgence.

Je sentis bientôt le danger de cette passion de la rêverie, plus redoutable cent fois que l'ivrognerie, car elle est une ivresse permanente ; j'avais développé certaines facultés intellectuelles de mon individu, mais j'en avais faussé d'autres, et j'en étais arrivé à cultiver à ce point ma sensibilité, que tout m'irritait et me faisait mal. Je voulus en finir d'un coup avec cette maladie avant qu'elle fût devenue mortelle, et je me résolus à faire un long voyage.

Je partis par l'Orient, où me conduisaient mes affinités de race et peut-être aussi cet instinct latent de la conservation qui agit en chaque homme et qu'on pourrait nommer pédantesquement : l'attraction irraisonnée de l'hygiène idio-syncrasique. La délicatesse excessive de ma poitrine devait se trouver bien d'un séjour dans les pays chauds, et c'est peut-être cela qui, à mon insu, me poussa vers le soleil.

Pendant dix-huit mois j'allai par l'Épire, la Turquie, l'Asie Mineure, la Grèce et l'Italie. J'étais parti pour me guérir ; et croyant, comme tous les malades, à l'infaillibilité des moyens que j'employais, j'allais plein d'insouciance sur moi-même, confiant dans le spectacle toujours renouvelé de choses diverses pour ramener mon esprit dans des voies meilleures. Mais j'avais emporté mon ennemi, il profita de ce que je ne le combattais plus pour s'emparer de moi tout entier, il se rendit nécessaire, indispensable, et sut si bien me circonvenir, qu'il devint partie intégrante de mon être, et, de faculté qu'il était, il se métamorphosa en passion. Seul, à cheval, suivi par des hommes qui parlent un langage inconnu, en communion directe et permanente avec la nature, on accomplit sur soi-même, en voyage, des évolutions et des tournoiements continuels ; on est son point de comparaison avec toutes choses, on vit avec soi, on s'approprie le monde extérieur sans rien lui donner ; chacune de ces impressions multiples qui vous attendent à chaque pas devient un sujet de rêverie. Je n'étais pas de force à résister à de telles tentations, j'y succombai et je fus perdu. J'étais parti sauvage, je revins insociable ; j'étais parti souffrant, je revins incurable.

A mon retour, j'aimai une femme. Peut-être en m'attachant à cette branche que le hasard tendait au-devant de moi, aurais-je pu me sauver ; mais il n'en fut rien, ce fut une pâture de plus jetée à ma folie ; je profitai de cela pour rêvasser davantage, et pour m'élever encore plus haut dans un inconnu stérile. Lorsque je dis que j'ai aimé cette femme, j'ai tort, car je n'en sais vraiment rien. Si je ne retrouvais dans mes notes et dans mes lettres des cris d'amour poussés vers elle, je n'aurais certainement conservé d'elle que le souvenir d'un insurmontable dégoût et d'une lassitude sans bornes. Cette liaison que j'avais eu grand'peine à former dura deux ans. La première année s'écoula à travers la satisfaction d'une curiosité assez tendre ; puis, peu à peu, jour par jour, le sentiment qui m'avait amené dans ses bras s'émoussa, s'affaiblit et finit par s'éteindre. Mon cœur ne remuait plus auprès d'elle. Ce n'était pas la satiété qui m'éloignait d'elle, c'était une sorte de fatigue mal définie de jouer un rôle auquel je n'étais plus propre; enfin elle m'ennuyait, et c'est là un crime que les hommes ne pardonnent jamais. Comme elle avait une fort belle voix, je la faisais chanter, non pas pour me donner le plaisir de l'entendre, mais afin de ne pas subir l'obligation de causer avec elle, et afin aussi de ne pas être contraint à ce mensonge charitable d'affirmer un amour qui n'existe pas. Je n'osais rompre, je craignais sa douleur! Oh! chères illusions du cœur! je m'imaginais dans ma pauvre vanité que j'étais indispensable à son bonheur, et je me plaignais sérieusement d'être tant aimé.

De nouvelles idées de voyage me tourmentèrent, et je ne pus les mettre à exécution, car je me considérais comme lié par le devoir sinon par la tendresse; mon ennui s'en augmenta encore, je niai l'amour, et, dans mon sot orgueil, je m'écriais :

— Non, tu n'existes pas, sentiment bâtard et intéressé ; tu peux être un passe-temps agréable, une distraction momentanée ; mais tu ne sauras jamais remplir une poitrine large, ni faire battre le cœur d'un fort; tu seras toujours le petit dieu badin, poudré à blanc, blond et joufflu, enrubanné de faveurs roses, humant sur tes autels rococo des encens à la bergamotte ; mais jamais tu ne seras le jeune homme pâle et sérieux qui marche d'un pas grave devant l'humanité pour lui ouvrir les voies nouvelles; jamais tu n'emporteras nos âmes dans les mystérieux pays de l'extase ; jamais tu ne présideras à cette fonction sublime de la fécondation de deux cœurs l'un par l'autre; jamais tu ne seras assez puissant pour endormir à l'ombre de tes ailes, les douleurs d'une vie entière ; jamais tu ne seras grand, utile et régénérateur. Comme ces vieux maîtres épuisés par l'âge, tu vis sur ta réputation ancienne, et maintenant tu ne peux plus rien créer, pas même le désennui de l'existence. Tu fais des promesses, des serments, des imprécations, mais tu mens, tu mens toujours. Lâche, timide et fuyard, tu te sauves dès que l'on veut te saisir ; tu t'effrayes pour un mot, tu t'épouvantes pour un geste et tu t'en vas bien vite en t'écriant : Je n'avais pas prévu cela ! — Que Dieu te maudisse ! je ne crois plus à toi, et dorénavant je saurai si bien te recevoir lorsque tu viendras, que tu n'oseras plus m'approcher.

Que le ciel me pardonne ! j'étais fou et je niais ce que je n'avais fait qu'effleurer. Le temps a modifié mes idées sur ce sujet et sur bien d'autres, et maintenant, si je recommençais à vivre en gardant mon expérience, c'est à l'amour peut-être que j'irais demander ces enivrements qui font à l'homme une invulnérable armure. Quoi qu'il en soit, la vie me parut méprisable, je pris mon existence en aversion, ma maîtresse en haine ; je criai, comme toujours, à l'injustice d'un sort auquel je m'abandonnai lâchement sans lutte et sans combats ; je me demandai à quoi bon continuer cette route pénible indéfiniment ouverte devant moi, et je résolus de mourir. Je n'écrivis à personne, je ne laissai aucun adieu, je brûlai simplement quelques lettres et je m'empoisonnai. J'avais pris une dose d'opium telle que mon estomac la rejeta. Je fus sauvé, puisque cela se nomme ainsi. Un tremblement nerveux me rappela pendant longtemps cette tentative avortée.

Par un mouvement de réaction facile à comprendre, car l'homme est comme les artères, il n'agit qu'en vertu de la *systole* et de la *diastole*, je devins momentanément plus attentif pour cette femme à laquelle j'avais préféré la mort; mais ce ne fut pas de longue durée, le dégoût chassa de nouveau son reflux en moi jusqu'à noyer mon cœur, et je la quittai sans aucun de ces prétextes polis dont on couvre souvent un abandon immérité; je la quittai parce que sa vue même m'était devenue insupportable, et je m'éloignai de France pendant quelque temps, afin de n'avoir même plus occasion de la rencontrer, soit dans mes promenades, soit dans les rares salons où j'allais encore.

Puis vinrent des révolutions; je me mis un peu à la fenêtre pour les voir passer; elles passèrent. Je continuai cette vie contemplative et inutile à laquelle je consacrais l'activité que la nature a mise en moi; je grandissais en âge, mais j'étais si bien enfermé dans mes habitudes de rêvasseries que je restais toujours en jachère et improductif.

Un événement qui s'explique amplement dans mes notes vint me frapper et me détermina à quitter encore la France. Je traversai l'Egypte et la Nubie, et lorsque je fus en Syrie, je m'arrêtai à Beyrouth. Je voulais y séjourner quelque temps, y demeurer peut-être, y ensevelir à jamais cette vie que j'ai toujours portée à contre cœur; j'y rêvais le repos sinon le bonheur, lorsqu'une catastrophe vint m'en chasser.

Je repartis, comme Aashwerus sous la malédiction de Dieu ; je courus le monde ancien, partout et sans cesse traînant avec moi les énervements de ma lassitude et de mes défaillances.

Après trois ans, je suis de retour dans ma maison, que la mort a vidée et dont nul à cette heure ne rallumera le foyer. Rien n'est venu qui puisse me distraire de ma tristesse croissante, rien n'effacera maintenant la saveur d'amertume dont mes lèvres sont empreintes ; j'ai beau regarder du côté de l'avenir, je ne vois pas la colombe qui porte le rameau d'olivier ; quand je tourne les yeux vers mon passé, je n'y retrouve que des douleurs ; resserré entre le doute de demain et le malheur d'hier, mon présent est sans joie ; je me roidis en vain contre une destinée dont je suis seul coupable ; j'envie les autres hommes sans avoir le courage de les imiter ; j'ai fait fausse route et je sens qu'il est trop tard pour retourner sur mes pas, je nourris en moi un cancer qui me ronge le cœur et l'âme ; inutile aux autres, funeste à moi-même, je ne crois plus en moi, je me hais comme mon pire ennemi : la vie m'ennuie, je veux mourir, je vais me tuer, et cette fois je ne me manquerai pas.

C'est un droit, un droit inprescriptible que celui dont je vais user. J'ai la libre disposition de mon être, puisque Dieu m'en a laissé la faculté. Lorsqu'un fait ne doit pas s'accomplir, lorsqu'il peut choquer les lois d'harmonie générale, Dieu ne le permet pas. La science, le travail, la volonté sont impuissants à prolonger la vie ; il ne nous est même accordé de la donner à d'autres, et d'accomplir le devoir sérieux de la paternité qu'en vertu des desseins de Dieu ; c'est une force momentanée qu'il nous prête et nous retire selon qu'il lui plaît. Mais nous pouvons briser violemment notre existence, nous pouvons rechercher des caresses stériles, comme si nous étions de nous-mêmes propres aux œuvres négatives et impropres aux œuvres fécondes. Si au lieu d'attendre sa fin, on court au-devant d'elle, on meurt d'une idée au lieu de mourir d'une maladie.

Lorsqu'un droit ne blesse personne, ne lèse aucun intérêt, ne détruit aucun bonheur, ne trouble en rien la marche de l'humanité, et que ce droit, du seul fait de son existence, est tacitement consenti par Dieu, il est permis de s'en servir lorsqu'on en a besoin. Je suis en cas de légitime défense contre ma propre vie : je la tue.

Un brahmane était un jour assis aux pieds d'un mimosa sur les bords du Godavery. Un esclave l'éventait avec des plumes de paon, un autre lui offrait dans un vase en bois de çantal une infusion de lillipés où se fondait lentement une neige saupoudrée de cannelle. En face de lui se déroulait un étroit sentier par lequel marchait un homme ployé sous le poids d'un fardeau. C'était un çoudra haletant, brûlé par les rayons dévorants du soleil, pieds nus dans la poussière, ruisselant de sueur et râlant de fatigue. Quand il fut arrivé auprès du brahmane, il lui dit :

— Oh ! brahmane ! que tu es heureux de te reposer à l'ombre !

— Continue ta route, chien, fils de chien, répondit le brahmane.

— Avant de repartir laisse-moi te parler, dit le malheureux.

— Parle donc vite, repartit le prêtre de Wishnou.

— J'étais au village, reprit le çoudra, je dormais à l'ombre de la pagode de Saraswati, quand un homme passa qui me réveilla d'un coup de son bâton, afin de ne pas se souiller en me touchant lui-même. Il m'emmena dans un endroit obscur, puis il me mit ce ballot sur les épaules et me dit : Tu vas suivre la rive du Godavery en portant cela, et tu iras ainsi jusqu'à ce que je te rejoigne pour te montrer où tu dois déposer ta charge. Voilà trois heures que je marche, je suis épuisé de fatigue et je ne vois pas venir l'homme qui m'a courbé le dos sous ce poids qui m'écrase. Que dois-je faire ?

— L'homme t'a-t-il payé d'avance ? demanda le brahmane.

— Non, répondit le çoudra.

— Et tu es brisé de lassitude ?

— Je suis presque mort, et comme mes deux mains sont occupées à retenir en équilibre ce ballot maudit, je ne puis même essuyer la sueur qui m'aveugle en coulant de mon front.

— Cet homme est-il ton maître ? reprit le brahmane.

— Non, je ne le connais pas.

— Lui as-tu promis de faire ce qu'il désirait ?

— Non ! j'ai plié les épaules, et je suis parti sans dire un mot.

— Eh bien ! s'écria le brahmane, jette là ton fardeau, et va-t'en !

— Mais, objecta le çoudra, si son propriétaire revient et s'il me trouve, peut-être me battra-t-il avec un bambou fendu.

— Tu ne sais à qui appartient ce ballot, tu ne sais jusqu'où tu dois le porter, tu ne sais à qui tu auras à en rendre compte, tu ne sais ce qu'il contient ; tu ne sais qu'une chose, c'est qu'il est lourd, que tu es las, que tu tombes sous son poids, jette-le et va-t'en !

— C'est Ganésa, Dieu de la sagesse, qui parle par tes lèvres, ô brahmane, et je vais suivre ton conseil.

Il se débarrassa de son fardeau, fit un saut de joie, et se sauva heureux de sentir la liberté de ses épaules.

Le ballot resta sur la route, il y était encore lorsque le brahmane se leva pour rentrer, au coucher du soleil, et nul ne sut jamais si le propriétaire revint et châtia le pauvre çoudra.

Je ferai comme le çoudra, je jetterai loin de moi ce fardeau que l'on m'a imposé.

II

Sans date.

Les dix années que je passai au collège furent dix années de luttes incessantes, et si je reviens fréquemment sur cette époque de ma vie, c'est qu'elle a eu sur mon caractère une influence déplorable. Elle a assombri mon humeur naturellement triste ; elle m'a dégoûté du travail en ne sachant pas le rendre attrayant ; elle m'a éloigné des hommes en me prouvant que les enfants étaient légers, menteurs, lâches et méchants.

Parmi les gens qui cultivent assidûment la Flore des idées reçues, les années du collège représentent « le plus beau temps de la vie ». J'ai souffert, j'ai été souvent malheureux, mais je déclare que jamais je n'ai regretté ces jours écoulés sans liberté, sans famille, sans tendresse, loin de tout ce qui vous aime et sous une règle uniforme régissant à la fois cinq cents caractères différents. Jamais je n'ai regretté les couloirs humides, les dortoirs glacés, les salles fétides, le réfectoire infect, les escaliers usés où brûle un quinquet fumeux ; jamais je n'ai regretté les classes sans fin, les courtes récréations, ni même les promenades aux Champs-Elysées, d'où l'on revient si triste, parcequ'on a vu des femmes dont l'image vous poursuit pendant les longues soirées d'hiver; non, je n'ai jamais regretté rien de tout cela, et je comprends la haine des écoliers pour ces prisons dans lesquelles on enferme leur enfance sous prétexte d'instruction, car cette haine je l'ai ressentie.

J'étais en opposition constante avec tous les règlements. Révolutionnaire fougueux, comme on dit dans les assemblées parlementaires, je ne rêvais que résistance, émeute, révolte, affranchissement et représailles; j'avais des spasmes de joie et des vertiges d'espérance en pensant qu'un jour peut-être le collège pourrait brûler; je ne me sentais ni pitié ni merci pour ces hommes que j'accusais de torturer ma jeunesse. Grave et sérieux par tempérament, je ne cherchais pas de distraction dans ces jeux qui amusaient mes camarades, je vivais presque solitaire, jetant ma pensée par-dessus les murailles, bien loin, dans les espaces où j'aurais voulu me perdre en liberté.

Un des rares élèves avec qui je fréquentais assidûment avait autrefois habité la Corse, et me parlait souvent des brigands qu'il me disait avoir connus. Comme moi, il s'ennuyait et ne désirait rien tant que de retourner à Sartène. L'imagination des enfants s'empare vite de toute proie, et la nôtre n'était pas embarrassée pour traverser la Méditerranée et galoper parmi les broussailles et les montagnes. Nous voulions aux vacances prochaines, nous sauver ensemble, gagner la Corse, nous faire bandits et vivre dans les maquis à chasser le mouflon et le gendarme. Autrefois déjà j'avais voulu rester dans une ferme appartenant à ma mère, afin de garder les moutons, de battre en grange, de serrer les foins, de vanner les blés et de vivre sous le soleil. Ce qui me dévorait, c'était un besoin immodéré d'indépendance.

A ces idées, qui me disposaient déjà fort peu à faire de bonnes études, se joignait une attraction puissante vers les choses littéraires. J'introduisais au collège et je lisais avec avidité tous les drames, tous les romans, tous les poèmes qui paraissaient ; la petite pension que me faisait mon conseil de famille s'en allait à l'étalage des libraires, et ma curiosité n'était jamais satisfaite. J'écrivais moi-même, et avec quelle fièvre, grand Dieu ! Un drame me demandait un jour, un roman une semaine, un poème un mois ; tous mes héros étaient des monstres, la scène se passait invariablement au moyen âge, et il était rare que mes dénoûments ne fussent pas fantastiques.

On m'avait retiré de mon premier collège parce qu'un jour j'avais été frappé jusqu'au sang par un *pion*, et j'étais entré dans un autre, où je ne me sentais ni moins bien ni plus mal. J'ai quitté celui-là dans des circonstances assez singulières pour être racontées, car ce fut là que, pour la première fois, l'idée me vint de recourir au suicide afin d'échapper à la vie. J'avais quinze ans et demi ; c'était dans les premiers jours de décembre 1838.

Parmi les professeurs chargés d'instruire les enfants, le plus haï, le plus tourmenté est toujours le professeur de mathématiques. En effet, le professeur de latin, qui est en relations journalières avec ses élèves, finit, sinon par les intéresser, au moins par les dominer ; il s'impose, il se fait craindre, on s'accoutume à le voir sans cesse et on le respecte. Le professeur d'histoire peut facilement donner un certain charme à son cours, et la nécessité d'écrire presque constamment sous sa dictée calme les velléités de turbulence. Mais pour le professeur de mathématiques, il n'en est point ainsi. Les jeunes gens qui se destinent aux écoles spéciales suivent un enseignement fait pour eux, et il ne reste dans les classes ordinaires que les élèves qui font leurs humanités. Lorsque le professeur de mathématiques a affaire à eux, une fois par semaine, il arrive non seulement comme un inconnu, mais encore comme un ennemi, surtout s'il exige que l'on travaille. Les classes de mathématiques sont généralement regardées par les enfants comme des instants de liberté pendant lesquels chacun peut se livrer aux occupations défendues qu'il affectionne. Un professeur a beau s'évertuer au tableau, il est rare qu'il soit écouté, et de ses démonstrations on ne retient guère que ce mauvais quatrain mnémotechnique :

> Le carré de l'hypoténuse
> Est égal, si je ne m'abuse,
> A la somme des deux carrés
> Faits sur les deux autres côtés.

Cette année-là, notre maître de géométrie était sévère ; il punissait impitoyablement ceux qui ne donnaient pas attention à ses leçons ; les retenues, les pensums tombaient dru comme grêle ; c'était là un crime dont il fallait le punir, et il fut convenu qu'on le ferait *sauter*. C'était un homme grisonnant, sanguin, apoplectique, violent et spirituel.

Au jour indiqué, chacun prit une figure de componction pour entrer en classe, chacun gagna sa place en silence, et, dans un recueillement profond, chacun attendit l'instant de commencer.

Ce fut une tempête qui éclata tout à coup ! Piaulements, hurlements, bêlements, crécelles et sifflets, gloussements, hennissements, coassements, sonnettes et grelots, bruits de tout genre, chants de toute nature, cris de toute sorte s'élancèrent à la fois dans une inexprimable rumeur. Le professeur fit un bond et voulut parler; sa voix disparut au milieu du vacarme comme une barque engloutie dans l'Océan. Il était fou de rage, il écumait, il trépignait; un jet de sang chassé par la fureur lui empourpra les joues, il eut peur d'étouffer sans doute, car il arracha sa cravate. Les vociférations redoublèrent et l'on cria : Bis! bis ! Ses yeux flamboyants roulaient dans leur orbite et tremblotaient comme pris de vertige sans pouvoir se fixer sur personne. Il s'était levé dans sa chaire; debout, les poings crispés, les lèvres blanches, il bégayait des paroles que notre tumulte emportait. Un ou deux encriers, cette arme naturelle des écoliers, avaient déjà frappé la muraille auprès de lui; l'agression devenait directe; quelques cris : Par la fenêtre! par la fenêtre! se faisaient déjà entendre, lorsqu'un œuf vigoureusement lancé s'écrasa au milieu du visage de ce malheureux; il resta impassible, devint très pâle et laissant tomber sa tête sur sa poitrine, il se mit à pleurer.

Les enfants sont meilleurs qu'ils ne le paraissent ; la douleur de cet homme nous fit honte, et le bruit s'abaissa peu à peu jusqu'à ne plus être qu'un murmure confus. Rendu à sa colère par cette apparence de soumission, le professeur s'écria :

— Je vous traiterai comme des nègres...

Nous n'en entendîmes pas davantage, et le brouhaha recommença plus violent et plus étourdissant. Tout à coup, la porte s'ouvrit et le censeur parut. La rumeur s'abattit comme par enchantement ; il se fit un grand silence. Le professeur essuyait en tremblant son visage souillé ; le censeur nous regardait avec des yeux terribles ; six garçons de salle se tenaient derrière lui.

— Tout le monde debout ! dit le censeur.

Chacun se leva, croisa ses bras et se tint immobile.

— Nous ferons un exemple dont on se souviendra, reprit le censeur ; quels sont les plus coupables ?

— Tout le monde, s'écria le professeur, en faisant de la main un geste circulaire qui nous désignait tous.

— La classe entière sera privée de sortie pendant deux mois, dit le censeur, dont la voix chevrotante indiquait l'émotion ; mais enfin soixante élèves n'entrent pas ainsi en attaque d'épilepsie sans qu'il y ait une cause. Il y a un complot, je le sais ; quels sont les meneurs ?

— Le troisième banc s'est signalé par ses vociférations, répondit le malheureux mathématicien.

— Que tous les élèves du troisième banc descendent, continua le censeur, on va les conduire aux arrêts.

Je faisais partie de ce troisième banc qui s'était effectivement distingué par des hurlements de cannibale. Nous descendîmes au nombre de neuf; les six garçons de salle flanquèrent notre petite troupe sur les côtés, le censeur se mit à l'arrière-garde, nous sortîmes de la classe en murmurant comme toujours : « C'est une injustice! » Nous traversâmes la cour, nous montâmes sept étages, on ouvrit devant nous une porte garnie de gros verrous et l'on nous poussa chacun dans une cellule séparée. C'était un vendredi; il était trois heures.

Pour l'intelligence de ce qui va suivre, il convient de placer ici une courte description de ce que l'on nommait alors les *arrêts*.

Une grande salle avait été coupée dans le sens de la longueur par une muraille; une des moitiés formait une façon de couloir où se tenait le pion chargé de surveiller les condamnés; l'autre moitié, divisée par des refends, avait été morcelée en cellules fermées par des portes en chêne dans lesquelles s'ouvrait un guichet qui permettait au gardien d'examiner à sa fantaisie la conduite et le travail des élèves. Une planche appuyée à la muraille formait table et traversait tous les cabanons; une rondelle de bois fixée sur une barre de fer immobile servait de tabouret; un Christ étirait ses maigres bras sur une croix attachée à la muraille; le jour venait d'en haut par un vitrage d'atelier. Ces arrêts étaient de construction récente; les murs encore tendres suaient l'humidité; il faisait très froid.

Dès que je fus enfermé, mon premier soin fut d'examiner ma prison, afin de reconnaître les moyens qu'elle pouvait m'offrir d'échapper à l'ennui. J'eus bien vite reconnu qu'une fente très mince existait dans chacune des murailles latérales, à l'endroit même où la planche qui représentait la table y pénétrait pour aller faire le même office dans les cellules prochaines; de sorte qu'en donnant à un papier une forme allongée, étroite et aplatie, on pouvait, en le faisant glisser à travers cette fissure, communiquer avec ses voisins. Au bout de dix minutes, par ce moyen, nous étions en correspondance les uns avec les autres.

Ce soir-là, à huit heures et demie, on nous fit sortir et nous gagnâmes le dortoir.

Le lendemain, samedi, à cinq heures et demie, nous fûmes appelés et reconduits dans nos cellules; il est inutile de dire que nous étions au pain et à l'eau; nous avions dix-huit cents vers de Virgile à copier dans notre journée; besogne abrutissante et bête qui n'apprend rien, ne laisse rien dans le cerveau et qu'on s'accoutume vite à faire machinalement tout en causant avec ses propres idées. Comme la veille, on nous garda jusqu'à huit heures et demie du soir.

Le dimanche, il en fut encore de même; mais nous supportions gaiement notre captivité; dès que notre *pensum* était fini, nous nous livrions à cette petite correspondance dont j'avais trouvé le facile secret; et puis nous pensions que deux jours et demie de cachot étaient une expiation suffisante pour une faute que nous avions commise en compagnie de tant d'autres; nous venions de finir la semaine en prison, nous recommencerions l'autre en liberté, du moins chacun le croyait ; mais chacun se trompait car le lundi, comme, à cinq heures un quart du matin, nous entrions à l'étude, la voix du garçon, que nous honorions du titre de geôlier, nous appela.

Notre stupéfaction fut grande, on se sentait indigné; un éclair de colère passa dans tous les yeux. Néanmoins chacun prit son carton et sortit. Dès que nous fûmes réunis dans un de ces larges corridors que la pâle lueur des quinquets accrochés aux murs laissait dans une demi-obscurité, ce fut un concert de malédictions qui éclata à voix basse :

— C'est une injustice !

— C'est une infamie !

— Je vais écrire à mon père, je ne veux plus rester ici, j'aime mieux être mousse.

— Et puis, on gèle là-haut ; sous les toits au mois de décembre et pas de feu !

— C'est dégoûtant! nous n'avons rien fait de plus que les autres !

Quant à moi, je marchais en tête, j'écoutais et je ne disais rien ; une colère enragée me mordait le cœur.

— Que penses-tu de cela, Jean-Marc ? me dit un de mes camarades.

— Je dis que vous êtes des lâches, si vous supportez cela; je dis que j'en ai assez, je dis qu'il faut nous sauver coûte que coûte.

— Soit, mais comment faire ?

— Le guichet de nos portes est assez large pour donner passage à notre bras, notre bras est assez long pour atteindre le loquet et l'ouvrir; nous sommes neuf, nous nous jetterons sur le pion, nous l'attacherons, nous le bâillonnerons, nous le tuerons s'il le faut; nous sortirons des arrêts, et puis ensuite à la grâce de Dieu!

— A quelle heure?

— Montons, entrons dans nos cellules! Là, nous nous ferons passer des billets pour convenir de tout. Êtes-vous bien décidés?

— Oui, oui!

— Eh bien fiez-vous à moi, et vive la liberté!

Fiesque ne sentit jamais l'orgueil de conspirateur qui m'enivra en ce moment. Chaque élève m'avait serré la main en silence. Je réponds d'eux, me disais-je, car je suis leur chef; du courage, de la prudence, et mourons plutôt que de renoncer à notre projet!

Dès que je fus enfermé dans mon cabanon, je me mis à ruminer mon plan, à peser toutes les éventualités et à raisonner l'action que j'allais commettre et dont j'appréciais les difficultés.

Il s'agissait en effet : 1º d'ouvrir la porte; 2º de s'emparer du pion; 3º d'aller prendre des chapeaux au dortoir, afin de pouvoir sortir dans la rue; 4º de descendre sept étages sans rencontrer personne; 5º de tromper la surveillance du concierge principal, ou de s'en rendre maître; enfin de s'échapper du collège.

Nous étions neuf, c'était assez pour paralyser le pion, c'était trop pour ne pas éveiller l'attention dans les escaliers. Je comptais bien, il est vrai, sur quelques défection, et je ne puis m'empêcher de sourire, à cette heure, en me rappelant avec quel sérieux je me disais : « Hélas ! je connais les hommes ! » Je les connaissais encore mal, comme on le verra tout à l'heure.

Je brisai un crayon dans la charnière du guichet, afin qu'il fût impossible de le fermer extérieurement, et je me mis immédiatement en communication avec mes codétenus.

Chacun me fit parvenir son plan particulier ; on était assez généralement disposé à choisir midi pour l'heure de notre fuite, parce que à ce moment tous les habitants du collège, élèves, garçons et maîtres d'étude, sont occupés au dîner.

Il était à peu près sept heures et demie du matin ; en pensant aux chances bonnes ou mauvaises qui pouvaient nous accueillir, je fis cette observation qu'il ne fallait pas laisser à mes camarades trop de temps pour réfléchir ; maintenant, leur résolution était prête à la bataille, il était nécessaire d'en profiter, et je ne devais pas la laisser se refroidir et avorter honteusement ; je pris donc un dernier parti et j'écrivis une note à peu près ainsi conçue :

« C'est au plus tôt qu'il faut agir. A huit heures un quart nous partirons. A ce moment, les élèves sont en classe, les maîtres d'étude sont absents, les garçons balayent les quartiers. A l'avant-quart, que chacun se prépare donc. Les portes seront ouvertes, ainsi qu'il a été convenu. Comme il est indispensable de savoir sur qui l'on peut compter, tous ceux qui veulent sérieusement se sauver signeront ce papier, qui me sera renvoyé. »

Je fis passer cette note à mon voisin ; elle fit le tour des cabanons en glissant à travers la muraille, et elle me revint couverte de la signature de tous les prisonniers.

Il me restait encore environ une demi-heure avant le moment définitivement fixé pour l'action ; j'écrivis à une vieille tante, que mes escapades désolaient souvent, et qui me faisait sortir quand par hasard je n'étais pas en retenue. Je lui expliquai les motifs qui me déterminaient, tout en la priant de me pardonner la peine que j'allais lui causer. Je lui disais que ma résolution était inébranlable et que je me rendrais chez elle dès que j'aurais mis à l'abri de toute recherche mes camarades auxquels je me devais exclusivement, puisque j'étais leur chef. Je terminai par cette phrase qui se ressentait peut-être trop du cours d'histoire romaine que je suivais alors : « Quand une tyrannie violente pèse sur un homme, il a le droit de s'y soustraire par tous les moyens possibles. »

Lorsque cette lettre fut écrite, je la pliai et la serrai dans ma poche, afin de la jeter à la poste dès que je serais dehors; puis j'attendis. Le temps me paraissait long et les battements de mon cœur sonnaient haut dans ma poitrine.

C'était le premier événement sérieux que j'avais à accomplir, et, malgré mes quinze ans, je comprenais que l'acte le plus grave de la vie est la conquête de la liberté. J'étais anxieux et plein de tristesse.

Le temps marchait lentement ; les minutes me semblaient des siècles ; j'aurais eu besoin d'aller tête nue, dans le vent, au galop de quelque cheval emporté, et je tournais sur moi-même enfermé dans un trou de deux pieds carrés. Obéissant à cette exaltation qui pousse si souvent au ridicule les gens plus froids, je pris un crayon et j'écrivis sur la porte de ma cellule :

Lasciate ogni speranza...

On peut rire, et je le comprendrai ; mais que l'on se rappelle mon âge, que depuis six années je me désolais au collège, que je rêvais mon indépendance avec frénésie, et que la résolution en face de laquelle je me trouvais prenait à mes yeux des proportions gigantesques. Tout n'est-il pas relatif ? Le prisonnier d'État se sauve de la Bastille, je me sauvais du collège ; à l'âge près, n'était ce pas la même chose ?

Enfin, huit heures sonnèrent à l'horloge. J'entendis la Sorbonne et le Val-de-Grâce qui répétaient lentement ces huit coups qui m'avaient semblé ne devoir jamais tinter. Une angoisse profonde me serrait la gorge. Mes artères battaient violemment, mes paupières étaient lourdes, une insupportable chaleur brûlait mes mains desséchées, une émotion puissante me contractait le diaphragme, et, comme disent les malades, je ne pouvais rattraper ma respiration.

Jamais dans ma vie je n'ai retrouvé un moment semblable ; j'ai eu des duels ; je me suis vu attaquant une barricade et disparaissant au milieu d'un tourbillon de fumée; j'ai vu un père entrer l'épée à la main dans la chambre où je tenais sa fille éperdue sur ma poitrine; dans les montagnes de Saint-Saba, j'ai fui devant une tribu qui me poursuivait à coups de fusil; à Éphèse, un jour d'orage, je suis tombé frappé par la foudre; au milieu de la nuit, pris dans mon sommeil, je me suis sauvé à la nage à travers les eaux glaciales d'une inondation qui emportait les cadavres, les charrues, les bestiaux et les maisons; j'ai vu des spectacles terribles et d'épouvantables catastrophes, mais jamais, jamais je n'ai ressenti une anxiété aussi dévorante.

L'avant-quart sonna. Le bruit sec et grêle de la cloche retentit dans mon cœur comme un coup de canon. Je me levai, je tâtai prudemment le volet du guichet pour m'assurer que le verrou ne le fermait pas et je toussai pour avertir mes camarades que j'étais prêt. Le sang me sifflait aux oreilles.

Le quart sonna enfin; je poussai le guichet avec violence, mon bras passa, ma main saisit le loquet, ma porte s'ouvrit. A ce moment, j'entendis un cri de douleur. Je m'élançai dans le couloir, je m'y trouvai seul, toutes les portes demeuraient closes. Je sentis mon cœur défaillir. Je regardai le pion; il était pâle et appuyait violemment sa main sur un guichet à demi ouvert d'où sortait un doigt ensanglanté.

Deux voix m'appelèrent.

— Jean-Marc, ouvre-moi, disait l'une; le judas était fermé!

— Jean-Marc, criait l'autre, tue-le si tu peux; il me brise le doigt!

Je compris que si j'hésitais j'étais perdu. Je marchai vers le pion. Appuyé contre la muraille, ramassé comme un chat, je guettais tous ses mouvements afin de les prévenir.

— Je vous ordonne de rentrer dans votre cellule, me dit-il d'une voix presque tremblante.

— Jamais! m'écriai-je, j'aime mieux mourir!

Il s'avança vers moi; je reculai lentement. Évidemment il n'osait se déterminer à employer la force.

— Je vous en supplie, rentrez, dit-il encore, et je vous promets de ne pas instruire le proviseur de votre conduite.

— Ah! vous *cagnez*, répondis-je en employant un terme écolier.

— Je saurai bien vous y contraindre, brigand que vous êtes!

Il fit un mouvement et se trouva vis-à-vis de ma porte ouverte, à laquelle il tournait le dos. C'est là que je l'attendais. Je me lançai sur lui, tête baissée, et je l'envoyai rouler au fond de mon cachot; puis je fermai la porte et j'allai tirer les verrous de tous les cabanons.

Trois élèves seulement sortirent, les cinq autres refusèrent.

Nous tînmes un conciliabule rapide.

— Sortons vite.

— Il nous faut des chapeaux!

— Avez-vous de l'argent?

— Oui! — Non!

— Attendez-moi ici, leur dis-je; n'ouvrez à personne qu'à moi; je frapperai trois coups. Je vais au vestiaire du dortoir et je tâcherai de prendre des chapeaux. Que chacun des élèves qui restent vous remette son argent; si quelqu'un résiste, usez de violence s'il le faut.

Avant de m'éloigner, je ne pus résister au désir de *faire une charge* au pion; j'ouvris le guichet et lui dis :

— Vous pouvez continuer mon pensum, si vous voulez.

Il ne répondit pas. Je le regardai. Assis, il serrait son bras gauche contre sa poitrine. Il se leva, son bras retomba inerte et droit le long de son corps.

— Vous m'avez cassé le bras, Monsieur, me dit-il avec assez de calme.

Une sueur froide m'inonda le visage. Ce malheureux disait vrai ; en tombant sur la table, fixée dans la muraille, il s'était brisé l'humérus.

— Tant mieux! s'écria celui qui avait le doigt écrasé. Jean-Marc, dépêche-toi!

Je partis, je descendis les escaliers, je courus dans les corridors, j'entrai à notre vestiaire. Le garçon n'y était pas. J'empoignai quatre chapeaux au hasard et, dans ma case, une redingote que je mettais par-dessus mon uniforme pour aller en promenade pendant l'hiver.

— Hélas! pensais-je, j'ai cassé le bras à ce pauvre homme; je suis presque un meurtrier.

J'arrivai à la porte des arrêts; je frappai trois coups; on vint m'ouvrir et je reculai épouvanté, c'était un garçon de salle.

Et quel garçon! notre terreur à tous. C'est lui qui

se chargeait des missions difficiles : de conduire les élèves au cachot, de les traîner en retenue quand ils refusaient de s'y rendre, et d'aller, moyennant deux sous, chercher nos balles sur le toit lorsqu'elles y restaient. Hérissé d'une chevelure moutonneuse et crépue, son visage était animé de deux yeux presque toujours hagards, traversé par un nez démesuré coupé en deux par une cicatrice, et encadré d'une paire de favoris épais et crasseux. Il avait un nom ridicule, il s'appelait Borniche, et comme il mangeait avec une gloutonnerie de bête, les élèves l'avaient surnommé *Pue-Ventre!*

Ce fut ce monstre qui me reçut. Il me prit le bras, et sans dire un mot me conduisit dans ma cellule, dont il referma avec soin porte et guichet. En passant, j'avais vu le pion assis à sa table et tous les cabanons clos au verrou.

J'étais anéanti. J'entendis le malheureux surveillant dire :

— Borniche, allez prévenir le proviseur.

Borniche sortit. Je n'avais plus aucun ménagement à garder, je voulus savoir la vérité sur cet événement que je ne comprenais pas, et à haute voix j'interrogeai mon voisin ; nous l'appelions Stéphen, et tout à l'heure je dirai pourquoi. Voici ce qu'il me répondit :

— Quand tu as été parti, le pion nous a fait des observations du fond de sa cellule ; nous l'avons envoyé promener, à l'exception de Gastaldy (un des trois élèves sortis sur mon invitation), qui est rentré de bonne grâce, parce qu'il a peur de son père. Puis la porte s'est ouverte et Borniche est entré apportant le déjeuner du pion ; quand il nous a vus dehors, il nous a enfermés de nouveau et a délivré le maître d'étude ; puis on a attendu ton retour.

Je répondis par un épouvantable juron.

— Tout cela vous coûtera cher, s'écria le pauvre pion qui geignait à chaque mouvement.

Au bout de quelques minutes d'une attente pleine d'angoisses, Borniche revint.

— On demande ces trois messieurs chez le proviseur.

On ouvrit nos cellules et nous sortîmes ; j'avais passé ma redingote et mis mon chapeau. Le pion, soutenant son bras, et Borniche se placèrent derrière nous, et nous nous mîmes en marche. J'étais entre mes deux camarades.

— Que faire ? me dit Stéphen, on va nous ramener à nos familles.

— Tout plutôt que cela, lui répondis-je à voix basse ; il y a peut-être encore de l'espoir.

— Comment cela ? que faire ?

— Je ne sais trop encore ; allons lentement, laissez-moi réfléchir, et faites tous deux ce que vous me verrez faire.

Nous descendions les escaliers avec une lenteur outrée.

— Marchez plus vite, dit le pion.

— Je ne peux pas, répondit impudemment Stéphen, ma main me fait mal.

Pendant ce temps, je combinai un nouveau plan dont la réussite allait dépendre de notre agilité.

Pour nous rendre chez le proviseur, nous devions traverser une cour étroite assez obscure qui avait deux issues s'ouvrant toutes deux sur la salle où séjournait le portier : l'une à droite donnant en face de l'escalier qui conduisait au cabinet du proviseur, l'autre à gauche faisant vis-à-vis aux couloirs de la cuisine et touchant presque à la petite porte de sortie. Il s'agissait de prendre ce chemin, qui nous détournait un peu de notre véritable direction.

— Attention ! dis-je à Stéphen, lorsque je mis le pied dans la cour ; imitez-moi, ou nous sommes perdus.

Je pris deux ou trois pas d'avance en marchant à gauche. Le pion ahuri nous suivit sans observation, le garçon en fit autant.

Comme j'allais franchir les deux degrés de la salle qui servait de loge, j'aperçus le concierge, un homme athlétique, appuyé contre la porte. Par bonheur, il n'y touchait que par le dos, et son corps faisait angle droit avec cette porte qui ne fermait qu'au loquet. Il avait les bras croisés sur sa poitrine et nous regardait d'un air goguenard.

Je n'hésitai pas ; d'un coup de pied violent donné dans ses talons, je le fis glisser, il tomba ; j'ouvris la porte et je me sauvai ; Stéphen me suivit, notre troisième camarade tarda un peu, puis il arriva enfin ; mais son habit était devenu veste ; les deux pans mûris par de longs services étaient restés entre les mains de Borniche, qui avait voulu le retenir.

Nous montions la rue de la Harpe, lancés au galop de nos jeunes jambes ; on criait : Arrêtez ! arrêtez ! au voleur ! Des étudiants applaudissaient.

Sur la place Saint-Michel, Stéphen me cria : Prends un fiacre !

— C'est un retard, répondis-je sans ralentir ma course.

Nous allions vite ; nous aurions dépisté des chasseurs de chamois ; nous courûmes ainsi d'une haleine et comme un tourbillon jusque dans le Luxembourg, près de la grille de la rue Madame. Là, nous étions sauvés et loin de ceux qui suivaient nos traces.

Après nous être serré la main, sérieux et recueillis comme trois conspirateurs qui viennent de délivrer leur patrie, nous nous réunîmes en conseil. Stéphen avait un oncle qui voyageait alors en Italie. Le portier, qui connaissait le neveu de son locataire, n'hésiterait pas sans doute à lui remettre la clef de son appartement ; il fut donc décidé qu'on irait d'abord chez l'oncle Dimon, ainsi qu'on le nommait.

Stéphen, celui dont les doigts avaient été si vigoureusement pincés dans le guichet de sa cellule, devait son surnom à l'admiration qu'il professait pour le roman d'Alphonse Karr : *Sous les tilleuls*. C'était un garçon d'un blond douteux, hardi, entreprenant, impatient de toute domination, spirituel, grassouillet et par-dessus tout méridional. Il accomplissait avec nous sa troisième fuite du collège : déjà deux fois il s'était sauvé, et n'avait dû qu'à l'influence de son père, haut administrateur en province, d'être réintégré parmi nous après une faute ordinairement punie de l'expulsion. C'est maintenant un des hommes du monde les plus charmants qu'il se puisse voir et qui a le courage de trouver la vie amusante.

Le second, beau garçon, brun, solide, intelligent, était né à Saint-Domingue. Affectant une certaine prétention de langage comme la plupart des créoles, il se livrait à une littérature violente ; il affectionnait les romans de marine, il composait des histoires plus sombres que la nuit, et des poèmes monosyllabiques plus ardents que l'enfer. Il regrettait, avec toutes sortes de malédictions, les pans de son habit, dont les poches contenaient ses poésies complètes. Il lisait assidûment les drames du boulevard ; plus ils se compliquaient d'intrigues incompréhensibles, plus il les aimait ; sa pièce d'affection était *Guillaume Colmann*, et comme il en parlait sans cesse, on l'appelait Colmann.

Nous arrivâmes bientôt rue de l'Odéon, à la maison où Stéphen nous conduisait. Ainsi que nous l'avions prévu, le portier nous livra la clef sans objection. Nous montâmes trois étages et nous entrâmes chez l'oncle Dimon. Une antichambre, un salon, une chambre à coucher : appartement de garçon.

Nous comptâmes d'abord notre argent, car il fallait vivre, même en état de liberté. Nos trois fortunes réunies formaient un triste total de trente-sept sous. Nous nous mîmes à rire, et je dis :

— J'ai sur moi une montre d'argent et quelques breloques en or, je les vendrai.

— Nous trouverons bien quelques pièces de cinq francs à emprunter à des amis, ajouta Stéphen.

Je jetai un regard dans l'appartement, mes yeux s'arrêtèrent sur une bibliothèque de cinq ou six cents volumes.

— Voilà de quoi vivre longtemps, m'écriai-je, nous vendrons les livres.

— Mon oncle Dimon ne sera pas content, objecta Stéphen.

— Qu'importe, répondit Colmann, puisqu'il est en Italie.

Il fut donc décidé que je me déferais, le premier jour, de ma montre, et qu'ensuite on vendrait les livres, puis les pendules, les meubles, etc., etc., jusqu'à ce que nous nous fussions arrangés avec un journal pour publier nos romans, et avec un théâtre pour faire jouer nos drames. A quinze ans on ne doute de rien.

Il fallut ensuite nous habiller, car nos uniformes de collégiens nous auraient promptement dénoncés à la police, qui devait déjà être prévenue de notre évasion. Stéphen avait en dépôt chez son oncle une malle d'effets bourgeois; malheureusement ce n'était que des vêtements d'été, et nous étions en décembre; cela importait peu. Il entra courageusement dans un pantalon gris et dans une maigre redingote en mérinos. Colmann découvrit quelque part un vieux paletot à l'oncle Dimon, il s'en empara et se coiffa d'une casquette dont les mites avaient fait une écumoire. Quant à moi, mon pardessus en drap et mon chapeau me rendaient à peu près convenable. En furetant de tous côtés, j'avisai une paire de lunettes bleues que je campai sur mon nez afin de déguiser mon visage, et je m'armai d'une canne à épée que je trouvai dans un coin, très décidé à m'en servir pour ma défense personnelle si quelqu'un tâchait de m'arrêter.

Ainsi accoutrés, nous sortîmes en ayant l'imprudence de dire au concierge que nous reviendrions le soir.

Nous fîmes deux ou trois courses infructueuses pour trouver de l'argent. Rue Saint-Denis, je vendis ma montre et les objets en or qui l'accompagnaient pour dix-sept francs : cela nous parut une fortune *incalcuttable*, comme dit Balzac; nous ne pouvions croire à notre bonheur. J'allai voir une vieille femme très liée avec une bonne qui m'avait élevé, elle me prêta encore dix francs; nous étions riches; vingt-huit francs quatre vingt-cinq centimes; un verre de Potose qui nous tournait la tête !

— Ah! dit Stéphen avec un gros soupir, si j'avais pu prévoir cela, j'aurais apporté ma montre en or qui est en Provence; en la vendant, nous aurions peut-être pu passer en Angleterre.

— On nous aurait refusé des passeports, dis-je pour le consoler.

— C'est vrai, ajouta-t-il.

Notre première dépense fut pour acheter des cigares, dont nous ne pûmes guère fumer que la moitié.

Notre liberté nous embarrassait, nous ne savions qu'en faire; nous marchions au hasard par les rues et sur les boulevards, regardant les boutiques, lisant les affiches, nous arrêtant à tout ce qui pouvait un instant tromper l'inquiétude, qui, malgré nos efforts, remuait au fond de nos cœurs. Il fallait que nous fussions bien cruellement désœuvrés, car nous allâmes visiter la Bourse dont nous admirâmes les grisailles.

En passant rue des Petits-Champs, où nous étions restés longtemps à regarder les tableaux exposés chez Durand Ruel, nous fûmes éclaboussés par un cabriolet d'où sortait une tête effarée, et cette tête était celle du censeur; nous nous jetâmes sous une porte cochère; cette rencontre nous troubla; il était évident qu'on nous recherchait et qu'on essayerait par tous les moyens de reprendre possession de nos jeunes indépendances.

Sous les arcades Castiglione, nous eûmes une idée tellement incroyable que j'ose à peine la raconter. Nous savions qu'Alexandre Dumas demeurait, à cette époque, rue de Rivoli, 26, et nous décidâmes à l'unanimité qu'on irait lui faire une visite : 1° pour lui porter les témoignages de notre sympathie; 2° pour lui présenter trois auteurs en herbe, mais pleins d'avenir; 3° pour lui expliquer notre position et réclamer son appui auprès du gouvernement; 4° pour lui emprunter de l'argent, car nous éprouvions quelque honte à dévaliser l'oncle Dimon.

— Et en effet, disait Colmann, ne sommes-nous pas des littérateurs enthousiastes de romantisme; ne fuyons-nous pas un joug que nous mordions en frémissant de rage, comme disent les perruques de l'Institut? Que réclamons-nous? notre droit au soleil et un public que nous puissions émouvoir aux cris de notre cœur ulcéré par la douleur...

— Et l'amour, ajouta Stéphen qui avait une grosse passion en tête.

— Et l'amour, reprit Colmann; nous raconterons à Alexandre Dumas nos projets et nos rêves; il nous accueillera bien ; peut-être nous fera-t-il recevoir nos pièces dans un théâtre? peut-être nous trouvera-t-il un éditeur?

La conversation dura sur ce ton pendant quelque temps, et lorsque nous arrivâmes rue de Rivoli, nous étions résolus à mettre l'illustre auteur de la *Tour de Nesle* au courant de nos œuvres. Colmann devait expliquer le sujet d'un drame qu'il méditait, Stéphen lire quelques pages d'un roman intime, et moi réciter plusieurs strophes d'un poème fantastique qui m'occupait depuis huit jours.

Notre confiance dans la réception qui nous attendait s'ébranla quand nous montâmes l'escalier, car, par une précaution puérile et pourtant pleine d'orgueil, nous ouvrîmes nos redingotes, afin que la vue des boutons de collège qui ornaient nos gilets prouvât que nous étions des *honnêtes gens*.

Nous sonnâmes, un domestique ouvrit, prit nos noms, s'éloigna, revint et nous dit que M. Dumas ne pourrait nous recevoir que le soir à sept heures.

Il fut question, pour tuer le temps qui nous semblait long, d'aller voir le corps du maréchal Lobau, récemment passé de vie à trépas, et exposé au Louvre dans une chapelle ardente. Je ne me souviens pas de ce qui nous empêcha de réaliser ce projet.

— A quoi bon, s'écria tout à coup Colmann, perdre nos heures à la recherche des spectacles inutiles? commençons dès aujourd'hui cette vie de travail et de méditation à laquelle nous devons désormais nous consacrer. Allons boire aux sources des maîtres.

— Allons grandir notre intelligence par l'étude des chefs-d'œuvre, dit Stéphen.

— Allons mûrir la pensée et féconder l'idée par la contemplation assidue de la forme, dis-je à mon tour.

Et comme nous nous promenions au Palais-Royal, nous entrâmes dans un cabinet de lecture.

La journée entière s'y passa, et s'y passa rapidement dans la lecture du *Roi s'amuse*, de *Lucrèce Borgia*, de Victor Hugo, et des *Souvenirs d'Antony*, d'Alexandre Dumas.

A cinq heures, la nuit était venue; nous sortîmes, et après un modeste dîner dans un restaurant à quarante sous du passage Montesquieu, nous allâmes nous promener sur le boulevard. Il faisait froid et humide; la tristesse nous gagnait malgré nous; des voitures roulaient bruyamment sur la chaussée, et leur murmure était comme l'accompagnement des pensées douloureuses qui nous oppressaient. Nous parlions peu, de longs silences coupaient nos phrases, et lorsque nous ouvrions la bouche c'était pour nous communiquer des appréhensions pleines d'angoisses. La fièvre du matin était apaisée, il ne nous restait plus que la torpeur.

Je faisais de grands efforts pour ranimer la gaieté de mes camarades, mais j'y réussis mal, et je me souviens qu'en passant devant la rue de la Paix où habitait ma tante, un flot de larmes me monta jusqu'aux yeux; je me détournai et remontai vivement les boulevards vers la rue Vivienne.

Notre spleen augmentait; chacun de nous marchait

à petits pas, les mains dans ses poches et la tête baissée ; il fallait en finir.

— Allons au spectacle, dis-je ; il sera temps de pleurer après.

Les affiches lues, discutées, commentées, on se rendit au théâtre du Palais-Royal ; en y arrivant, nous vîmes plusieurs sergents de ville auprès du péristyle ; nous nous imaginâmes qu'ils étaient là pour s'emparer de nous et nous glissâmes rapidement à travers les personnes qui prenaient des billets.

On donnait *la Pièce de vingt-quatre sous*, *Riquiqui* et *les Coulisses*. Mme Leménil nous parut charmante et Mme Wilmen fort belle.

Pendant un des entr'actes, je sortis seul. J'avais soif et je voulais boire. Je n'osais pénétrer dans un café pour prendre une glace ou une limonade : dépositaire de la bourse commune, je craignais de dépenser trop d'argent.

J'enfonçai mon chapeau sur mes yeux et j'entrai dans un cabaret.

— Un verre de vin ! dis-je en rassurant ma voix.

— Un canon, voulez-vous dire ?

— Oui, un canon.

On me servit un verre de vin sur un grand comptoir en étain ; j'avais la bouche desséchée, je bus avec délice.

— Combien est-ce ? demandai-je.

La femme se mit à rire.

— Mais c'est deux sous, vous le savez bien.

Je donnai vite dix centimes et je me sauvai. J'avoue que cet acte si rapidement accompli m'a causé une de mes plus vives humiliations. Tout se révolta en moi, lorsque je me vis dans cette sale boutique qui puait et où buvaient des gens grossiers.

Quand le spectacle fut terminé, je dis à mes compagnons :

— Avez-vous envie de dormir ?

Ils répondirent négativement. Règle générale, un enfants répond toujours non à une question semblable.

— Eh bien ! repris-je, achetons du rhum, du sucre, des citrons et des bougies, nous passerons la nuit à boire du punch ; Stéphen nous racontera ses amours et nous en ferons un roman.

Le premier épicier venu nous permit de faire nos emplettes et nous prîmes notre route pour gagner la rue de l'Odéon, où nous devions coucher dans l'appartement de l'oncle Dimon.

Une mélancolie profonde nous enveloppait, nous étions tristes, tristes jusqu'à la mort ; nous ne pouvions dominer l'abattement qui nous déprimait. La comédie venait de finir et le drame allait bientôt commencer.

Arrivés au milieu du Pont-Neuf, nous nous assîmes sur le parapet. Cette action fut irréfléchie, mais au fond nous n'étions pas fâchés peut-être de retarder l'instant où nous serions livrés seuls à nos propres pensées.

De grands nuages sombres volaient dans la nuit obscure ; tout se taisait autour de nous, nous n'entendions que les pas réguliers de la sentinelle qui se promenait près de la statue de Henri IV ; le vent agitait les becs de gaz qui vacillaient devant l'hôtel de la Monnaie ; la Seine noire et rapide se brisait aux piliers du pont, coulait en se rayant de reflets de lumière et semblait nous appeler par son murmure monotone et plaintif.

Nous restâmes là longtemps sans parler, accablés, énervés, vaincus, absorbés peut-être dans le regret de notre action, effrayés de ses conséquences et désespérés de notre faiblesse.

Je ne sais lequel de nous rompit le silence, mais je sais qu'il dit :

— Pourquoi ne pas mourir ?

Cette question répondait si bien à nos pensées, que nous sentîmes une sollicitation terrible se dresser en nous. Nous nous levâmes simultanément et nous restâmes debout au pied de ce parapet sur lequel nous nous étions assis et que nous mettions maintenant comme une sorte de barrière entre nous et la tentation.

La consultation s'ouvrit ; elle fut grave, calme et sérieuse. Trois enfants, dont le plus âgé n'avait pas seize ans, discutèrent sur la vie et la mort, comme Socrate avec ses disciples avant de boire la ciguë. Cela fut solennel : chacun parlait à son tour. Pendant une heure on causa ainsi, et je dois le dire, si la Seine ne charria pas nos trois cadavres pendant cette nuit sans lune, c'est que nous sentîmes couler dans nos cœurs les larmes de ceux qui nous auraient pleurés.

On se dirigea lentement vers la maison ; deux heures du matin sonnaient à Saint-Germain-l'Auxerrois. Avant de mettre le pied dans la rue Dauphine, je m'arrêtai.

— J'ai peur, dis-je à mes compagnons ; passons la nuit à marcher dans Paris, mais ne rentrons pas chez l'oncle Dimon. Savons-nous si notre retraite n'a pas été découverte et si nous n'allons pas être arrêtés.

On me traita de visionnaire ; on me démontra que cela était impossible, et nous reprîmes notre chemin.

En arrivant à l'entrée de la rue de l'Odéon, voici ce que nous vîmes :

La rue éclairée par les candélabres et avec cet aspect pâle et nettoyé que la nuit donne aux rues de Paris ; puis sur chaque trottoir un groupe de cinq hommes qui se promenaient, en sens inverse l'un de l'autre.

Nous nous tînmes immobiles comme pétrifiés et regardant de tous nos yeux.

— Nous sommes perdus si nous avançons, dit Colmann.

— Non, répondit Stéphen, personne ne sait au collège que mon oncle demeure ici ; c'est quelque patrouille ; il n'y a pas de danger.

— Attendons, ajoutai-je à mon tour, nous allons voir si l'on vient de notre côté.

Les groupes continuaient paisiblement leur promenade sans faire attention à nous.

— Je savais bien que ces gens-là n'étaient pas là à notre intention, reprit Stéphen en faisant un pas.

— Nous avons tort, affirmait Colmann, inquiet et irrité ; que dis-tu de cela, Jean-Marc ?

— Je dis : A la grâce de Dieu ; marchons !

Nous avançâmes ; les hommes ne se dérangèrent pas ; dès que nous eûmes frappé à la porte, elle s'ouvrit. Le concierge était levé, et comme nous lui demandions de la lumière et la clef qu'il paraissait chercher, la porte cochère fut ébranlée par plusieurs coups de marteau.

— N'ouvrez pas ! n'ouvrez pas ! cria Colmann.

— C'est le locataire du second, répondit le concierge.

— Montez toujours, nous dit Stéphen, le portier va retrouver la clef et je vous rejoindrai.

Nous étions, Colmann et moi, au premier étage, quand nous entendîmes la porte se refermer ; puis aussitôt un cri de détresse vint jusqu'à nous avec la voix de Stéphen :

— Sauve qui peut, ce sont les argousins !

En deux secondes nous fûmes au cinquième étage. Une nuit profonde remplissait l'escalier ; nous tâtions les murailles pour chercher une issue. Rien, une porte fermée et une fenêtre ouverte sur la cour, à soixante pieds du sol.

Nous entendions des hommes qui montaient les degrés.

— Malheur au premier qui porte la main sur moi ! criai-je, en me plaçant debout, la canne à la main, sur la dernière marche.

Tout à coup, je fus aveuglé par une lumière éblouissante ; un homme venait de démasquer une lanterne sourde de dessous son manteau et en dirigeait la clarté sur mon visage. C'était un agent de police ; il accompagnait deux garçons de salle et le directeur des études. En me voyant chacun s'arrêta, et le directeur, un excellent homme, me dit :

— Voyons, Jean-Marc, pas de coups de tête. Nous

sommes en nombre pour vous réduire. Cédez de bonne grâce et soyez convaincu qu'on vous traitera avec tous les égards possibles.

— Personne ne me touchera, ni ici, ni dans la rue, et demain on me conduira chez ma tante ? demandai-je en restant sur la défensive.

— Personne ne vous touchera, ni ici, ni dans la rue, je vous l'affirme sur l'honneur, répondit le directeur. Quant à vous conduire chez votre tante, c'est au proviseur seul qu'il appartient de le décider.

— Soit, Monsieur, je crois à votre parole, et c'est à vous que je me rends, dis-je, avec une fierté de capitaine vaincu.

— C'est bien, mon enfant, reprit le directeur; vous n'aurez pas à vous en repentir.

Je descendis ; le groupe d'hommes se sépara pour me laisser passer; Colmann venait derrière moi ; on avait eu l'imprudence de me laisser la canne que je portais, et qui, comme je l'ai dit, contenait un poignard.

Quand j'arrivai à ce palier élevé de trois degrés de pierre par lequel débutent presque tous les escaliers des maisons de Paris, je vis le vestibule éclairé par des chandelles que le portier avait allumées en hâte. Stéphen se tenait dans un coin placé entre deux gardiens et me jeta un regard qui me troubla le cœur. Le proviseur, le censeur, deux maîtres d'études et deux garçons complétaient avec les quatre personnes qui nous ramenaient les dix hommes que nous avions vus se promener sur les trottoirs et qui avaient si justement effrayé Colmann.

Dès que le proviseur m'aperçut, il ne put réprimer un mouvement de joie; il s'élança vers moi et me saisissant au collet :

— Ah! vous voilà donc enfin, misérable évadé que vous êtes, s'écria-t-il.

Je me dégageai par un mouvement brusque, et avant que personne eût pensé à m'arrêter, je levai ma canne et je l'abattis de toutes mes forces sur son visage.

Il poussa un cri en mettant la main sur ses yeux.

J'avais déjà fait un bond en arrière et j'étais acculé dans un angle de la muraille. On se précipita sur moi; on voulut s'emparer de ma canne; je me défendis; on essaya de me l'arracher; elle se sépara en deux, un bout demeura à mes adversaires et je restai avec un long et mince poignard à la main. Tout le monde recula.

— Laissez ce fou furieux, dit le censeur.

Je fis trois pas en avant, et, me posant comme il convient pour une action théâtrale dont on ne veut pas perdre l'effet, je jetai dédaigneusement mon arme aux pieds du proviseur, en disant :

— Arrêtez-moi, Messieurs, je ne veux pas aller en cour d'assises pour un drôle comme monsieur.

Je fus immédiatement saisi; le proviseur triomphait et me criait dans l'oreille :

— Vous avez brisé le bras d'un maître d'étude, vous avez démis l'épaule d'un portier, il ne vous manque plus que de me tuer pour être tout à fait assassin; mais soyez tranquille, vous commencez trop bien pour ne pas le devenir; un jour vous périrez sur l'échafaud.

— Cela est possible, lui répondis-je ; mais je vous jure que vous ne m'y verrez pas monter !

Un garçon de salle me prit par le bras gauche, l'agent de police me serra la main droite en me tenant le pouce d'une façon particulière et qui me faisait grand mal. Ma colère se calmait peu à peu et je me disais : Que va-t-on faire de moi ? Dans mon oreille j'entendais une sorte de bourdonnement : c'était le garçon qui me racontait qu'autrefois, étant en garnison à Givet, il s'était sauvé, que pendant trois jours il avait « fait la noce », et que son colonel l'avait mis au cachot pour un mois ; puis il ajoutait que je ne devais pas m'inquiéter, « parce qu'il faut que jeunesse se passe », et encore « mauvaise tête et bon cœur ». Ce bavardage m'irritait plus que je ne saurais dire et ne cessa qu'au seuil du collège. J'entendis, comme un condamné à mort, se refermer la porte que j'avais si prestement ouverte le matin. Colmann fut dirigé sur le dortoir de son quartier, Stéphen aux arrêts, et moi, escorté du proviseur et toujours tenu par mes gardiens, je fus conduit à l'infirmerie. J'étais brisé par les émotions de cette journée, je m'endormis d'un sommeil frère de la mort, comme une bête fauve longtemps chassée par les chiens et qui trouve enfin un gîte.

A cinq heures, on m'éveilla et on me conduisit au cachot ; Colmann y arriva bientôt, Stéphen y avait passé la nuit. Je fus réintégré dans ma cellule. Les murs ruisselaient d'humidité ; la mèche du quinquet pétillait dans son verre terni, le ciel était tout noir à travers la fenêtre à tabatière, le Christ paraissait triste et râlant sur sa croix. J'éprouvai comme un vague sentiment de peur qui dura jusqu'au jour.

L'expérience de notre évasion avait déjà porté ses fruits, car on avait embarrassé le guichet de nos portes d'un croisillon de fer qui empêchait d'y passer le bras.

Dans la matinée, le censeur vint nous voir. Je lui dis très fermement que je voulais être mené chez ma tante et je lui demandai de quoi écrire.

On me remit des plumes taillées et deux feuilles de papier. J'adressai une lettre à ma tante, une autre au proviseur, ce qui me prit une des deux feuilles; sur la seconde j'écrivis *mes impressions de cachot*. La mode était alors aux impressions de voyage.

Je tombai dans une sorte de somnolence pleine de rêves étranges; je souffrais beaucoup, et vers le soir j'eus un crachement de sang. L'humidité des murailles me pénétrait; notre nourriture se composait d'un morceau de pain et d'un verre d'eau; dès que je m'endormais, des cauchemars me réveillaient; j'étais réellement malade.

Je couchai aux arrêts mêmes, dans une cellule où l'on avait jeté un matelas, et je sanglotai longtemps, la tête perdue sous mon dur traversin. Pendant dix journées, dix longues journées, il en fut ainsi.

Chaque jour j'envoyais à ma tante des lettres qui restaient sans réponse, et chaque jour aussi j'écrivais mes impressions.

Je les ai là, maintenant, sous les yeux, ces pauvres feuilles de mauvais papier couvertes d'une encre jaunie à demi effacée; j'y relis l'expression de mes tristesses, de mes angoisses, dans un singulier style, d'une orthographe souvent douteuse, et je retrouve la trace des larmes que je versais.

Ce silence obstiné de ma famille, dont je n'ai su la cause que plus tard, la solitude profonde et l'oisiveté absolue auxquelles j'étais condamné, les inquiétudes qui me dévoraient, mes accès de colère sourde qui se fondaient en pleurs, le froid, la mauvaise nourriture, le défaut même d'exercice qui avait fini par m'endolorir les genoux, au point que le soir j'avais peine à gagner mon lit, les regrets toujours présents de ma première enfance, les désirs de liberté qui criaient plus haut que jamais dans dans mon cœur, l'humiliation d'avoir si mal réussi dans mon évasion, l'ignorance où je me trouvais de l'avenir qu'on me préparait, tout m'accablait, me menaçait, me désespérait.

Ah! comme j'aurais voulu être un de ces étudiants dont les chants montaient jusqu'à moi malgré le tumulte de la rue ! Quelle belle existence ils me semblaient avoir! N'avaient-ils pas l'indépendance, la jeunesse, le droit de vivre à leur guise ! n'étaient-ils pas heureux, insouciants, aimés peut-être! Le soir, n'emmenaient-ils pas leur maîtresse pour s'en aller dans les bals, ou dans les Prés-Saint-Gervais s'asseoir à l'ombre des grands arbres ! Ah! que leur vie me paraissait enviable et magnifique! — Hélas ! cette vie-là, dont tant d'autres se sont contentés, j'aurais pu la mener si j'avais voulu, mais dès que j'en eus approché, je m'en éloignai.

Le souvenir de ma mère me poursuivait sans cesse; je me rappelais ce bon temps des vacances passé avec elle ; je la revoyais pâle et froide sur son lit. Ah ! comme elle m'eût arraché de là, si elle eut encore vécu ! Un jour, un orgue de Barbarie passa en jouant un air qu'elle avait l'habitude de chanter au piano, je me frappai la tête contre la muraille, et je poussai de tels cris de douleur, que le pion effrayé envoya chercher le médecin. Le médecin déclara qu'il n'y comprenait rien.

Les idées les plus extravagantes travaillaient ma pauvre cervelle troublée, il en est une qui revenait souvent, c'était l'envie de me faire musulman, afin de fuir cette société que je jugeais méchante et impitoyable, car je me croyais abandonné par tous. Un de mes ouvrages favoris avait été l'*Histoire de la décadence de l'empire romain*, par Gibbon ; j'y avais lu tout l'épisode de Mahomet, pour lequel j'avais, dès cette époque, une admiration sans égale; j'aurais voulu être un de ses ansariouns ; je rêvais les palais des *Mille et une nuits*, les villes aux coupoles d'or, les fleuves d'azur, les forêts d'émeraudes ; je voyais les longues caravanes passant silencieuses et graves à travers les sables du désert; je galopais sur des chevaux plus ardents que le soleil, je maniais un cimeterre éclatant, et je me disais : Je serai, comme Kaled, le glaive de Dieu ! Cette idée s'empara de moi jusqu'à me pousser au blasphème, car levant un jour vers le crucifix de ma cellule un regard de colère :

— Je ne crois plus en toi, lui dis-je, car tu ne m'as pas sauvé !

Un garçon de salle me prêta un volume dépareillé de l'*Histoire des Naufrages*, c'était mon unique lecture; je recommençais dès que j'avais fini. Ce même garçon m'apprit que Colmann était rentré au collège à la condition qu'il resterait une année sans sortir. Je savais Stéphen prisonnier au cachot, comme moi; mais nous ne parlions jamais, on avait bouché avec du plâtre l'interstice par lequel nous faisions passer nos billets; il n'y avait plus moyen de correspondre.

Ce fut là peut-être, dans cette cellule étroite et dure, aux prises avec les grossièretés malsonnantes d'un maître d'étude sans éducation, servi par des domestiques qu'une armée n'aurait pas voulu pour goujats, et qui se moquaient de moi; ce fut là que je sentis déborder de moi un flot de mépris qui se déversa sur tout ce qui m'entourait. Les forces de la société me semblaient réunies pour écraser la faiblesse d'un enfant; comme Jean-Jacques, j'ai crié : *Carnifex! carnifex!* J'embrassais dans une haine égale tout ce qui faisait partie du collège, qui, pour moi, était l'univers : j'en voulais au proviseur de me retenir en prison; j'en voulais au pion qui me surveillait; j'en voulais à mes camarades de n'avoir pas fait une révolte et renversé les murs pour venir me délivrer; je me disais : Ils ont regardé vers moi en criant: *Væ victis!* Eh bien! je me passerai d'eux; je déteste les uns, je méprise les autres, et j'irai seul, marchant dans ma solitude et ma fierté. Les dix jours que je passai là furent une *retraite* où mon cerveau reçut le germe de bien des pensées qui ont mûri plus tard et l'ont envahi de leurs broussailles. J'ai puisé là, pour la force brutale, une aversion qui ne s'est jamais affaiblie.

Un soir, un jeudi, au lieu de nous apporter pour souper le morceau de pain et le verre d'eau accoutumés, on nous donna du veau, de la salade et un verre d'abondance. Que se passe-t-il donc ? me demandai-je. J'appelai Stephen, et je le questionnai ; il avait le même souper que moi.

— C'est le repas libre, m'écriai-je, demain ils vont nous livrer aux bêtes.

— Nous tomberons avec grâce, répondit Stéphen.

— En criant : Liberté ! repris-je avec enthousiasme.

— Et victimes de la tyrannie ! ajouta Stephen.

On n'essaya même pas de nous faire taire.

Le lendemain, vers une heure, j'entendis des pas pesants venir dans le corridor et la voix de Borniche qui disait :

— On demande l'élève Jean-Marc chez le proviseur.

Dès que ma porte fut ouverte, je sortis.

— Est-ce qu'on vient me chercher enfin ? demandai-je à Borniche.

— Oui, répondit-il, dépêchez-vous.

Comme je m'éloignais, Stephen me cria :

— Adieu ! adieu ! Jean-Marc, tu es bien heureux de t'en aller !

Il faisait un beau temps d'hiver, de petites nuées couraient dans le ciel bleu. La lumière et le soleil m'éblouirent, je respirai une bonne bouffée d'air en passant dans la cour ; je sentis mon cœur défaillir.

J'entrai chez le proviseur ; j'étais déjà tellement habitué aux murailles nues et tristes de mon cachot.

que l'appartement me sembla meublé avec somptuosité. Trois personnes l'occupaient : le proviseur, un de mes parents et un inspecteur de l'Université, grand ami de ma famille.

Dès mon apparition, mon parent prit la parole :

— Eh bien ! Jean-Marc, tu fais de jolies choses, et tu ne penses pas, j'espère, que nous allons laisser sans punition une conduite semblable ?

— Je sais toutes les observations que vous pouvez me faire, interrompis-je aussitôt ; que me voulez-vous ?

L'inspecteur de l'Université intervint, car il s'apercevait à la pâleur de mon visage, au tremblement mal déguisé qui m'agitait, que ma colère allait bientôt éclater.

— Tu as commis en effet une grosse sottise, mon enfant, me dit-il, mais tu es jeune et rien n'est irréparable à ton âge ; nous venons te chercher pour te conduire à l'institution F....

— Je suis prêt à vous suivre ; je ferai tout pour quitter cet enfer ; mais avant de partir d'ici, j'ai deux questions à vous faire. Où est mon tuteur ?

— Il est absent, et fort heureusement pour toi, répondit mon parent.

— Bien, et maintenant, pourquoi ma tante ne vous a-t-elle pas accompagnés ?

— Parce qu'elle est lasse de toi et de tes fautes, qui ressemblent à des crimes, dit encore mon parent ; quand un travail assidu et une conduite exemplaire auront fait oublier tes escapades, elle ira te voir ; mais jusque-là elle te tiendra éloigné d'elle.

— Alors je refuse de sortir du collège !
Un cri de surprise accueillit ma réponse.
L'inspecteur de l'Université me prit la main en me disant :

— Y penses-tu bien, mon pauvre enfant !

— Oui, Monsieur, répliquai-je, j'y pense, et j'y pense sérieusement ; écoutez-moi, et vous me comprendrez. Depuis la mort de ma mère, c'est ma tante qui a pris soin de moi ; je sais qu'elle est vieille, qu'elle est bonne, et toute la douleur que j'ai pu lui causer ; mais je sais aussi qu'elle a accepté ce devoir sacré de veiller sur moi et qu'elle répond de son fils à celle qui n'est plus. Je vous suivrai partout, mais à cette condition qu'elle viendra me dire elle-même qu'elle me pardonne et qu'elle ne m'a pas ôté une affection qui est la seule qui me reste encore.

On me fit de longues observations ; je demeurai inébranlable.

— Je vais lui écrire, dis-je, vous lui remettrez ma lettre, et selon ce qu'elle me répondra, je saurai ce qu'il me reste à faire.

Je m'assis à une table ; ces trois messieurs réunis en conciliabule me tournaient le dos. Dans la coupelle de l'encrier, je vis un canif, je le pris et le glissai dans ma manche, certain maintenant de ma liberté, et j'écrivis :

« Ma bonne tante, on dit que vous ne voulez plus
« me voir et que vous êtes décidée à abandonner celui
« qui regrette amèrement les chagrins qu'il vous a
« causés ; je ne puis le croire. Je refuse de quitter le
« collège tant que *vous* ne viendrez pas me chercher

« *vous-même.* Il est une heure ; si à six heures aujour-
« d'hui je ne vous ai pas vue, je vous dis adieu ! car
« j'aurai été rejoindre ma mère, à laquelle vous aviez
« promis de la remplacer près de moi. »

Je cachetai ma lettre, et la remettant à l'inspecteur de l'Université :

— C'est à vous que je la confie, lui dis-je, songez que c'est peut-être un arrêt de mort que l'on va prononcer contre moi. Puis, me tournant vers le proviseur : Faites-moi reconduire à la Bastille, lui criai-je avec un geste de mélodrame !

Le proviseur sonna, un garçon parut.

— Prenez l'élève Jean-Marc et reconduisez-le à son cachot, lui dit-il, vous m'en répondez sur votre tête.

Cinq minutes après, la porte de ma cellule retombait de nouveau sur moi. J'étais à bout de forces, je m'assis, j'appuyais ma tête sur mes bras croisés, et je me pris à réfléchir.

Je fus assez calme jusqu'à quatre heures, mais à ce moment-là, je me crus tout à fait abandonné ; d'après mes calculs, ma tante aurait dû être arrivée depuis longtemps.

— Bien ! pauvre Jean-Marc, me disais-je, on te repousse, on te rejette, eh bien ! sache mourir et n'hésite plus.

On apporta le pain du goûter ; je ne pus manger ; l'émotion m'étouffait, ma bouche était desséchée, mes mains tremblaient.

J'écrivis mes adieux à ma tante d'abord, ensuite à un de mes amis d'enfance. Puis je fis mon testament :

j'ai perdu cette pièce de mon histoire, et je me souviens seulement que je léguais toute ma fortune à une vieille bonne qui m'avait élevé et que j'aimais beaucoup. Quand cela fut fait, j'attendis.

Avec le canif que j'avais dérobé chez le proviseur, je comptais me couper les carotides et me débarrasser ainsi du cachot, du collège et de l'existence.

L'heure passait et mon émotion croissait de minute en minute ; des sanglots soulevaient ma poitrine, un nuage de sang troublait mes yeux. Insensiblement j'en arrivai à une exaltation terrible ; je me mordais les mains, je poussais des sons inarticulés, l'image de ma mère tournait autour de moi, car c'est elle que j'appelais. Enfin, je m'écriai dans un paroxysme de douleur :

— O ma mère ! ma mère ! vois-tu ce qu'ils ont fait de ton fils ! ils l'ont jeté dans un cachot et l'abandonnent, parce qu'il a cherché la liberté ; ils le laissent souffrir, pleurer et mourir sans même lui donner un regard ; ils ont menti à la parole qu'ils t'avaient jurée. Ma mère ! ma mère ! pourquoi êtes-vous partie ?

Le pion attiré par mes cris se précipita dans ma cellule, il fut effrayé de l'état dans lequel il me trouvait. Il me prit sur ses genoux, me baigna les tempes avec de l'eau froide. Je me remis peu à peu, et je rentrai dans mon cabanon en refoulant avec effort mes émotions au fond de moi-même, tant je redoutais qu'on pût s'opposer à ma résolution.

J'étais plus calme ; mon parti était pris ; il était cinq heures, je m'étais accordé jusqu'à six heures un quart. Je m'agenouillai, et, tourné vers le crucifix pendu à ma muraille, je priai avec ferveur, avec désespoir, sentant des larmes couler le long de mes joues.

Quand j'eus fini, je contemplai longtemps ce canif, et je me rappelle que je le baisai avec amour, en disant : O mon libérateur ! Puis je tâtai mon cou, afin de bien reconnaître aux battements des artères à quelle place il faudrait frapper.

Obéissant à ce sentiment dont j'ai déjà parlé, j'écrivis sur le mur au-dessus du Christ !

Ave ! morituri te salutant.

Je sentais comme un mouvement de joie en pensant que tout allait bientôt finir, et cependant lorsque je songeais aux choses de la vie que je ne connaissais pas et que je me figurais si belles, je me désespérais et je pleurais ma jeunesse morte avant que d'être née.

A six heures moins un quart on m'appela de nouveau chez le proviseur. Je courus ; ma tante m'attendait ; elle poussa un cri en me voyant, tant elle me trouva changé ; elle m'ouvrit ses bras, je m'y jetai en sanglotant.

— Vous venez de me sauver la vie, lui dis-je.

J'appris tout alors et je compris pourquoi je n'avais pas eu de ses nouvelles.

Chaque jour elle m'avait écrit, mais ses lettres étaient interceptées par le proviseur, et malgré mes envois quotidiens, elle n'avait pas reçu un seul mot de moi.

Chaque jour elle venait pour m'emmener, mais le

proviseur refusait de me rendre, parce que, disait-il, il fallait qu'une punition exemplaire servît d'expiation à ma faute. La menace seule de l'intervention du procureur du roi me fit relâcher. Comme on craignait la faiblesse de l'affection de ma tante, on exigea qu'elle ne viendrait pas me chercher elle-même, afin qu'on pût se rendre plus facilement maître de moi, loin de l'appui de sa tendresse.

Cette excellente femme me gronda bien fort, me fit promettre de ne plus recommencer et se dépêcha de me faire sortir, car, disait-elle, dans sa bonté charmante, « cette maison me fait horreur. »

Le soir même, je fus conduit à l'institution X... J'y trouvai des maîtres qui avaient au moins le mérite d'être polis, j'y trouvai une sorte d'éducation de famille qui tenait aux rapports constants du directeur et des élèves; j'y trouvai l'oubli de tout ce que j'avais souffert au collège et une tranquillité d'existence à laquelle je n'étais plus accoutumé depuis longtemps. J'y terminai mes études, qui, grâce à ceux qui les dirigeaient à cette heure, ne furent pas trop incomplètes.

III

Novembre 1846.

Depuis que j'ai quitté Hadrienne, je m'ennuie, et cependant je l'ai quittée parce qu'elle m'ennuyait. Ce n'est pas elle que je regrette, je le sais, c'est l'habitude que j'avais d'aller chez elle, d'y rester de longues heures, d'y écouter de la musique, d'y perdre mon temps. Je suis désœuvré de n'avoir plus ce désœuvrement.

Lorsque j'étais dans sa chambre, au coin du feu, assis sur ce grand canapé qui est auprès de son lit, je pensais à mon cabinet, à ma table ronde, à mon fauteuil de maroquin et aux bonnes occupations dont je pourrais amuser ma solitude; maintenant que je suis chez moi, libre et enfin débarrassé de cette chaîne, je songe à cet appartement où j'ai été si souvent, je revois le piano couvert de cahiers, les rideaux en soie bleue, les étagères surchargées de bimbeloteries, et la pendule en porcelaine de Saxe. L'homme marche-t-il donc toujours entre le désir de ce qu'il n'a pas et le regret de ce qu'il n'a plus ?

Je ne retournerai cependant jamais chez Hadrienne; je ne me sens pas capable de recommencer cette voie fastidieuse d'un amour éteint qui cherche à s'illusionner. M'a-t-elle véritablement aimé? Je n'en sais rien; je suis moi-même dans le doute sur l'état de mon propre cœur, et j'ignore si le sentiment qui m'a poussé vers elle n'était pas un simple besoin de distraction à trouver et de curiosité à satisfaire. Nous avons été dupes l'un de l'autre; nous avons pris pour une affection sérieuse cette exaltation naturelle aux jeunes gens lorsqu'ils touchent à des choses inconnues ou nouvelles, et nous eûmes bientôt perdu toute joie de nous voir quand nous en eûmes pris l'habitude. Nous ne nous sommes pas aimés; nous avons cherché l'un dans l'autre ce qui n'y existait pas; nous nous sommes quittés comme on abandonne un champ épuisé et devenu stérile. Je n'y retournerai pas; cependant cette rupture me laisse du vide; je sens que j'ai perdu quelque chose, ne serait-ce que l'habitude de m'ennuyer à certaines heures et d'une certaine façon.

Quand je l'ai connue, je revenais de mon voyage en Épire, j'étais à peine guéri d'une fièvre typhoïde; j'étais souffrant, convalescent et troublé par des désirs de soleil et d'Orient. Je me sentais sombrer dans une faiblesse sans fond; mon oisiveté se doublait d'apathie; le flot montait et m'engloutissait chaque jour davantage; ainsi que les noyés, je tendis vaguement les mains au-dessus de ma tête, et je m'accrochai comme un désespéré à ce qui passait auprès de moi.

Je vis Hadrienne; je me persuadai assez facilement qu'elle me plaisait et je me forçai à l'aimer. Sa longue résistance amassa en moi une somme de désirs que sa possession mit environ une année à épuiser. La lassitude vint d'abord, puis la satiété, puis le dégoût.

Chaque mot était un sujet de discussion, chaque fait un motif à querelles. Elle était jalouse de mes amis, de mes occupations, de mes rêves de voyage ; moi, j'étais irrité des visites qu'elle recevait, des bals où elle dansait, des spectacles dont elle s'amusait. Chaque jour, en me rendant chez elle, j'invoquais un accident qui pût me dispenser de cette corvée ; j'entrais dans cette chambre comme un condamné dans un cachot ; j'inventais des prétextes pour pouvoir venir plus tard et m'en aller plus tôt. Enfin, après bien des hésitations, bien des essais infructueux, je lui ai écrit, il y a quinze jours, un adieu sur lequel je ne reviendrai pas.

Néanmoins, et malgré ma résolution, je suis triste ; le cœur me fait mal, et plus que jamais je suis perdu dans mes rêveries sans fin. La journée passe encore, elle s'écoule lentement à travers les petits incidents de l'existence et ne m'accable pas trop de sa détestable réalité ; mais depuis quelque temps des insomnies tourmentent mes nuits, et j'avoue que je suis sans courage pour les supporter. Je me couche avec l'espoir de perdre pendant quelques bonnes heures la conscience de la vie, et souvent, maintenant, à peine le sommeil a-t-il bercé ma tête endormie que je me réveille.

C'est en vain que j'essaie de reconquérir le repos ; il me fuit et me laisse seul, perdu dans l'obscurité, irrité de cette veille dont je ne voudrais pas, face à face avec mes douleurs réelles ou factices, et tout prêt à les aggraver par l'exagération que leur apporte mon esprit insensé. Il semble que la nuit ait une sorte de puissance lenticulaire qui augmente les souffrances et les rende monstrueuses lorsqu'elles ne sont peut-être qu'insignifiantes, semblable à ces microscopes qui d'un ciron font un animal énorme et plus extravagant qu'un mastodonte antédiluvien.

Lorsqu'après de vains efforts le sommeil ne veut pas revenir, loin d'échapper à cette apparition funèbre des chagrins passés et des inquiétudes d'avenir, je les appelle, je les rassemble, je les défie, je leur donne mon cœur à dévorer. Chacun alors prend sa forme la plus douloureuse, chacun vient me mordre à la place sensible, chacun me frappe de l'arme la plus redoutée, et je reste immobile, étendu, comme un martyr livré aux léopards. Je fouille ma vie entière pour trouver dans les événements oubliés pâture à ces goules insatiables; je leur jette tout : mes dégoûts, mes secrets, mes rêves, mes amours, mes joies et mes espérances. A des faits véritables, j'invente des conséquences imaginaires qui me désespèrent; je me fais de lamentables romans sur moi-même, et j'admire la science d'imagination que possède l'homme pour se faire souffrir. Cet état moral amène invariablement des crises nerveuses qui se manifestent par des larmes abondantes. Les pleurs coulent lentement de mes yeux, chatouillent mes joues et se perdent sur l'oreiller où mon visage, en changeant de place, les retrouve refroidies et presque effacées.

Parfois un repos profond succède à ces spasmes qui fatiguent mes forces physiques. La fraîcheur du matin m'endort, je me réveille avec le seul souvenir des larmes, ne conservant de ces douleurs qu'une mélancolie qui chante en moi ses notes attendries et pleines de charme. Mais aujourd'hui, l'insomnie m'avait battu de telles verges, que le sommeil épouvanté est parti. Je me suis levé brisé, et je suis sorti de chez moi, n'osant plus rester là où je venais de tant souffrir.

Je m'en allai, laissant errer mes pas au hasard. Je marchais, insensible aux bruits de la ville, insouciant des passants qui me coudoyaient, isolé parmi la foule. Je traversai un grand jardin plein d'arbres et de statues. C'était le Luxembourg. Je me souvins que, dans mon enfance, j'y venais souvent jouer dans les allées; je revis le bassin où j'allais laver mes petites mains souillées de poussière; je revis la place où ma bonne s'asseyait pour me surveiller. Le souvenir m'arriva des choses passées, et le regret me ramena à mes premières années. Je sortis de Paris; je me trouvai sur une route, je la suivis sans projet et sans but. Nous sommes en novembre; les champs sont nus et vides jusqu'à l'horizon. Les feuilles jaunissantes s'éparpillaient au souffle du vent, les ormeaux découpaient la silhouette de leurs branches sur les nuages qui voilaient le ciel. Derrière moi, j'entendais le murmure confus de la grande ville. A mes côtés passaient, au bruit du fouet, des diligences emportées au galop; ceux-ci viennent, ceux-là s'en vont! Heureux sont-ils les voyageurs! J'apercevais parfois à travers les arbres, dans les brouillards de l'horizon, le clocher de quelque village. Il me semblait que là mûrissait doucement une vie paisible, loin des soucis que je portais en moi; je me prenais à envier l'existence des laboureurs. Je rapportais tout à moi-même, j'exaltais ma pensée, je me drapais dans ma douleur, et, en soulevant sous mes pieds la poussière du chemin, je pleurais ma jeunesse flétrie et je me croyais l'être le plus misérable de la terre. J'avais déjà traversé plusieurs bourgades et j'avançais toujours. Je longeais une sorte de petit village échelonné sur la route, lorsque ma rêverie fut distraite par un cortège qui passait.

Un prêtre, précédé d'un enfant portant une croix, marchait devant. Derrière venaient quatre hommes soutenant une manière de coffre couvert d'un drap noir que suivaient quelques personnes en pleurs. C'était un enterrement. Une curiosité me poussa et je me mêlai au cortège.

Le cimetière était proche. Une fosse, nouvellement creusée, bâillait et attendait sa proie. On y descendit le cercueil avec de grosses cordes qui grinçaient sourdement. On psalmodia des prières ; les assistants répondaient en chœur. Je ne sais quelle joie amère j'éprouvai à contempler ce spectacle. Ce cadavre cloué entre ses six planches me faisait envie, et j'aurai voulu être à sa place.

Comme les autres, j'égouttai l'eau bénite sur le corps, et quand tout fut terminé, quand les fossoyeurs comblèrent cette fosse où gisait un homme qui avait vécu, aimé, souffert et prié, je me demandai, plein d'aspiration vers la dernière heure, quand viendrait enfin le jour où la terre tomberait aussi sur les planches de mon cercueil.

Je repris ma course ; la nuit venait, les ombres s'allongeaient sur le chemin, je ne savais où j'étais ; quelques maisons m'apparaissaient à une courte distance.

— Quel est ce village? demandai-je à un voiturier qui sifflait près de ses chevaux.

— C'est Châtillon, me répondit-il.

Là encore c'était un souvenir, car c'est là que j'avais été en nourrice.

J'arrivai bientôt. Je traversai deux ou trois rues, j'avisai une chaumière de pauvre apparence et j'entrai, certain de ne pas me tromper. Ma nourrice, que je n'avais pas vue depuis cinq ou six ans, jeta un cri en m'apercevant : « Dieu du ciel, est-il grandi ? »

Je m'assis auprès du foyer et je regardai cette chambre délabrée où j'avais bégayé mes premiers cris, où j'avais traîné les premiers pas de mon existence. Tout alors me revint à la mémoire : l'escalier de bois, les chaises de paille, l'image du Juif-Errant accrochée à la cheminée, et jusqu'aux chenets tordus qui soutenaient le feu. A travers la fenêtre ternie, je revis la mare où j'avais barboté bien souvent, et j'aperçus le platane à l'ombre duquel, pendant les jours de soleil, ma nourrice s'asseyait pour me donner le sein. Ce spectacle d'un passé si éloigné me serra le cœur et je sentis mes yeux se mouiller.

— Qu'as-tu, mon enfant, comme tu es triste ! Moi qui te croyais heureux, tu es si riche ! Et la bonne femme me prit comme autrefois la tête entre ses mains et me baisa au front. Bois cela, ajouta-t-elle en m'offrant une tasse de lait, ça te fera du bien.

— Et Juliette, ma sœur de lait, où donc est-elle ? dis-je au bout de quelques minutes.

— Il y a deux ans qu'elle est mariée à un charron du voisinage ; à Noël dernier, elle a mis au monde un bon gros gars, bien rose et bien frais, que nous avons appelé de ton nom, afin de ne jamais t'oublier, mon pauvre nourrisson. Ça, j'ai peut-être tort de te tutoyer, car maintenant tu es tout à fait un monsieur, et tu as bien vingt-quatre ans pour le moins.

Quelques instants après, Juliette entrait dans la chambre. Elle se jeta à son cou. J'étais touché de cette affection que j'avais presque oubliée et dont le hasard venait de rouvrir la source devant moi. Elle me montra orgueilleusement son fils, je le pris dans mes bras, je l'embrassai.

— O mon enfant! lui dis-je tout bas, sois plus heureux que ton aîné!

Je passai la soirée avec ces braves gens. Leurs attentions, leur amitié calmèrent peu à peu mon cœur bouleversé. On ne voulait pas me laisser partir, cependant la nuit était venue.

— On va te faire un lit, disait ma nourrice; demain, nous te ferons du bon café à la crème, comme tu n'en prends jamais à Paris; toutes vos laitières sont des voleuses, je le sais bien.

J'insistai pour partir, quoique je les quittasse à regret.

— Attends au moins qu'on attelle la carriole, reprenait Juliette, mon homme te reconduira; tu as l'air si fatigué!

Je les remerciai, je les embrassai encore une fois, et je repris le chemin de Paris.

Quand j'y arrivai, la ville était éteinte et endormie, et le bruit de mes pas troublait seul le silence. Je passai dans la rue qu'habitait Hadrienne. Quand je fus devant sa maison, en face de cette porte dont j'avais si souvent soulevé le marteau, je fus pris d'un impérieux besoin de la revoir et de rechercher à ses côtés des enivrements que je n'y avais jamais rencontrés.

J'étais arrêté, je regardais ses fenêtres comme pour en mesurer la hauteur, afin de mieux les escalader. Malgré le trouble que ma présence aurait apporté, j'hésitai, et ce ne fut pas sans effort que je parvins à vaincre la tentation; demain, je me serais retrouvé plus perdu.

Maintenant, je suis chez moi, et mon parti est pris. Puisque je suis assez lâche pour ne pas demander à un travail sérieux et soutenu un soulagement à ces rêveries qui m'épuisent; puisque j'ai si peu de courage que je regrette ce qui m'a fait souffrir; puisque, si je reste à Paris, je rechercherai les occasions de revoir Hadrienne, afin de retomber dans les voies toutes tracées de l'habitude, je partirai; je traverserai la mer, j'irai en Algérie, sur la lisière du Sahara; j'irai demander l'hospitalité à une tribu voyageuse, je dormirai sous la tente, je chasserai la gazelle avec les Bédouins, je mangerai le kouscoussou apprêté par les femmes, je porterai le burnous, je ferai la razzia sur les peuplades ennemies, et quand j'aurai retrempé ma lassitude dans cette vie jeune et sauvage, quand j'aurai redonné à mon être une sève qui lui fait défaut, je reviendrai ici tenter encore une fois la destinée.

IV

Mars 1847.

Gertrude, cette vieille amie de pension de ma mère, a donné hier une petite soirée. Comme elle n'a jamais été mariée et qu'elle n'a ni frère, ni neveu, elle m'avait prié d'aller chez elle pour l'aider à faire « les honneurs de son salon », c'est-à-dire pour sourire gracieusement aux dames, offrir un nuage, un soupçon de crème aux personnes qui prennent du thé et donner des cartes aux joueurs de whist ; Gertrude m'a vu tout enfant et je l'aime beaucoup ; je m'empressai donc de me rendre chez elle, malgré ma répugnance pour ces sortes d'exhibitions. J'arrivai le premier ; la pauvre femme calculait sur ses doigts le nombre de ses invités ; nous devions être dix-huit ; elle en perdait la tête ; il n'y avait pas de quoi cependant, car les choses se passèrent pour le mieux. Les verres de lampe n'éclatèrent pas, les gâteaux furent en suffisance, les femmes zinzibulèrent selon leur coutume, les hommes restèrent debout, on ne s'amusa ni plus ni moins qu'ailleurs ; ce fut une soirée comme toutes les soirées possibles. J'en suis revenu très préoccupé et voici pourquoi :

Parmi les invités se trouvait une jeune fille de vingt ans environ. Petite, svelte, gracieuse sans être belle, elle répandait autour de sa charmante personne un parfum adouci que je respirai à pleines narines et qui m'enivra. La nuance cendrée de ses cheveux blonds semblait faite pour s'harmoniser avec la couleur de ses yeux bleus. Ses mains fines et patriciennes, — j'ai l'idolâtrie des mains élégantes, — dansaient sur le clavier du piano. Elle chante avec une voix pure et sonore comme un timbre de cristal; elle comprend ce qu'elle chante, ce qui m'a paru une anomalie digne d'observation.

Pendant que chacun se taisait en l'écoutant, j'étais assis dans un coin derrière un groupe de femmes et je la considérais attentivement entre les têtes pommadées de mes voisines. A force de la regarder, je me sentis pris du bucolique désir de l'épouser et de vivre avec elle une vie nonchalante et heureuse, pleine de nombreux enfants. Je me demandais s'il ne valait pas mieux laisser là les rêves et les amours intellectuels dont je me suis nourri jusqu'à cette heure, entrer courageusement dans la réalité et mener avec cette jeune femme, à la campagne, dans quelque jardin bien touffu et bien fleuri, cette existence grasse des bons époux qui dînent toujours à la même heure, lisent régulièrement le feuilleton du journal et se cadenassent si bien entre l'habitude et la nullité que jamais plus ils n'en peuvent sortir. Cela m'a rendu triste; j'ai cru entrevoir un instant les joies du ménage et de la paternité. Elle chantait toujours, je la regardais et je me disais : — A quoi oses-tu penser? Sens-tu s'agiter en toi cette force du bien, cette volonté de l'abnégation qu'il faut pour faire le bonheur des autres? Ne te connais-tu pas assez pour savoir que toute chaîne te deviendra insupportable, dès que tu ne pourras pas la briser? N'as-tu pas déjà fait l'expérience de la mobilité de ton cœur et de l'indépendance de tes allures? Ne sais-tu pas que tu serais doublement malheureux, malheureux pour elle et malheureux pour toi. De quel front, toi qui as maudit ton père, verras-tu grandir sous tes yeux des enfants que tu auras engendrés? As-tu le droit d'être père? non, cent fois non! Quand bien même tu devrais donner à tes fils les trésors d'Hyderabad, la beauté de Krishna et la force de Rama, tu ne seras jamais le maître des circonstances qui les environneront et les détourneront de ce bonheur vers lequel chacun cherche à marcher; jamais tu ne pourras faire à leur existence une litière assez douce pour qu'ils la traversent sans se blesser les pieds. Laisse les indifférents, les imprudents et les égoïstes essayer des joies qui te sont défendues. Rêve, puisque c'est là ton mal, puisque tu as un ulcère dans la cervelle, mais rêve les Indes, les étoiles, les mondes inconnus, rêve, mais ne donne plus ta pensée en proie à la banalité des désirs ordinaires.

Quand elle eut fini de chanter, je m'approchai d'elle. Je lui parlai longtemps; elle est intelligente et douce; chacun en dit le plus grand bien; ce serait une bonne femme et une bonne mère. Tant mieux pour celui qu'elle épousera!

Ce soir, j'étais chez ma tante et j'y ai fait un voyage qui m'a distrait de toutes ces idées conjugales qui me troublent, quoi que je fasse.

Ma vieille tante tricotait au coin de la cheminée, respectant avec sa bonté ordinaire le silence qui me fermait la bouche. J'étais assis en face du feu, la flamme me fatiguait les yeux et brûlait mon visage, je pris un écran pour me garantir. C'était un écran chinois.

Un châssis circulaire emmanché d'ivoire soutenait un morceau de soie orné de peintures merveilleuses : un petit tableau digne des moines miniaturistes. Un ciel sombre, marbré de nuages rougeâtres, s'éclairait d'une lune blafarde vers laquelle s'avançait un monstre terrible armé de griffes rouges et de dents énormes, se battant les flancs avec une queue tortueuse et regardant par deux gros yeux violets injectés de sang. Au-dessous s'étendait un paysage illuminé par une clarté pâle et nacrée. A côté d'un étang où nageaient des oiseaux fantastiques s'échevelait un saule pleureur, son ombre s'étendait jusqu'à un pavillon construit en bambous, d'où sortait une jeune femme oscillant sur ses imperceptibles pieds, inclinant la tête sur l'épaule et jolie comme la Vénus du Céleste Empire :

> Elle a les yeux retroussés vers les tempes,
> Les ongles longs et rougis de carmin,
> Le teint plus clair que le cuivre des lampes,
> Le pied petit à tenir dans la main.

Un bon gros mandarin pansu venait vers elle ; son ventre chamarré des étoffes les plus magnifiques s'appuyait magistralement sur l'encolure de son cheval café au lait ; sa fine moustache se soulevait légèrement au souffle des brises du soir ; un chapeau énorme abritait sa tête importante ; près de lui marchait un esclave qui portait la frêle pipe à opium. De cet écran émanait une sorte de parfum exotique qui rappelait le bois de çantal et complétait l'impression. Je considérai ces peintures machinalement d'abord, puis plus attentivement et enfin avec un intérêt si profond, que j'eus envie de partir pour la Chine et d'aller baigner mon visage dans les eaux du fleuve Jaune. C'était un long voyage, mais je le fis tout de suite. Je dédoublai mon être, et pendant que je restais engourdi dans une douce chaleur, perdu pour tout ce qui m'environnait, je me vis accomplissant cette longue route où l'aspiration de l'inconnu me guidait par la main.

La traversée était heureuse et je prenais terre à Alexandrie; un petit bateau à vapeur me conduisait au Kaire ; pendant deux jours seulement j'y restais, courant vite aux mosquées d'El-Azar et du Morostan, faisant une rapide visite aux tombeaux des kalifes et, avec le regret de n'avoir pas eu le temps d'aller escalader les Pyramides, je m'enfermais dans une petite voiture en bois que deux chevaux au galop emportaient sur les sables du désert de Suez.

Un bateau à vapeur m'attendait, encombré d'Anglais de la Compagnie des Indes; nous partions joyeusement au souffle du vent d'ouest qui nous poussait à travers la mer Rouge et nous faisait franchir, sans trop de malheurs, le détroit de Bab-el-Mandeb. A Aden, où j'achetais de jolis moutons blancs et noirs, nous relâchions pour renouveler l'eau et le charbon. Nos roues tournaient de nouveau, battaient de leurs palmes les flots de l'océan indien, et nous reprenions notre route. On s'arrêtait à Ceylan, l'île des éléphants et des palmiers ; à Calcutta, on restait plusieurs jours devant les innombrables bouches du Gange, père de l'Inde. Puis nous passions parmi les îles Merghi, dans le détroit de Malaka, nous suivions les côtes de Cambodge où pousse la cannelle ; nous nous reposions dans le canal de Formose du coup de vent qui nous avait assaillis au golfe du Tong-Kin, et enfin, après avoir doublé le promontoire de Shan-Tung, nous jetions l'ancre dans le golfe de Pékin.

C'est là que je débarquais et que je commençais mon voyage.

Salut ! salut ! terre antique de la Chine ! pays de la porcelaine, des lanternes et des mandragores ! Salut ! patrie des magots, des mandarins et des lettrés ! Je viens fumer l'opium à l'ombre de tes saules et chercher des jeunes filles sur les grands radeaux de tes fleuves !

Je m'étonnais à chaque pas et je restais de longues heures en contemplation devant toutes les merveilles qui m'arrêtaient. Je regardais curieusement défiler des régiments de tigres-de-guerre vêtus de costumes bariolés, portant sur l'épaule un trident de fer et au bras un large bouclier d'osier orné de têtes grimaçantes. Des esclaves, poussant des cris, couraient en soutenant un palanquin garni de sonnettes, dans lequel sommeillait un mandarin orné du bouton de jade. Sur le fleuve, des joncques pavoisées, éclairées de feux de toutes couleurs, voguaient au bruit du tamtam et des flûtes de roseau. Dans des plats plus transparents que des ailes d'abeilles, de riches marchands habillés de soie jaune mangeaient des nids d'hirondelles et du riz assaisonné de cubèbe et d'huile de ricin. Des oiseaux étranges passaient dans les airs ou se perchaient sur des arbres, des animaux à gros ventre blanc rampaient sur la terre, qui sentait le thé; des poissons rouges et verts nageaient dans des bassins sous la feuille des lotus azurés. Des femmes toujours muettes passaient leur petite tête de porcelaine fine à travers les bambous de leurs fenêtres. Autour de moi résonnait un bruit incessant de clochettes et de grelots.

J'avais pris le costume du pays : une robe de soie violette bordée de fleurs et de papillons tombait jusque sur mes pieds entourés de sandales, j'avais laissé croître mes ongles; de ma chevelure je n'avais conservé qu'une longue queue tressée avec soin; ma barbe était rasée, car, n'ayant pas encore trente ans, je n'avais pas le droit de porter des moustaches. Je causais souvent avec les bonzes touchant l'éternité de l'âme, et j'allais me prosterner dans les temples de Bouddha.

J'habitais une maison charmante à moitié cachée par des buissons de verveine, mouillant ses pieds dans une rivière remplie de longues herbes et appuyée à des jardins où des paons se promenaient en étalant leurs plumes à l'ombre des pêchers en fleurs et des açokas. Là, je vivais heureux, demeurant de longues journées couché sur mes nattes, apirant la fumée d'un opium odorant et rêvant à une jeune fille que j'avais aperçue à travers les rideaux entr'ouverts de son palanquin.

Malgré ses pommettes saillantes, ses yeux retroussés et ses cheveux noirs disposés en larges nappes comme des voiles de navire, elle ressemblait à celle que j'avais vue chez Gertrude ; je l'aimais, et un bouquet de jonquilles jaunes qu'elle avait laissé tomber à mes pieds enhardissait ma tendresse. Je la demandais en mariage, et après de longs pourparlers, son père m'accordait sa main, à condition que je prendrais une charge à la cour de l'empereur, fils du Ciel. Des musiciens, grattant des rebecks, frappant des tamtams, soufflant dans des flûtes à sept trous, battant du tambourin et heurtant des cymbales, venaient me chercher pour me conduire vers ma fiancée. On jetait déjà des fleurs sous mes pas, des jongleurs s'étaient empressés qui faisaient des tours pour honorer mon mariage, j'allais partir... Lorsque ma tante, fatiguée sans doute de mon immobilité, me frappa sur l'épaule.

— A quoi penses-tu donc, Jean-Marc ? me dit-elle.

— Je pense, lui répondis-je, que j'ai oublié de me teindre les ongles avec du cinabre.

Ma tante se mit à rire ; mais voyant à l'expression de mon visage la douleur presque aiguë que me causait ce rappel violent à la réalité, elle passa sa main dans mes cheveux :

— Hélas ! dit-elle, mon pauvre enfant, comment tout cela finira-t-il ?

— Elle était si jolie ! répliquai-je avec un soupir.

Ma tante hocha la tête en silence, et arrangea le feu qui était presque éteint.

V

Mars 1848.

Une révolution a passé sur la France et l'a ébranlée jusqu'au plus profond de son être. De longtemps le pays oscillant ne pourra retrouver son équilibre. Les ministres ont coupé leurs favoris, ils ont mis des lunettes vertes et se sont sauvés sans regarder en arrière. Les uns disent : c'est bien fait! Les autres disent : c'est épouvantable! Moi, je ne dis rien; la politique ne m'importe pas. Ce qu'il y a de certain, c'est que personne ne s'y attendait et que chacun a été troublé dans son cœur.

Un de mes amis, haut fonctionnaire dans le nord de la France, fut destitué. Pris à l'improviste par cette ruine des efforts de toute sa vie, il eut besoin d'argent et s'adressa à moi, ce qui est bien et ce dont je le remercie. Malheureusement, je n'étais guère plus riche que lui, et je me trouvais alors dans un de ces moments de gêne comme tous les jeunes gens en ont subi et qui étaient, au reste, fort communs à cette époque de panique universelle. J'allai trouver un négociant que ma mère avait autrefois sauvé d'une faillite en lui prêtant une importante somme d'argent qu'il me devait encore et que je laissais entre ses mains, quoiqu'elle fût depuis longtemps exigible. Je lui exposai mes embarras, je lui dis qu'il me fallait quinze cents francs, soit comme prêt, soit comme remboursement partiel. Il me répondit que ma demande était juste et qu'il comprenait que c'était pour moi une loi d'honneur d'obliger un ami malheureux, mais en même temps il s'excusa sur les difficultés nouvelles et refusa net. Je sortis sans mot dire, blessé jusque dans mon âme, furieux, car je le savais en mesure de me rendre le service que je réclamais, et me jurant d'exiger vite la somme entière qui m'étais due.

Ce refus m'a été très pénible; cette impudence d'ingratitude a choqué mes instincts. Mon notaire, que j'ai été voir, m'a fait de la morale et m'a dit que la révolution avait annulé toutes les affaires; le pauvre homme est éperdu. Jamais je n'ai senti mon impuissance comme maintenant; j'ai beau regarder autour de moi, je ne vois personne sur qui je puisse m'appuyer. Cela est bon, au reste, et plein d'enseignements : tu es jeune, profite, examine, compare, et surtout souviens-toi; ce sont là des études qui mûrissent et endurcissent aussi, ce qui vaut mieux. On serait en vérité, bien sot de garder en soi quelques sentiments pitoyables quand on vit dans de semblables cavernes.

Au reste, tout m'irrite. Les plus forts sont terrifiés, et dans l'air plane une vague inquiétude qui rejaillit sur moi par les ennuis qu'elle me cause. Je n'entends parler que de cette révolution qu'on déplore si amèrement et qu'on a laissé faire avec tant de bonne grâce. Je suis las de la stérilité de ces conseils rétrospectifs par lesquels chacun essaie de se consoler. « Ah ! si l'on avait su ! si l'on avait fait cela ! ah ! si l'on m'avait écouté ! » et toujours et sans cesse les mêmes discours répétés avec des mines de circonstance.

Hier au soir, chez ma tante, la conversation engagée sur ce sujet en était arrivée à ce point de persistante bêtise qui fait comprendre les souhaits extravagants de Caligula. Une impatience pleine d'amertume débordait ma volonté de rester calme. Je pris mon chapeau et je sortis.

J'allai devant moi, sans but ; je montai les Champs-Élysées déserts, je traversai le pont d'Iéna, je côtoyai le Champ de Mars, déjà bouleversé par le travail des ateliers nationaux, et je gagnai les boulevards extérieurs.

Un vent humide et chaud passait en muettes rafales dans les arbres sans feuilles ; des nuages voilaient et dévoilaient la lune ; j'étais seul et comme perdu dans ces lieux inhabités. Une tristesse sans bornes avait remplacé ma mauvaise humeur ; j'aprouvais comme une lassitude organique. A quoi bon vivre ? me disais-je.

Je m'assis sur l'herbe d'un fossé et je restai, la tête dans mes mains, absorbé par des idées de désolation. La solitude de ma vie m'effrayait ; je n'avais plus rien, ni frère, ni sœur, ni père, ni mère, ni maîtresse ; je ne savais à qui donner ces besoins d'affection qui me dévoraient. Cela me rappelait ce temps de mon adolescence où, sentant la douleur de ce vide que la mort a fait autour de moi, je descendais de mon cheval sur les grandes routes, pour l'embrasser en pleurant et lui parler comme s'il avait pu me comprendre. Au reste, connaissons-nous les mystères de Dieu et savons-nous si les animaux ne s'associent pas à nos douleurs et à nos joies ?

Je souffrais de cet abandon et j'enviais ces idiots qui, restés enfants jusque dans leur vieillesse, ne connaissent de nos souffrances que le froid et la faim ; j'enviais ceux qui aiment ; j'enviais ceux qui croient ; comme René, j'enviais ceux qui ont pour occuper leurs pensées le poids d'un malheur réel ; je jalousais l'humanité entière et je rêvais comme toujours de m'en aller vivre avec les sauvages des montagnes Rocheuses et du Labrador.

Je m'emportais à mon propre lyrisme, je marchais à grands pas, ardent et déraisonnant sur mon état moral que je ne pouvais impartialement juger. J'en finirai bientôt, disais-je en jetant mes phrases au vent ; je ne veux plus de cette existence sans tendresse et sans foi, je veux aller retrouver ceux qui sont morts, j'irai voir de l'autre côté de l'éternité ce que Dieu nous réserve, et sur ma tombe on écrira l'anathème de Frank :

> Malheur aux nouveau-nés !
> Maudit soit le travail ! maudite l'espérance !
> Malheur au coin de terre où germe la semence,
> Où tombe la sueur de deux bras décharnés !
>
> Maudits soient les liens du sang et de la vie
> Maudite la famille et la société !
> Malheur à la maison, malheur à la cité !
> Et malédiction sur la mère patrie !

J'avais de nouveau traversé les ponts, et je me trouvais dans les environs du Palais-Royal, vers ces quartiers tranquilles et reposés qui s'étendent entre la rue Saint-Honoré et la rue des Petits-Champs.

Il m'aurait fallu les attendrissements de l'amour pour donner à mon cœur le calme qu'il ne pouvait trouver. N'ayant pas la proie, je voulus avoir l'ombre ; sachant que la réalité ne m'était pas possible, je voulus au moins serrer une illusion dans mes bras.

Je frappai à une grande porte surplombée par un balcon couvert d'arbustes morts; elle s'ouvrit et retomba lourdement derrière moi.

C'était une de ces maisons impures que protège la police, que recherche la débauche et que remplissent la paresse et la dégradation. J'y venais, chassé par ma tristesse, comme ces malades abandonnés de leur médecin, qui demandent une guérison impossible à l'empirisme des charlatans.

Je montai un large escalier de pierre. Au premier, je fus reçu par une femme luisante à force d'être grasse, marquée de petite vérole, et portant à ses grosses mains des ongles démesurément longs. Elle me fit entrer dans une grande chambre dont les rideaux cachaient soigneusement les fenêtres ; un tapis couvrait le parquet; des meubles en soie fanée étaient symétriquement rangés le long des murailles où pendaient de mauvaises gravures; un feu brillant flambait dans une cheminée ornée d'une pendule arrêtée et de deux candélabres que la femme alluma avant de s'éloigner.

Je traînai un fauteuil près du foyer et je m'assis.

J'ouvrais fixement les yeux sur ce feu qui m'engourdissait, car j'avais froid. Tout à coup une main se posa sur mon épaule, je me retournai; une jeune fille se tenait debout à mes côtés. Ses épaules et ses bras nus sortaient d'une robe de satin bleu; deux lourdes torsades de cheveux blonds tournaient autour de sa tête; sa taille molle et flexible se ployait à chacun de ses gestes; elle me regardait et souriait. Elle était jeune et belle à ravir; je la contemplai et me sentis plus froid qu'un trépassé.

— Quel âge avez-vous? lui demandai-je.

— Dix-neuf ans, répondit-elle; et d'un bond de chatte elle fut sur mes genoux.

Je gardais le silence, je ne sais quelle émotion me serrait le cœur et me fermait les lèvres.

— Ce n'est pas drôle, un homme qui ne dit rien! s'écria-t-elle au bout de quelques minutes; mais parlez donc, mon cher; vous êtes donc sourd et muet.

— Non, lui répondis-je machinalement; j'ai mal à la tête.

— Eh bien! il faut mettre vos pieds à l'eau. Moi, quand j'ai la migraine, je bois du vulnéraire suisse, et ça me fait du bien.

Puis elle se mit à chanter quelque chose de grossier dont j'ai retenu ces vers :

> On lui coupa le ventre
> Pour en tirer son enfant!
> Elle en mourut, la Madeleine!
> Elle en mourut, la Madelon!

Elle battait la mesure avec son pied dont la pantoufle

tenait à peine. Elle se leva, arrangea ses cheveux devant la glace et se retourna ensuite vers moi.

— Si je ne vous conviens pas, dit-elle, il ne faut pas vous gêner, je ne suis pas seule ici ; vous pourrez choisir ! Franchement, vous n'avez pas l'air de vous amuser. Tiens, ajouta-t-elle, vous avez là une belle chaîne, ça ferait un fameux bracelet !

J'ôtai ma montre et la lui remis entre les mains. Elle entoura son bras avec la gourmette, et ouvrant un médaillon noir qui y pendait :

— Ce sont des cheveux de ta maîtresse ? demanda-t-elle.

— Non, répondis-je ; je n'en ai pas.

— Alors, ce sont les cheveux de ta mère ?

Je baissai la tête en signe d'affirmation.

— Est-ce qu'elle est morte ?

Je fis le même geste.

— Pauvre petit, tu es tout seul, s'écria-t-elle en se jetant à mon cou, c'est pour cela que tu es si triste !

Je ne peux exprimer le bien que me firent ces paroles. Cette misère effroyable qui comprenait la mienne et me tendait la main me remua jusqu'au fond des entrailles. Elle reprit sa place sur mes genoux ; je sentis un flot de larmes monter jusqu'à mes yeux, et appuyant ma tête sur son épaule tiède, je pleurai abondamment. Elle me tapotait la joue avec sa main et me disait, de cette voix adoucie qu'on prend pour parler aux enfants :

— Pleure, pleure, pauvre petit, ça te soulagera ! va, je sais ce que c'est, et ce n'est pas moi qui rirai de voir pleurer un homme; ce n'est pas leur barbe qui les empêche d'avoir du chagrin.

Un allégement infini descendait en moi. A cette irritation nerveuse qui m'avait agité succédait un calme charmant. Je me baignais dans la pitié de cette enfant, et je sentais s'amollir toutes les colères douloureuses qui m'avaient fait souffrir. Une sorte de lassitude attiédie détendait mes membres et coulait lentement dans mon être rasséréné.

Elle murmurait à mi-voix une chanson qui ressemblait à un bourdonnement plaintif, se balançait et me dodelinait doucement la tête comme pour me bercer, elle s'interrompait pour me parler.

— Tu as tort de n'avoir pas de maîtresse, me disait-elle; c'est si bon, vois-tu, ne serait-ce que pour aller chez elle quand on est triste. J'aimerais tant cela, moi, un homme qui serait pâle et sérieux! Quand tu t'ennuiras, viens me voir, ça te distraira, et tu verras comme je suis bonne fille. Si tu veux, un de mes jours de sortie, nous irons à la campagne, dîner au bord de l'eau, à Neuilly ou à Suresnes, et nous nous promènerons sur la rivière.

Elle se mit à rire aux éclats en frissonnant.

— Tiens, dit-elle, tes larmes ont coulé sur ma poitrine, ça me fait froid et ça m'a donné la petite mort!

Pendant longtemps elle me parla ainsi d'elle, de moi, de toutes choses, avec un mélange de sollicitude et d'insouciance qui me stupéfiaient, engourdissant par ses paroles une douleur dont elle ignorait la cause, que j'aurais été peut-être fort embarrassé de lui dire. Je me laissais aller à la musique de sa voix, muet et jouissant du bien-être qui m'envahissait. Enfin, après un assez long silence pendant lequel cette jeune fille avait recommencé à chanteronner tout bas :

— Et vous, lui dis-je, est-ce que vous n'avez pas d'amant ?

Elle se leva, s'appuya contre la cheminée, et me regardant avec une indéfinissable expression.

— Si, répondit-elle, j'ai tout le monde !

— Mais, enfin, parmi tous, n'en est-il pas un que vous aimez ?

— Il y en avait un, reprit-elle ; je l'aimais bien, mais je l'ai quitté.

— Eh ! pourquoi cela ?

Elle haussa les épaules et détourna la tête

— Est-ce qu'il vous battait et vous prenait votre argent ?

— Oh ! ce n'est pas ça, répliqua-t-elle ; ce n'est pas pour ça qu'on lâche un homme.

— C'est donc lui alors qui vous a abandonnée pour une autre femme !

— Non ! non ! dit-elle rapidement ; écoutez-moi, c'est bien simple. Il était garçon coiffeur au Palais-Royal ; c'était un grand jeune homme brun, avec de belles moustaches ; il s'habillait bien ; il avait une tournure de femme, et je l'aimais beaucoup. Mais quand il m'embrassait et me prenait la taille, il faisait toujours des taches à ma robe avec ses doigts pleins de pommade. Malgré ce que j'ai pu lui dire, il recommmmençaït toujours ; à la fin, ça m'a fatiguée, et je l'ai quitté. Il n'a fait aucune démarche pour me rejoindre ; alors, l'ennui m'a prise, et je suis entrée ici.

Deux grosses larmes coulaient le long de ses joues ; je lui pris la main.

— Laissez-moi, s'écria-t-elle, c'est bête de me faire raconter cela, ça me fait pleurer ; j'aurai les yeux rouges, et madame me grondera.

Je me levai pour prendre mon chapeau et partir.

— Tiens, vous vous en allez, dit-elle. Après tout, vous êtes le maître. Donnez-moi votre adresse, et, si vous voulez, j'irai vous voir.

— Je pars demain pour un long voyage, lui répondis-je ; car je savais trop que des émotions si bienfaisantes se retrouvent rarement deux fois de suite, pour ne pas fuir les occasions de la revoir. Cependant, je ne voulais pas m'éloigner sans emporter un nom que je pusse mettre sur son souvenir. Comment vous appelez-vous ? lui demandai-je.

— Laurence, répondit-elle.

— Écoutez, Laurence, je suis venu ici triste jusqu'à la mort, et je m'en vais consolé ; je pars heureux de ce hasard qui a permis qu'un grand bienfait me vînt de vous ; croyez que je n'oublierai jamais cette soirée passée à vos côtés.

Elle me regardait avec des yeux étonnés et semblait ne pas me comprendre.

— Tenez, repris-je, voici la chaîne de ma montre ; faites-en faire ce bracelet que vous désirez.

Elle tenait la chaîne dans sa main, indécise, et ne croyait pas sans doute que je parlais sérieusement ; je la baisai vite sur le front et je me sauvai.

J'écouterai le conseil de cette fille, me disais-je en marchant, j'ai tort de n'avoir point de maîtresse, j'en aurai une ; mais ce ne sera point parmi ces pauvres créature perdues que j'irai la prendre. Je suis d'un caractère jaloux, et j'entendrais toujours sonner à mon oreille les baisers que d'autres ont reçus. Les jalousies rétrospectives sont les plus implacables, et ce sont celles qui me travaillent le plus, moi qui fus assez lâche pour frapper sur l'épaule d'une femme qui s'affaissait sur mon cœur, et pour lui dire : à qui pensez-vous?

Être jaloux du présent d'une femme, ce n'est rien. On se raisonne, on se rend compte, on examine, on tâte le danger, on marche vers lui, on le combat; il y a lutte, victoire ou défaite. On peut se convaincre de la vérité ou de la fausseté de ses croyances inquiètes; on va vers la lumière, la main sur son cœur, le laissant battre de joie ou de douleur, selon ce qui se révèle; et puis, on a parfois la fortune de tenir au bout de son épée celui dont la pensée vous tourmente.

Mais être jaloux de son passé, c'est un intolérable supplice! se battre contre un fantôme; n'avoir rien à donner en pâture aux douleurs qui vous harcèlent; chercher, s'informer, mendier des renseignements pour arriver à une clarté qui vous désespère; vivre dans une époque écoulée qui n'a pas existé pour vous et qui a appartenu à d'autres, se désoler à la vue d'un portrait qu'on voudrait briser, ne point oser parler de ses angoisses, sentir l'injustice de ses reproches, et obéir fatalement à l'impérieux besoin d'en accabler une femme désolée; s'épuiser en efforts honteux et tracassiers pour deviner le bijou donné parmi ceux qu'elle porte ; exiger avec des récriminations, souvent amères et toujours injustes, le sacrifice de cette relique d'un temps peut-être plus heureux, c'est une torture incessante, jamais calmée, toujours renaissante, absorbante et sinistre, et que je ne souhaite à personne, pas même à ceux qui l'ont méritée.

Ces jalousies-là sont plus que mauvaises ; elles sont méchantes, impies, criminelles et en dehors de notre droit. On est malheureux de les subir. Il faut les combattre, les vaincre, et trouver dans son intelligence assez de force et de courage pour réduire au silence les cris de son cœur. Pourquoi les femmes seraient-elles condamnées à une constance immuable, tandis que nous usons si largement de notre mobilité ?

Resserrées dans une éducation bigote et fausse ; jetées sans apprentissage à travers les joies difficiles de l'amour et de la maternité ; affaiblies par une direction compressive et rarement bienveillante ; tremblantes d'obéir à ces mouvements spontanés du cœur qu'on leur impute à crime ; risquant leur honneur, leur repos et leur vie lorsqu'elles écoutent l'irrésistible appel des passions ; forcées de reporter sur leurs enfants ces tendresses profondes comme l'infini qu'elles cachent en elles ; ardentes, irritables et nerveuses ; remuées par leurs sentiments, avec d'autant plus de violence qu'elles les combattent davantage et que la société leur a imposé l'implacable loi de les dissimuler, les femmes souffrent plus que nous, aiment mieux que nous, et ne méritent pas les injustices dont nous les accablons. Elles nous rendent au centuple le bonheur que nous leur offrons; elles fécondent notre cervelle comme nous fécondons leur sein, et si nous sommes le père de leur fils, elles sont souvent la mère de nos idées les meilleures. Nous devons tout respecter en elles, tout, jusqu'à ces caprices que nous avons tant de peine à comprendre, et qui sont souvent une nécessité de leur nature maladive, opprimée et multiple.

Hélas! il y a deux ans à peine, je niais l'amour et je niais les femmes! Par quel changement en suis-je donc arrivé là! Est-ce la vue de ce qui reste encore de bon dans cette pauvre fille dégradée! est-ce le soulagement que sa pitié m'a apporté qui a pu ainsi bouleverser ma pensée! Qu'importe? La Providence sait toujours tirer une conséquence morale des faits même les plus immoraux; tâchons d'être assez haut pour faire comme elle!

Quoi qu'il en soit, je rechercherai les femmes, je tâcherai d'en aimer une et j'essayerai de devenir enfin heureux. Que trouverai-je? joie ou douleur? Qu'importe encore? Aimons, et Dieu fera le reste!

VI

ÉPISODE

LETTRE A MADEMOISELLE GERTRUDE W.

Sans date.

Vous souvient-il, ma vieille amie d'une soirée que j'allai passer dernièrement chez vous? Nous étions seuls dans votre petit salon, assis près d'une fenêtre ouverte, pendant qu'un magnifique soleil d'été se couchait derrière les grands arbres qui entourent votre maison. Vous faisiez de la tapisserie, et tout en tirant votre aiguille, vous essayiez de me faire sortir de ces silences mornes dont je suis souvent la proie, et qui, ce soir-là, m'avaient envahi plus encore que de coutume. Je répondais par monosyllabes à vos bienveillantes questions, et je retombais dans le mutisme obstiné qui me possédait. Lasse sans doute de cette conversation qui n'était pour vous qu'un monologue, vous prîtes le parti de vous taire aussi, et je restai libre de suivre les pensées qui m'emmenaient bien loin et qu'avait fait surgir en moi la vue de ce soleil couchant. Malgré l'immobilité de mes yeux, je vous voyais souvent lever sur moi, par-dessus vos besicles, ce beau regard bleu qui vous rend charmante avec vos cheveux blancs. Vous étiez inquiète; je sais ce que pouvaient peindre les traits de mon visage; l'expression vous en troublait, et vous eussiez voulu savoir quel souvenir douloureux les contractait ainsi.

Quand la nuit fut venue, et que le domestique eut apporté les lampes, je revins à moi, et comprenant que ma conduite avait dû vous paraître au moins singulière, je vous baisai la main et vous dis :

— Pardonnez-moi ; je suis parfois souffrant, et alors mon mal se traduit par une sorte d'impossibilité de parler.

Un sourire passa sur vos lèvres pendant que vous me répondiez.

— Vraiment ! mon cher Jean-Marc ? et comment appelez vous ce vilain mal qui vous rend muet comme une tombe ?

— Je ne sais, répliquai-je, en me sentant rougir; ce sont peut-être des *diables bleus*.

— Ah ! fi ! les méchants diables que vous avez là; faites vous exorciser au plus vite par le curé de votre paroisse, afin qu'ils vous permettent de causer désormais avec une vieille amie qui vous a vu naître.

Je baissai la tête et ne répondis rien. Après avoir joui de mon embarras pendant quelques secondes, vous me tendîtes la main en disant :

— Vous serez toujours un grand enfant, mon cher Jean-Marc; je vous connais depuis tant d'années, que je vous sais par cœur; vous souffrez ou vous êtes amoureux, et, un de ces jours, vous viendrez, les yeux gros de larmes, me faire vos confidences. Je suis toujours votre bonne amie, comme vous m'appeliez jadis. J'étais la grande dépositaire de vos importants secrets, quand vous étiez tout petit. Lorsque votre bonne vous avait grondé parce que vous étiez tombé en voulant grimper sur un arbre, lorsque vous aviez été mis en pénitence pour n'avoir pas su votre géographie, lorsque votre mère se fâchait et vous appelait : Monsieur ! c'est à moi que vous accouriez vite raconter vos chagrins ; ne l'oubliez pas, et quand vos peines seront trop lourdes, venez comme autrefois m'en donner la moitié.

Je vous quittai ingratement sans vous dire le sujet de ma tristesse ; je m'en suis repenti depuis ; souvent j'ai voulu aller vous voir, afin de laisser déborder auprès de vous mon cœur gonflé de lamentables souvenirs, et je n'ai jamais pu m'y résoudre ; je craignais vos reproches ; je me rappelais vous avoir entendue dire un jour : « Quand un homme aimé d'une femme l'abandonne aux rancunes d'un mari instruit de sa passion, cet homme est tout prêt d'être un misérable. » Vous aviez raison ; ce mot *mon avenir*, que tout homme jette à la femme qui veut fuir pour lui les douleurs conjugales, n'est qu'un mensonge plein de faiblesse et d'égoïsme. C'est un crime souvent ; et ce crime je l'ai presque commis, car j'ai lâchement obéi à une femme qui me disait : Va-t-en ! car je n'ai fait aucun effort pour l'arracher aux peines que je prévoyais, et que lui réservait un mari irrité d'un amour adultère qu'il venait de découvrir. C'est à cela que je pensais, le soir où vous m'avez mis sur la voie d'une confidence ; c'est cela que je n'ai pas osé vous raconter.

Je n'ai plus longtemps à vivre; écoutez donc ma confession et pardonnez-moi, car j'ai cruellement souffert dans cette histoire qui s'ouvre par un malheur et se ferme sur un désastre.

Vous vous souvenez sans doute d'avoir connu dans le monde Suzanne B..., dont la disparition éveilla dans la société une curiosité passagère qui s'effaça bientôt. C'est d'elle que je vais vous parler. — Comment ai-je été amené, par la rencontre d'une fille perdue, à rechercher les femmes pour lesquelles je professais un éloignement dont vous m'aviez souvent blâmé, c'est ce qu'il est superflu de vous dire.

Ce fut à cette époque, où je retournai momentanément dans le monde pour y conquérir une maîtresse, que je rencontrai Suzanne; vous vous rappelez combien elle était affable et quelles magnifiques boucles blondes tombaient sur ses épaules blanches. Elle m'accueillit avec bonté, m'invita à ses soirées, et bientôt je fus admis dans son intérieur, dont je pus alors apprécier les perpétuels tiraillements.

M. B..., son mari, touchait à la cinquantaine. Usé par ses débauches passées, ignorant et médisant, M. B... faisait partie de ces bandes d'oiseaux de proie qui glapissent autour du veau d'or. Ancien amant d'une fille de théâtre, pour laquelle il avait fait mille extravagances, vautré par habitude dans la crapule des mauvais lieux, impudent et grossier, il avait obtenu autrefois une certaine célébrité de bêtise et de laideur. Ruiné dans je ne sais quelle opération d'une moralité obscure, il avait été admis, par suite de recommandations, dans une des hautes administrations de la Belgique. Au bout de trois ans, il s'en voyait chassé pour faux et concussions. Une intervention de haut lieu empêcha seule les scandales d'un procès. Revenu à Paris, rejeté sur le pavé, pauvre et déconsidéré, tenant à la vie malgré ses hontes, espérant peut-être cacher ce que chacun savait, il tourna les yeux autour de lui pour chercher une planche de salut qui pût le sauver de son naufrage.

Suzanne avait alors vingt-deux ans; elle était orpheline, libre et riche, trois conditions favorables aux sottises. Elle rencontra M. B... et prit pitié de ce misérable; elle vit une infortune à soulager, elle fut sollicitée par cet attrait de dévouement qui tourmente les femmes, elle crut à la reconnaissance, sinon à l'amour, et elle épousa M. B..., qui, le lendemain du mariage, disait en se frottant les mains : « J'ai fait une bonne affaire ».

Suzanne eut promptement reconnu à quel homme elle avait donné son existence; elle cacha aux étrangers la vue de ses chagrins, et se consacra uniquement à son fils, enfant sérieux et blond qui faisait toutes ses joies. Il y avait dix ans que durait le supplice, quand j'entrai dans sa maison, où je devais apporter le malheur.

Comment nous nous aimâmes, cela est bien simple : naturellement, parce que nous étions jeunes tous deux, parce qu'elle était lasse de son intolérable vie, parce qu'elle arrivait à cet âge où la femme a besoin de tendresse pour remplir son cœur, parce que je cherchais à donner les trésors d'affection qui dormaient en moi, parce qu'il y avait dans nos deux existences, extérieurement si différentes, un point de similitude qui était la souffrance occulte qui nous dévorait. Il n'y eut séduction ni de sa part, ni de la mienne; l'amour vint naïvement, et je fus son amant avant même d'avoir pensé que je pourrais le devenir.

Nous eûmes quelques bons jours; elle se sentait heureuse de la tendresse dont je l'environnais et que depuis longtemps elle avait désapprise, et moi je me laissais aller aux émotions nouvelles qui me donnaient pour vivre une force que j'ignorais. J'avais loué, dans un quartier isolé de Paris, un petit appartement ouvert sur des jardins; j'en avais fait un nid charmant; c'est là que je recevais Suzanne. Nul ne soupçonnait notre liaison, et je commençais à croire qu'on pouvait rencontrer des joies dans l'existence, lorsqu'une imprudence de Suzanne me rejeta pour toujours à travers des tourments sans fin.

Un matin que j'étais chez moi, occupé à écrire, j'entendis sonner violemment à ma porte; presque aussitôt mon cabinet s'ouvrit, la femme de chambre de Suzanne s'y précipita et me tendit une lettre en disant :

— De la part de madame; lisez vite; monsieur va venir !

Je décachetai le billet; il ne contenait qu'une seule ligne tracée au crayon :

« Il sait tout, nous sommes perdus ! »

Je jetai un cri et je sentis un grand déchirement au cœur.

La femme de chambre reprit :

— Madame a dit que vous n'écriviez pas, mais

qu'elle voulait vous voir, et que vous pouviez me confier une réponse verbale.

— Mais comment tout cela est-il arrivé? m'écriai-je.

— Je ne sais pas. Monsieur s'habille pour venir ici; madame est en larmes et m'a envoyée en toute hâte. Que faudra-t-il lui dire?

— Vous lui direz que cette nuit je l'attendrai dans votre chambre, et que je suis prêt à tout pour la sauver.

La femme de chambre sortit et je restai seul. Je ne pouvais tenir en place, je marchais dans mon appartement, secoué par une inquiétude pleine de fièvre, faisant mille projets par minute, et ne pouvant prendre aucune résolution, car je ne savais rien, sinon que mon bonheur s'écroulait.

Au bout d'une demi-heure de cette incertitude poignante, la sonnette vibra de nouveau. J'étais fort ému. Je m'assis machinalement et je pris un livre pour me donner une contenance.

Ma porte s'ouvrit, et M. B... parut. Son visage, pâle et défait, me sembla vieilli de dix années. Je me levai pour le recevoir, et je jetai involontairement les yeux sur deux épées de combat pendues à ma muraille. Il surprit ce regard et en comprit l'intention, car il me dit avec un calme dont je ne fus point dupe :

— Je suis armé, Monsieur.

— Tant mieux pour vous, lui répondis-je en reprenant une assurance pleine de hauteur, nous pourrons en finir tout de suite.

— Mais, Monsieur..., balbutia-t-il avec étonnement

— Je sais, repris-je, que vous connaissez la vérité ; qu'avez-vous à me dire ? Je suis prêt à vous écouter.

Je poussai un siège vers lui ; il s'assit, fort troublé ; il était évident qu'il avait préparé un discours et qu'il était surpris de me voir prendre une initiative dont il avait compté profiter.

Il tira lentement une lettre décachetée de son portefeuille et il me la donna.

Elle était de Suzanne et à mon adresse. Je la lus. Voici ce qu'elle contenait :

« Je ne puis aller *chez nous* aujourd'hui, comme
« nous en étions convenus ; mon fils est souffrant et
« je reste près de lui. Ce soir, viens nous demander
« à dîner ; tu sais que j'ai besoin de te voir et que je
« t'aime maintenant et pour toujours. »

Lorsque j'eus fini, M. B... reprit la lettre et la remit dans son portefeuille.

— Eh bien ! Monsieur, lui dis-je.

Il parut se recueillir quelques secondes, et me parlant avec une voix qu'il tâchait de rendre calme, il me dit en pesant chacune de ses paroles :

— En interceptant cette lettre, j'ai acquis la triste certitude que ma femme me trompait et que vous étiez son complice. Malgré les bontés que j'ai eues pour elle, malgré ma tendresse, ma femme ne m'aime plus ; c'est à vous que je le dois, c'est à vous que je dois le trouble de mon ménage et le malheur de ma vie entière. C'est vous qui m'avez apporté le déshonneur et le ridicule. Vous avez brisé à jamais le repos d'un homme qui vous avez loyalement accueilli, vous vous êtes conduit comme un misérable...

Je l'interrompis avec vivacité, et lui saisissant le bras :

— Monsieur, lui dis-je, je comprends et je respecte tous les droits blessés que vous portez en vous ; mais il en est un que je ne vous reconnais pas et dont je vous défends d'user, c'est celui de m'insulter. Tout peut se terminer d'une façon convenable et sans injures. Soyez homme comme il faut, je vous en prie ; si vous venez pour me provoquer, je suis prêt à me rencontrer avec vous où vous voudrez, quand vous voudrez et comme vous voudrez.

— Ma résolution est irrévocablement prise de ne point me battre avec vous, me répondit-il avec un sourire forcé ; vous êtes jeune, je ne le suis plus ; et vous passez pour avoir certaines habiletés de spadassin dont je ne veux point faire l'expérience.

— Eh ! que venez-vous donc faire ici ? lui demandai-je.

— Vous allez le savoir, reprit-il, si vous voulez m'écouter. Comme je ne crois pas que l'honneur déchiré se raccommode à coups d'épée, je ne me battrai pas ainsi que j'ai eu l'honneur de vous le dire ; je suis maître de la position et je ne veux point la perdre. Vous comprenez que vous ne pouvez plus venir chez moi, car votre vue me serait insupportable ; vous comprenez aussi que vous devez quelque satisfaction à mon repos que vous avez si cruellement détruit ; je viens donc vous demander de vous éloigner de Paris pendant quelque temps, et de me donner votre parole d'honneur que jamais vous ne chercherez à revoir madame B... ; à ces deux conditions, je consens à excuser sa faute...

Je voulus l'interrompre.

— Pardon, dit-il, je n'ai pas fini. Si vous refusez d'accéder à ces demandes fort légitimes de ma part, je remettrai cette lettre entre les mains du procureur de la république ; elle suffira amplement à établir le délit, et votre maîtresse et vous, vous serez condamnés comme adultères. De plus, j'exige que vous me donniez toutes les lettres que madame B... vous a écrites, afin que je puisse les anéantir.

Malgré ma douleur et ma rage, je sentais que cet homme avait raison et que le droit de la société était pour lui. Je restai immobile, réfléchissant et cherchant en vain une issue à l'impasse où j'étais enfermé.

— J'attends votre réponse, me dit-il après quelques minutes d'attente.

— Je vous la ferai connaître dans vingt-quatre heures, répondis-je en me levant pour le congédier.

— Je reviendrai moi-même la chercher demain à midi, et si elle n'est pas telle que je l'espère, à une heure je me rendrai au Palais de justice.

A ces mots, il me fit un profond salut que je lui rendis, et il s'éloigna.

Je me débattais encore au milieu de mes incertitudes, car je ne voulais m'arrêter à aucune décision avant d'avoir vu Suzanne.

Vers le soir, on me remit un billet de Suzanne, apporté de nouveau par la femme de chambre.

« Viens cette nuit, me disait-elle, coûte que coûte,
« je monterai un instant chez Louise, ne serait-ce que
« pour t'embrasser une dernière fois. L'as-tu vu? Je
« suis morte de douleur et d'angoisses. Quelque parti

« que tu prennes, n'oublie pas que j'ai un fils, et que
« je ne puis lui laisser de moi un souvenir dont il au-
« rait à rougir. Que le ciel ait pitié de nous! »

La nuit me parut lente à venir. Ne sachant que faire de ma triste personne, j'allai à l'Opéra. J'avais besoin d'entendre de la musique et de sentir des harmonies couler dans mon cœur. Je pris une loge de baignoire afin d'être seul et invisible. On donnait les *Huguenots*. Aux dernières notes du duo de Raoul et de Valentine, j'éclatai en larmes.

Je sortis plus calme, prêt à tout, mais inébranlable dans ma résolution de sauver Suzanne. Je me dirigeai vers sa maison; minuit venait de sonner. Louise m'attendait devant la porte cochère; elle me fit monter cinq étages de l'escalier de service, et j'entrai dans une de ces étroites mansardes sans espace et malsaines, qui servent de logement à la plupart des domestiques de Paris.

A toute éventualité, j'avais apporté mes pistolets, très décidé à en faire usage si M. B... m'y réduisait par une présence inopinée. Je les déposai sur une chaise et j'attendis.

Une chandelle grésillait dans un flambeau de cuivre sur lequel elle coulait; un coucou accroché au mur battait régulièrement son tic-tac monotone ; quelques lourdes voitures, en passant dans la rue, ébranlaient par moments la maison tout entière ; Louise, tremblante et pâle, regardait vers l'escalier par la porte entre-bâillée de sa chambre. De temps en temps, nous échangions quelques paroles à voix basse.

— J'entends du bruit !

— Est-ce elle?

— Non! c'est la cuisinière du troisième qui ferme sa porte.

Puis nous nous taisions et nous n'entendions plus que cette espèce de murmure aigu que produit le silence de la nuit.

— Pourvu que monsieur ne se réveille pas!

— Où est la sortie sur l'escalier de service?

— A la cuisine; il faudra qu'elle traverse le salon et la salle à manger. Pauvre madame, elle qui est si bonne!

— N'entendez-vous rien?

— Non! Heureusement que le petit est malade, ça lui fera un prétexte pour se lever.

Quatre heures, quatre heures mortelles se passèrent ainsi. Louise, épuisée d'inquiétude et de fatigue, s'était assoupie sur une chaise adossée à son lit.

Enfin un bruit de pas amortis monta l'escalier, la porte s'ouvrit et Suzanne se jeta dans mes bras.

Elle était pieds nus, dans sa robe de nuit, les épaules à peine couvertes d'un châle. Ce ne fut d'abord qu'un long sanglot. Elle frissonnait, elle avait froid; nous l'enveloppâmes dans une couverture arrachée au lit. Louise lui baisait les mains et les bras.

— Madame, pauvre madame, disait-elle, ne vous faites donc pas de mal comme ça : il n'y a que la mort qui soit sans remède.

— J'ai peur, disait Suzanne, si cet homme se doute que je suis ici, il est capable de me tuer. Il m'a déjà battue ce matin, ajouta-t-elle, en déplaçant son châle et en me montrant son épaule meurtrie.

Je ne crois pas avoir éprouvé une indignation plus violente que celle qui me saisit. Je poussai un tel cri que les deux femmes se jetèrent sur moi comme pour m'arrêter.

Louise sortit, ferma en dehors la porte de la chambre où nous étions et s'assit sur l'escalier, ouvrant l'œil et l'oreille afin de nous avertir si quelque danger nous menaçait.

— Qu'allons-nous faire, mon Dieu! me dit Suzanne en me serrant les mains.

— Avant tout, lui dis-je, raconte-moi comment cette catastrophe est tombée sur nous.

— Bien simplement, me répondit-elle. Je venais de t'écrire que je ne pouvais aller aujourd'hui à notre rendez-vous, la lettre était cachetée et je mettais l'adresse, lorsque M. B... entra; je fermai mon buvard, afin qu'il ne vît rien. Il me pria très naturellement de lui remettre un bordereau qu'il m'avait donné à garder. Je me levai et j'allai le prendre dans ma chambre à coucher; quand je revins, il tenait la lettre ouverte à la main et l'agitait sans pouvoir parler. Je tombai assise sur un fauteuil, la tête dans mes mains et priant Dieu, car je croyais qu'il allait me tuer; j'étais folle de terreur. Son premier mot fut une insulte si grossière, que je n'ose pas te la répéter; je voulus répondre : Taisez-vous, misérable, me cria-t-il; et saisissant une grosse tringle à rideaux qui se trouvait sur un meuble, il m'en frappa si violemment que je tombai, en jetant un cri. Il était violet et comme suffoqué. Un instant j'ai espéré, à travers mon épouvante, qu'il allait avoir un coup de sang. Il balbutiait et répétait toujours : Misérable! misérable! mais qui est-ce qui se serait jamais douté de cela? J'étais à moitié agenouillée par terre, je pleurais et ne disais rien; je pensais à toi et à cette promenade si calme que nous avons faite ensemble, il y a un mois, à Viroflay. Il marchait de long en large dans la chambre. Il parlait! il parlait! m'accablant d'injures, de menaces et me donnant des noms à faire rougir une fille des rues; il s'arrêta : Je vais chez votre amant, dévergondée que vous êtes, me dit-il, et nous verrons ce qu'il osera me répondre. Ce fut alors que je t'écrivis le mot que Louise te porta. Il est resté absent toute la journée et n'est revenu qu'à six heures et demie, pour dîner. Demain vous connaîtrez votre sort, m'a-t-il dit; et ce fut tout. Il ne m'a pas adressé la parole une seule fois dans cette soirée qu'il a passée au coin du feu. A onze heures il est rentré chez lui; jusqu'à trois heures je l'ai entendu marcher et piétiner dans sa chambre; c'est pour cela que j'ai tardé si longtemps. Quant à ce que je souffre, je ne t'en parle pas; je suis anéantie, sans force, plus morte que vive, et je ne sais quel malheur il me réserve encore.

J'essayai de donner du courage à Suzanne, je tâchai de la consoler, et pour lui prouver que son sort ne serait pas aussi affreux qu'elle le craignait, je lui racontai en détail mon entrevue avec M. B...

— Oh! mon pauvre ami, me dit-elle, il faut que tu aies le courage de t'effacer devant la volonté de cet homme, il faut faire tout ce qu'il demande; il faut partir, me fuir, ne jamais me revoir; il faut brûler mes lettres, oublier jusqu'à mon nom; il faut que tu m'aides à me sauver, à sauver mon fils dont il me séparerait; il faut que tu m'aimes toujours, que tu m'aimes assez pour souffrir et te sacrifier à mon repos.

— Je ferai ce que vous voudrez, Suzanne, lui répondis-je; mais avez-vous réfléchi qu'en m'éloignant je vous laisse sans défense au pouvoir d'un misérable? Je ne suis pas dupe de ce pardon qu'il vous promet, et vous allez avoir à lutter contre une tyrannie permanente devant laquelle vous serez obligée de vous courber et qui sera d'autant plus intolérable que vous ne pourrez en avouer la cause. Cette lettre qu'il garde et qu'il ne détruira pas sera entre ses mains une arme à double tranchant, dont il se servira pour exalter sa prétendue générosité et pour vous frapper sans relâche. Votre vie va devenir un supplice. Tout dans votre conduite sera un motif à récriminations; vos actes les plus simples seront interprétés et calomniés; vous allez marcher maintenant entre la haine et la peur, dévorée par l'une, écrasée par l'autre, et regrettant chaque jour de n'être pas morte pour échapper à tant de douleurs. Si je reste ici, au contraire, pouvant accourir près de vous à votre premier appel, il craindra un éclat, une vengeance, que sais-je, une fuite peut-être; et ma présence, que je ne lui laisserai pas ignorer, lui inspirera sans doute des égards qu'il convertira en tracasseries journalières si je vous abandonne.

— Et pourrai-je te savoir près de moi sans courir dans tes bras? s'écria Suzanne; il a tout pour lui, la loi, le droit, l'opinion. Crois-moi, je le connais, il ne reculera pas devant un scandale, et rien ne l'arrêtera pour me frapper jusqu'aux entrailles. On me traînera devant des juges, on me mettra en prison, comme on a fait à cette pauvre Mme X...; on m'arrachera mon enfant, je serai chassée du monde, déshonorée, perdue; ô Jean-Marc, je t'en prie, je t'en conjure à genoux, fais tout ce qu'il demandera, va-t'en, va-t'en si loin qu'on n'entende plus parler de toi. Laisse-moi vivre douloureusement entre mon fils et ton souvenir adoré, laisse-moi expier dans les larmes les joies dont je me suis enivrée sur ton cœur.

— Soit! lui dis-je, je partirai! je promettrai de ne plus vous voir, je brûlerai vos lettres et je m'en irai par le monde portant mes chagrins et le regret de vous avoir perdue.

Il y eut un moment de silence; Suzanne me regardait avec une expression indéfinissable de stupeur et d'angoisse. Tout à coup, elle éclata en sanglots et se jetant sur moi, elle me saisit convulsivement dans ses bras.

— Avant de partir, me cria-t-elle, jure-moi, jure-moi que jamais tu ne m'oublieras, jure-moi que toujours tu me garderas ton cœur et que jamais tu ne cesseras d'aimer ta malheureuse Suzanne!

— Par ma mère qui est morte, par le Dieu vivant, par mon âme éternelle, je te le jure, lui répondis-je en l'étreignant contre ma poitrine.

Hélas! j'étais de bonne foi en jurant ainsi!

— Bien! reprit Suzanne, maintenant tu peux t'en aller, je te promets d'avoir du courage.

Effrayée par l'éclat de nos voix, la femme de chambre rentra.

— Parlez plus bas, parlez plus bas, dit-elle, vous allez réveiller les voisins.

L'exaltation de Suzanne avait fait place à une prostration complète. Assise et courbée, la tête retombée contre le lit, elle pleurait. Je sentais mon courage m'abandonner aussi, la force factice dont je m'étais enveloppé pour cette entrevue s'évanouissait devant son désespoir.

— Je vous la confie, dis-je à Louise, ne la quittez pas, et surtout venez me voir avant mon départ.

Je donnai un dernier baiser à Suzanne et je m'enfuis. Je n'avais pas descendu deux étages que j'entendis un cri déchirant qui me mordit au cœur, je me me bouchai les oreilles en étouffant mes sanglots.

Il était cinq heures du matin. Paris s'éveillait ; des marchands de vin ouvraient leur boutique ; les garçons boulangers rangeaient des pains dans de petites charrettes ; des ouvriers se rendaient à leur travail.

— Tiens, dit l'un deux en me voyant passer, voilà un monsieur qui revient du bal : sont-ils heureux ces flâneurs de riches !

Quelques heures après être rentré chez moi, je reçus une boîte cachetée. Je l'ouvris ; elle contenait une tresse de cheveux blonds à faire pâlir d'envie Bérénice, dont la chevelure était si belle que l'on en fit une constellation, et un seul mot, celui que Charles Stuart dit avant d'allonger son cou sur le billot tendu de noir : *Remember* !

A midi, on m'annonça M. B.... J'étais prêt à le recevoir.

— Avez-vous réfléchi à mes propositions ? me dit-il.

— Oui, répondis-je, et je les accepte toutes.

En sa présence, je jetai au feu les lettres de Suzanne, je promis de ne jamais lui écrire et de m'éloigner de Paris pendant quelque temps.

— Où irez-vous? me demanda M. B...

— Cela vous importe peu, lui répliquai-je; dans trois semaines je serai parti, cela doit vous suffire et clore notre conversation, ajoutai-je en ouvrant ma porte.

M. B... se retira. Je ne l'ai jamais revu.

Quand il se fut éloigné, quand j'eus accompli ce sacrifice où tout souffrait en moi, depuis ma tendresse jusqu'à ma vanité, je sentis mon cœur se noyer dans une amertume infinie, et je fus vaincu jusque dans la moelle de mes os.

Le lendemain j'appris que M. B... avait emmené sa femme à la campagne.

Louise vint me voir; je lui racontai mes projets, afin qu'elle pût les redire à sa maîtresse; je lui remis l'itinéraire du voyage que j'allais entreprendre, et je pris différents arrangements avec elle afin de pouvoir rester en correspondance épistolaire avec Suzanne.

Vous vous étonnerez peut-être, ma vieille amie, qu'après ma promesse de cesser avec Mme B... toute relation directe ou indirecte, je prisse des précautions minutieuses pour conserver entre mes mains un bout de cette chaîne qu'on voulait violemment briser; cela est simple, cependant, et malgré l'ombrageuse probité que vous me connaissez, ce fut sans effort sur moi-même que je me conduisis ainsi. Comme Cornelis de Witt, j'avais signé mon serment : *Vi coactus!* Au-dessus du droit étroit et abusif d'un mari trompé, il y a le droit humain, passionnel, imprescriptible ; et ce fut de celui-là que j'usai sans scrupule, avec la conviction de rester honnête homme. Je vous avouerai même qu'avant mon départ j'essayai de revoir Suzanne, mais sans y réussir.

Ce qui dominait en moi, au milieu de mes douleurs et de mes inquiétudes, c'était une haine folle pour M. B... Avant le malheur qui nous avait frappés, je n'avais pour lui qu'une sorte de bienveillance banale qui se traduisait par une politesse assez empressée. Lorsque j'eus appris qu'il n'avait plus rien à connaître, j'eus vers lui un sentiment de pitié réelle et presque douloureuse ; je plaignis sincèrement cet homme qui ne m'avait fait aucun mal et dont j'empoisonnais peut-être la vie ; maintenant que tout était consommé, je ne ressentais plus qu'une exécration sans bornes, qui s'échappait par des souhaits de vengeance et des imprécations forcenées.

A travers toutes ces tristesses, je faisais les préparatifs de mon voyage. Comme toujours je me dirigeais vers l'Orient. Je n'emmenais avec moi que mon grand lévrier persan, ce beau Boabdil auquel vous avez donné tant de morceaux de sucre, et mon vieil Arnaute, Bekir-Aga, que vous appeliez plaisamment mon mamamouchi. Vous savez dans quelles circonstances je lui ai sauvé la vie lors de ma première tournée en Épire, et de quel attachement ce pauvre homme a récompensé ce triste service. Vous souvenez-vous encore de votre étonnement lorsque vous l'entendîtes pour la première fois me tutoyer dans l'incompréhensible jargon qu'il parle en guise de français? J'eus grand'peine à vous faire comprendre qu'il obéissait à un usage de son pays, et qu'il ne commettait point une familiarité aussi choquante que vous le pensiez.

Donc un matin, nous partîmes tous trois : Bekir-Aga, heureux d'aller revoir le soleil des pays musulmans, et moi, triste, navré, laissant derrière moi une partie de mon être ouverte à tous les tourments de l'absence et de l'oppression.

A Marseille, où je passai deux jours en attendant le départ du bateau à vapeur *le Léonidas*, qui devait me porter à Alexandrie, je reçus une lettre de Suzanne; cette lettre, la voici :

« Je ne veux pas, au milieu de mes douleurs, avoir
« la crainte que tu puisses m'accuser d'ingratitude.
« Non, non, malgré tout le mal que m'a causé ton
« amour, je t'aime de toute mon âme, je t'aimerai
« toute ma vie. Je n'ai plus un instant de repos; je
« suis misérable; toutes les foudres du ciel sont dé-
« chaînées contre moi. Pour mon enfant, je me plie-
« rai à tout, je supporterai tout; mais ce qu'il me faut
« pour m'apporter du courage, c'est la certitude que
« ton cœur m'appartiendra toujours. Je ne dois jamais
« te revoir, je le sais, mais au moins je veux être
« assurée que de loin ta tendresse planera sur moi.
« Mon avenir est entre tes mains, comprends-le bien
« et ne le hasarde pas par des imprudences où te
« pousserait cet amour qui m'a rendue si heureuse.
« Va, voyage, cours le monde, instruis-toi, grandis

« encore; mais ne m'oublie jamais. Je ne vis plus, je
« ne pense plus, je deviendrai folle. On me sépare de
« tout ce qui vient de toi, de ces mille niaiseries qui
« me sont si chères; on me prend tout; mais mon
« cœur, on ne me l'arrachera pas, et il t'appartient,
« Jean-Marc adoré. Je suis surveillée, gardée à vue;
« cette lettre, je te l'écris, la nuit, à la lueur de ma
« veilleuse, sur mes genoux. On m'avait fait jurer sur
« la tête de mon fils que je ne t'écrirais jamais. Que
« Dieu me pardonne de manquer à mon serment.

« Adieu, Jean-Marc, adieu pour toujours! Si je
« meurs pendant ton absence, c'est à toi et non pas à
« Dieu que je rendrai mon âme, car c'est toi qui
« m'as créée, c'est par toi seul que j'ai vécu. Ah!
« sans mon enfant, je voudrais mourir. Un dernier
« baiser, et puis adieu, jusqu'à la mort; aie pitié de
« mes tortures en ne m'oubliant jamais! »

Cette lettre renouvela mon désespoir et mes colères. Un instant j'hésitai si je ne retournerais pas en arrière pour aller vers Suzanne, l'enlever, elle et son fils, et fuir dans quelque île de la Grèce, loin de ce monde que je détestais de toute la violence de ma douleur. Ah! si j'avais pu prévoir l'avenir, comme j'aurais vite exécuté ce projet, et que d'infortunes je me serais épargnées.

Je répondis à Suzanne:

« Du courage, chère enfant, ne te lasse pas d'en
« avoir; là est ton salut et ton repos futur. Je suis
« écrasé moi-même, et maintenant je ne pourrais
« guère te donner l'exemple de la fermeté. Mon im-
« puissance dans toute cette histoire, mon impossi-

« bilité de te secourir, de te soulager, de t'appor-
« ter les encouragements de ma tendresse, me
« désespèrent et me tuent. Ma pensée constante,
« incessante était toi, toujours toi. J'arrangeais l'ave-
« nir de notre existence, je nous voyais vieillissant
« côte à côte, je te sentais vivre jusqu'au fond de moi-
« même ; misère de moi ! tout cela est-il donc perdu ?
« Les serments qu'ils t'ont arrachés sont nuls et ne
« détruisent pas ceux que tu as jurés dans mes bras ;
« tu es à moi comme le sang qui coule dans mes
« veines, comme le cœur qui bat dans ma poitrine ;
« tu es à moi ! De quel droit se plaint-il donc, cet
« homme qui a l'ineffable bonheur d'être à tes côtés,
« de vivre de ta vie, de te voir chaque jour, et de
« pouvoir embrasser son enfant? Ah! ma pauvre
« chérie, je suis bien malheureux ! Tu m'as dit
« adieu ; je ne veux pas de ton adieu ; je te dis au
« revoir ! mais non pas adieu ! Si tu pouvais voir la
« résolution et l'énergie qui se dressent en moi malgré
« l'atonie de ma douleur, tu comprendrais peut-être
« de quelle tendresse tu es aimée. Tout ce qu'on me
« demandera encore, tout ce qui pourra contribuer à
« ton repos, je le ferai ; mais je te reverrai. Les pro-
« messes qu'on a exigées, je les ai faites ; qu'im-
« porte ! c'est vis-à-vis de toi que je ne peux pas, que
« je ne veux pas être parjure. Non, ce n'est pas ton
« dernier baiser que tu m'as envoyé ; l'avenir est à
« nous. Si cet homme ne meurt pas, c'est que la
« volonté humaine est sans force ; je m'en vais main-
« tenant porter le deuil de sa vie, comme d'autres
« porteront le deuil de sa mort.

« Quand je pense que je n'entendrai plus ta voix
« chanter les airs que nous aimons, que mes soirées
« s'écouleront sans toi, et qu'il va me falloir passer
« de longs jours sans te voir! Oh! que de douleurs
« il y a en moi! Tu as bien fait de m'écrire; écris-
« moi encore, et que Dieu te bénisse pour chacun
« des mots que tu m'enverras.

« Adieu, chère tristesse de mon cœur; je donnerais
« ma vie maintenant pour t'apercevoir. Tu me dis
« de ne point t'oublier! Jamais! jamais! Souviens-toi
« que je t'appartiens, que je suis ton époux d'élec-
« tion; que tu m'as juré d'être toujours à moi;
« souviens-toi que je suis ta chose, et qu'à ton premier
« geste, pour te délivrer, je serai prêt à tout.

« Au revoir! au revoir! je t'envoie mon cœur et
« mes lèvres. »

Si je vous cite textuellement ces deux lettres qui n'ajoutent aucune clarté apparente à ce récit, ma vieille amie, c'est pour vous prouver à quel degré d'exaltation nous en étions arrivés l'un et l'autre, et combien dut être douloureuse cette séparation qui s'accomplissait malgré nos volontés. Il me fallut alors la nécessité d'un devoir à remplir, pour quitter la France et me jeter à travers les hasards d'un voyage. J'avais pris la surexcitation de mon cœur pour un sentiment réel et profond; ma tendresse heurtée par un obstacle invincible avait grandi tout à coup, et à ce moment je la croyais éternelle. Je jurais à Suzanne de l'aimer toujours, je le voulais alors, je le pensais; mais je ne devais pas tarder à voir cette tempête d'amour se calmer bientôt pour faire place aux nonchalances de l'attiédissement.

Ce fut par une froide matinée de décembre que je montai sur le navire à vapeur ; il pleuvait ; le ciel gris s'étendait à perte de vue au-dessus de la mer livide. Pendant que le bateau secoué par les efforts de sa machine, marchait en luttant contre le vent, je contemplais les côtes décharnées de la Provence, qui se repliaient dans les brouillards du lointain ; je pensais à ce chaud appartement ignoré de tous où je voyais Suzanne, je me rappelais une à une mes ressouvenances les plus chères, je me la figurais désolée et pleurante, immobile et songeant à moi.

— Hélas ! me disais-je pendant que la pluie d'écume soulevée par les palettes mouillait mon visage ; hélas ! dois-je donc ainsi porter malheur à ceux qui m'aiment ? La solitude doit-elle se faire à mon approche ? Tout ce que je construis doit-il s'écrouler, et tout ce que j'aime mourir ! Mon cœur sera-t-il toujours forcé de soulever des tombes ou de se glisser à travers des infortunes pour trouver pâture à ses besoins d'aimer ?

Longtemps je restai appuyé contre les bastingages, perdu dans mes réflexions, bercé par le bruit monotone du balancier et le sourd bourdonnement des roues qui plongeaient dans les vagues, regardant toujours du côté de la France. Quand la dernière montagne eut disparu sous les nuages, un sanglot monta jusqu'à mes lèvres, et je poussai le cri des matelots en péril :

— Adieu-va !

Ce fut seulement en abordant la terre d'Égypte que je retrouvai un peu de tranquillité et de courage.

La grande poésie qui en émane adoucit ma tristesse et me rendit des forces. Je marchais sans cesse par des paysages dont la beauté sereine et pacifique envahissait mon être et le ranimait. Toutes les fois que j'ai été réellement malheureux, je me suis trouvé bien de me réfugier vers les choses de la nature. C'est l'histoire d'Antée qui reprenait sa vigueur en touchant la terre, l'*alma parens* que jamais nous n'aimerons assez.

Je remontai le Nil jusqu'à Korosko; là je pris des dromadaires et je gagnai le Sennâar par le désert d'Abou-Hamet. A travers ces pérégrinations, je pensais constamment à Suzanne; non plus avec cette violence qui m'arrachait des cris dans les premiers moments de notre séparation, mais avec une mélancolie attendrie qui tenait aux fibres les plus molles de mon cœur. Ce cher fantôme m'accompagnait partout. A force d'y songer, j'avais fini par trouver dans cette triste aventure une sorte d'élément nouveau à ma vie; j'en avais fait un roman que je me racontais sans cesse et auquel chaque jour j'ajoutais un chapitre. Ne me préoccupant jamais des moyens et considérant seulement les résultats que je voulais obtenir, je me voyais vengé de M. B.., rentré en possession de Suzanne et passant enfin avec elle une existence débarrassée d'agitations. Ce fut là une belle proie dont s'empara vite mon penchant à la rêverie et dont je me nourrit amplement pendant de longs jours. J'admirais avec quelle singulière facilité le cœur sait trouver des éléments de consolation dans les événements mêmes qui le déchirent le plus cruellement; c'est là l'instinct de la conservation morale! Mais je ne m'apercevais pas qu'à force de vivre en dehors de la réalité de cette histoire, j'en étais presque arrivé à ne plus la regarder que comme un accident insignifiant auquel j'avais autrefois donné trop d'importance.

Quant à Suzanne, elle souffrait et se désespérait. Ses lettres, que je recevais assez régulièrement, me prouvaient que j'avais trop bien prévu les misères qui l'attendaient au seuil de ce pardon menteur accordé par son mari.

« Sais-tu ce dont je m'aperçois, me disait-elle dans
« une de ses lettres, c'est que j'ai exigé de toi un sacri-
« fice qui est au-dessus de mes forces et que par pitié
« pour moi tu aurais dû refuser d'accomplir. Depuis que
« tu es parti, il n'y a pas une heure, pas une seconde
« où je ne t'aie appelé : Je m'étonne d'avoir eu le cou-
« rage de te dire : Va-t'en! J'étais folle, j'aurais dû à
« tout prix, coûte que coûte, te conserver à mes côtés
« ou fuir avec toi; il y avait quelque chose de plus
« précieux que mon honneur et mon repos, c'était ma
« tendresse. Mais que veux-tu, je n'ai pas voulu me
« montrer inférieure à M. B..., j'ai fait tout ce qu'il
« demandait et j'en suis punie. Si tu savais ce que
« c'est que ma vie, tu frémirais! C'est un supplice in-
« cessant, continuel; le caractère aigri de cet homme
« ne me laisse plus un instant de tranquillité; ce sont
« des scènes qui se renouvellent dix fois par jour, pour
« les motifs les plus futiles : pour une pendule arrêtée,
« un meuble dérangé, pour une cheminée qui fume,
« que sais-je; tous ces riens de chaque moment lui
« donnent autant d'occasions de tourmenter ma triste

« existence. Je supporte tout, je courbe la tête, je pleure
« et je pense à toi ; je te regrette et t'invoque. Si tu
« étais ici, il n'oserait pas me faire si malheureuse.
« Croirais-tu qu'il a été assez lâche pour reconquérir
« par la force des droits que ta pensée me rendait in-
« supportables? Pardonne-moi, pardonne-moi ; tu le
« sais, je suis faible, sans volonté, et puis cet homme
« me fait peur! Ah! cher ami! tu es heureux, toi, tu
« es libre, tu as l'air, tu as l'espace, et tu n'es pas
« obligé de vivre ployé sous le crainte d'un maître
« ridicule et méchant. Tout ce que je supporte ne serait
« rien encore, si je voyais poindre dans le lointain le
« jour de la délivrance! Sais-tu jusqu'où va ma folie?
« Lorsque par hasard il est en retard et n'est pas rentré
« à son heure ordinaire, je me dis : Peut-être a-t-il
« été écrasé sous quelque voiture! peut-être va-t-on
« me le rapporter sur une civière! Ah! comme j'au-
« rais besoin de te voir, mon pauvre Jean-Marc! Te
« souviens-tu qu'un jour tu étais accoudé à la fenêtre
« près de moi ; je te demandai l'heure ; tu tiras ta
« montre et, par un mouvement maladroit, tu la lais-
« sas tomber dans la rue ; je jetai un cri et tu te con-
« tentas de dire en souriant : Mon professeur de ma-
« thématiques avait raison : la vitesse croît comme la
« racine carrée des espaces parcourus. Je te demandai
« et tu me donnas l'explication de ces paroles que je
« n'avais pu comprendre. Eh bien, sois-en certain,
« l'amour vrai ressemble à la vitesse : il croît comme
« la racine carrée des espaces parcourus. Plus tu t'é-
« loignes, plus le temps s'allonge entre nous deux,
« plus je t'aime et plus je te regrette. »

Ces lettres-là me causaient des colères violentes et ravivaient cette passion dont la séparation adoucissait chaque jour les âpretés premières. Je répondais à Suzanne avec une tendresse qu'elle aurait pu cependant trouver un peu banale; je lui envoyais des conseils et, comme toujours, je lui criais : Courage! N'étant point sans cesse rappelé comme elle au souvenir de l'absent par ces persécutions d'une vengeance étroite et jalouse qui la forçaient de penser à celui d'où étaient venues ces douleurs et que naturellement elle aimait d'autant plus qu'elle souffrait davantage, je sentais dans ma solitude et dans ma liberté l'action dissolvante du temps qui, après avoir endormi mes peines, affaiblissait lentement sous sa pression latente et continue ma tendresse naguère si inquiète et préparait mon cœur à recevoir des impressions nouvelles.

Je terminai mon voyage de Nubie et d'Egypte, et je gagnai la Palestine à travers le désert de Sinaï, Lagaba, dont les cheikhs me rançonnèrent, Pétra et Hébron, où je fis une ennuyeuse quarantaine de douze jours. Après être resté un mois à Jérusalem, après avoir parcouru cette terre sainte dont les paysages désolés et maudits sont comme le commentaire même de la Bible, je me rendis à Beyrouth. Fatigué par une année de voyages, accoutumé aux pays arides que je venais de parcourir, je trouvai Beyrouth le lieu le plus charmant du monde et je me résolus d'y rester.

— Pourquoi ne pas vivre ici, me disais-je, dans la nonchalance orientale, tuant l'ennui par l'engourdissement et les chagrins par le bien-être? Le matérialisme des musulmans a peut-être son bon côté; il faut en user ; peut-être me donnera-t-il un repos que j'ai cherché en vain. Qu'importe la patrie, si le cœur est tranquille.

Je louai une maison à Romaïl, à une demi-lieue environ de la ville. C'était une façon de petit palais à terrasses, avec un grand *patio* soutenu par des colonnes et couvert de plantes grimpantes. Un horizon incomparable s'ouvrait devant moi : l'azur de la mer immense, les montagnes du Liban aux flancs desquelles sont suspendus des villages blanchissants, la forêt de pins et les mille chemins ombreux qui se croisent dans la campagne. J'ai vu là des couchers de soleil que je n'oublierai jamais.

Je montai ma *livrée*, à la tête de laquelle je mis naturellement mon vieux Bekir-Aga ; elle se composait d'un cuisinier, de deux domestiques et d'un Nubien de Korosko que j'avais amené d'Égypte avec moi. Il était fort laid, borgne, se nommait Hadji-Ismaël et me servait de saïs, c'est à-dire qu'il prenait soin de l'écurie et courait devant moi, le jour avec un fouet, la nuit avec une lanterne, lorsque je sortais à cheval. Tout cet attirail doit vous sembler bien luxueux, chère amie ; mais n'en soyez pas surprise et ne m'accusez pas de prodigalité, la vie orientale est magnifique à bon marché.

Vous savez avec quelle ardeur je me livre à mes projets nouveaux, j'avais hâte de jouir de cette existence que j'allais essayer. Je faisais meubler ma maison. Les Orientaux, qui sont des sages, n'ont point embarrassé leur vie de cette multitude de besoins qui nous tyranisnent. Contre les murailles, de larges divans ; sur le parquet, des nattes du Kordofâl, une moustiquaire, quelques longues pipes, un tabouret en marqueterie sur lequel on pose un plat d'étain chargé du repas, un chapelet pour rouler entre ses doigts et des armes pour passer à sa ceinture, tels sont les meubles qu'exige le confortable musulman. Quant à mon costume, vous me connaissez suffisamment pour savoir que je portais la longue robe et le turban.

Vous m'avez souvent reproché d'être petite-maîtresse et d'aimer ces mille inutilités dont on fait des trophées pour cacher la nudité des murs. Cela est vrai, je le confesse : je chéris les armes curieuses, les potiches du Japon, les magots de la Chine, et j'ai de tout temps été fort porté au *bric-à-brac*. Ce fut en vertu de ce goût dominant que je partis pour Damas, accompagné de Bekir-Aga, afin de chercher dans les bazars quelques vieilles singularités dont je pourrais orner ma maison.

Presque aussitôt mon arrivée dans cette ville, où, selon la tradition, Mahomet refusa d'entrer, parce que son paradis ne devait pas être de ce monde, je m'étais lié avec le prévôt des marchands, *Cheikh Bandar, Abdoul-Kadir, Abou-Lahieh-Chakra*, ce qui veut dire : le chef des marchands, serviteur du Tout-Puissant, père de la barbe blonde ; il devait ce dernier surnom à la couleur dorée de ses moustaches. Quant à moi, comme mon nom français était trop difficile à prononcer pour des lèvres arabes, et que l'on me voyait toujours accompagné de mon lévrier, on m'appelait *Abou-Kelb*, le père du chien.

Cheikh-Bandar se montrait fort aimable pour moi ;

il me croyait aux trois quarts musulman et faisait, pour mon compte, toutes les emplettes que je lui indiquais.

Un jour, après m'être longtemps promené dans le bez zazistan (bazar aux armes), j'entrai chez Cheikh-Bandar. Pendant que j'étais accroupi sur les coussins, en fumant un narguiléh, un homme entra. Quand le cheikh et lui eurent terminé ces longues politesses musulmanes qui précèdent toute conversation, le nouveau venu, après avoir savouré la tasse de café qu'on lui avait offerte, prit la parole et dit :

— O Cheikh-Bandar, tu es le marchand le plus riche de Damas la Sainte, sur qui soient les bénédictions de Dieu ! Tu es beau comme une source dans le désert, et quand une femme te voit, elle oublie ses yeux sur tes pas.

Cheikh-Bandar resta impassible. Bekir-Aga, qui m'avait accompagné, se pencha à mon oreille et me dit à voix basse :

— C'est un *djellab* (marchand d'esclaves).

Après quelques instants de silence, pendant lesquels le djellab étudiait l'effet de ses paroles, il reprit :

— Les femmes arabes ne sont point un suffisant régal pour un négociant magnifique comme toi ; il te faut ces houris vivantes que Dieu a créées pour le bonheur des vrais croyants ; il te faut ces filles blanches des montagnes, qui sont la joie du foyer et le parfum de la maison.

— Celles-là sont réservées pour les gouverneurs de province, répondit Cheikh-Bandar, et non pour un pauvre marchand que les pachas accablent d'impôts.

— Si tu voyais celle que j'amène, répliqua le djellab, tu oublierais les impôts des pachas, et tu vendrais ton âme à Schîtan le Maudit, pour pouvoir l'appeler la mère de ton fils.

Cheikh-Bandar leva la tête et fit claquer imperceptiblement sa langue, en signe de refus.

— Écoute-moi, dit encore le djellab avec insistance, tu es le premier auquel j'en aie parlé dans la ville, parce que la réputation de tes richesses est venue jusqu'à Bagdad, ma patrie ; si tu vois cette esclave, tu ne pourras jamais en rassasier tes yeux ; ses cheveux sont un fleuve d'ébène qui coule derrière elle ; son visage est blanc et rond comme la lune levée depuis deux heures, ses yeux sont plus profonds que la mer, ses seins sont deux grenades à peine mûries et sa démarche est celle d'un jeune taureau qui n'a pas encore porté le joug. Par le Prophète, sur qui soit la grâce de Dieu, je te la vendrai à peine ce qu'elle m'a coûté ; elle a trois coffres remplis de beaux vêtements, et dans sa chevelure des ornements d'or pour quatre mille piastres.

— Je ne puis l'acheter, répliqua Cheikh-Bandar ; adresse-toi à Abou-Kelb, qui est riche, ajouta-t-il en me désignant de l'œil, il la mettra dans son harem.

Le djellab jeta sur moi un regard rapide et répondit :

— Celui-là est un incirconcis et ne peut posséder d'esclave blanche.

— Et à quoi vois-tu que je ne suis pas musulman ? lui demandai-je.

— A la longueur de tes ongles et à la manière dont tu roules ton chapelet.

— Il est vrai, repris-je en souriant, que je ne suis pas un croyant; mais voici mon Arnaute, Bakir-Aga, qui peut acheter cette esclave si je le lui ordonne.

— Oui, s'il plaît à Dieu, répondirent à la fois le cheikh, le djellab et Bekir-Aga.

Pardonnez-moi, ma vieille amie, la sottise que je vais commettre, mais j'avais de tout temps rêvé d'avoir une esclave à moi; j'allais mener à Beyrouth une vie orientale qui ne pouvait être complète qu'avec le harem, et je n'étais pas certain de ne jamais retourner en France d'où tant de chagrins m'avaient chassé. — Essayons encore ce moyen d'être heureux, me disais-je; si je dois quitter Beyrouth, je donnerai une dot à l'esclave et je la marierai à quelque bon Turc dont elle fera le bonheur. — Cheikh-Bandar et le djellab, causèrent quelques temps à voix basse, et le dernier se tournant vers moi, me dit :

— Tu es bien décidé à faire acheter cette femme par ton Arnaute, si elle te convient?

— J'y suis très décidé, répondis-je.

— Tu ne viens pas seulement pour lever son voile et t'en aller après, lorsque tu auras satisfait ta curiosité ?

— Si l'esclave que tu veux vendre est aussi belle que tu l'as annoncé, je te promets de te la payer en belles espèces sonnantes.

Le djellab me regardait encore avec hésitation.

— Abou-Kelb ne ment jamais, dit sentencieusement Cheikh-Bandar.

— Par le chien des Sept dormants et le cheval d'Ali, qui auront place au Paradis, ajouta Bekir-Aga, il est homme à acheter tous les esclaves du Grand-Seigneur.

— Viens donc, dit alors le djellab.

Je le suivis avec Bekir-Aga; nous traversâmes différents bazars et nous arrivâmes au khan qui ouvre sur le bazar au Café son large portail orné de colonnettes torses et de stalactites en marbres blanc et noir.

Un nègre qui appartenait au djellab, et dont la voix grêle annonçait la profession spéciale, poussa devant nous une porte de bois qui nous donna accès dans une chambre meublée d'un divan sur lequel une femme était couchée.

— Holà! Zaynèb, lève-toi, dit le marchand, voici des seigneurs qui veulent t'emmener pour te donner un avant-goût du paradis.

L'esclave se leva; je fus ébloui de sa beauté. C'était une Circassienne.

Dans ce pays d'Orient où l'épouse n'est qu'un objet de luxe, une sorte d'animal charmant doué de la parole, un être qui vit en dehors de la vie des hommes, qui ne connaît que les fonctions de l'amour et les souffrances de la maternité, la femme qu'on achète s'apprécie comme un cheval. Il me fallut subir les démonstrations du djellab, malgré les instincts civilisés qu'elles choquaient en moi.

Il lui fit montrer ses dents pour nous en prouver la blancheur, lui ordonna de marcher en nous faisant remarquer ses belles allures; il dénoua ses cheveux, lui frappa sur le dos, nous découvrit ses jambes et mit à nu sous nos yeux sa poitrine et ses bras. Il lui dit de chanter en s'accompagnant d'un téhégour posé sur le divan. Puis il ouvrit ses coffres, nous étala ses costumes, ses bijoux, ses miroirs.

— Voyez comme elle est riche, disait-il.

La pauvre créature avait obéi sans murmure, sans effort; à chaque commandement elle avait tourné la tête, fait claquer ses dents, levé les bras, chanté, joué de la mandoline. Pendant que son maître déployait ses vêtements, elle s'était assise et renouait avec indifférence sa ceinture de cachemire que l'exhibition presque complète de sa personne avait fort dérangée.

— Sais-tu, me dit Bekir-Aga, dans son jargon ordinaire, ce n'est pas une petite affaire; elle tient une bonne prestance! Quelle langue parle-t-elle? demanda-t-il au djellâb.

— Elle ne sait bien que le turc, répondit celui-ci, mais elle est assez jeune pour apprendre rapidement ce que vous lui enseignerez.

Cela me convenait, car de tous les langages d'Orient, le turc est le seul qui me soit familier.

— Veux-tu venir avec moi et me suivre à Beyrouth, dans ma maison? dis-je à Zaynèb.

— Si tu m'achètes, je le veux bien, répondit-elle avec une profondeur de regard que son indifférence apparente ne m'aurait pas fait soupçonner.

Nous sortîmes et retournâmes près de Cheikh-Bandar, devant qui le marché devait définitivement se conclure.

— L'esclave me convient, lui dis-je.

— Il te faut aussi, répondit-il, acheter une négresse qui sera sa servante ; tu ne peux pas exiger qu'une Tcherkesse fasse sa cuisine et se serve elle-même.

On apporta les pipes et le café, puis nous entrâmes en pourparlers sur le prix.

C'était surtout entre Bekir-Aga et le djellab que la discussion avait lieu. L'un dépréciait la marchandise dont l'autre exaltait les beautés. Enfin, après trois heures de paroles, de dispute, d'invocations au Prophète, de cris et de protestations, le contrat fut arrêté sur les bases suivantes :

Le djellab me livrait Zaynèb avec ses costumes et ses bijoux ; de plus, il me trouverait une négresse sachant le turc, et suffisamment cuisinière pour préparer le repas de sa maîtresse ; en échange je lui ferais compter par Bekir-Aga, réel acquéreur, en présence de Cheikh-Bandar, quinze cents gazies d'or de sultan Sélim, c'est-à-dire environ sept mille cinq cents francs.

J'envoyai Bekir-Aga chercher cette somme chez mon banquier de Beyrouth, et cinq jours après l'acquisition, je soldai le djellah, qui naturellement me demanda encore un bakchiche.

Bekir-Aga était ravi.

— Enfin, disait-il, tu vas donc vivre comme il convient à un seigneur de ton rang ; au moins, il ne t'arrivera plus malheur avec les femmes que tu aimeras. Si celle-là t'ennuie, nous la jetterons à la mer, ajouta-t-il en riant de cette plaisanterie féroce.

Je le fis partir avant moi avec Zaynèb, la négresse

qui portait le nom fort désagréable d'Osneh (la jument), et la plupart des objets que j'avais achetés à Damas. Je les rejoignis quelques jours après son arrivée à Beyrouth, où je trouvai ma maison en état de me recevoir. Dès que Hadji-Ismaël m'aperçut, il vint à moi :

— Comme ton esclave est belle ! me dit-il ; c'est le le soleil ; elle a des yeux qui te feront mourir.

— Tu l'as donc vue, coquin ? lui demandai-je.

— Elle était montée sur la terrasse, répondit-il ; je l'ai vue, mais je ne l'ai pas regardée.

— Si tu en parles encore, dit Bekir-Aga en survenant, mon courbach deviendra rouge sur tes épaules.

Hadji-Ismaël s'éloigna sans répondre, et j'entrai dans mon appartement, où Zaynèb m'accueillit avec quelques démonstrations de joie. Bekir-Aga lui avait expliqué à sa manière le rôle nouveau qu'elle était appelée à jouer :

— Ton maître est bon, lui avait-il dit ; tu seras heureuse, si tu veux ; il ne te refusera rien, si tu es soumise et obéissante ; mais si tu cherches à te révolter contre ses ordres, il te battra comme un petit enfant.

— A-t-il d'autres femmes ? demanda Zaynèb.

— Non, répondit l'Arnaute, tu es et tu resteras seule ; à moins que, par ton ingratitude, tu ne le forces à acheter d'autres esclaves.

— Bien ! bien ! répliqua-t-elle, puisqu'il n'a pas d'autres femmes, je l'aimerai et je le coucherai tout entier dans mon cœur.

J'en voulus un peu à Bekir-Aga d'avoir promis, en

mon nom, de mauvais traitements à l'esclave si je n'étais pas content d'elle ; mais il me renvoya mes reproches et chercha à me démontrer qu'il avait raison.

— Les femmes mulsumanes ne sont pas comme tes Parisiennes, me dit-il ; on ne les conduit pas avec des raisonnements. Dans nos harems on les fouette, on les emprisonne, on les met au pain et à l'eau. Zaynèb le sait, et il était bon, au moins pour la tenir en garde contre elle-même, de lui faire comprendre qu'on saurait toujours rester son maître. D'ailleurs le Prophète n'a-t-il pas dit : « Vous réprimanderez « celles dont vous aurez à craindre l'inobéissance ; « vous les reléguerez dans des lits à part ; vous les « battrez ? »

— Cela est possible, lui répondis-je, mais il y a un autre législateur qui a dit : « Ne battez jamais une « femme, même coupable de cent fautes, fût-ce seu- « lement avec une fleur ? »

— Ah ! répliqua Bekir-Aga, je ne connais pas le législateur dont tu parles.

Je me trouvais donc en possession d'une femme et j'allais passer tout à coup, et sans transition, d'une solitude absolue à la société d'un être que je connaissais à peine. Il en fut de cela comme de toutes les sottises possibles, je n'en appréciai la portée qu'après l'avoir commise. Que Dieu me le pardonne ! En achetant Zaynèb, j'avais obéi peut-être à ce besoin de nouveauté qui tourmente les hommes ; je trouvais charmant d'avoir une esclave à moi, et de faire le sultan au petit pied.

Piqué par les défiances du djellab, je voulus lui prouver que je pouvais lui donner raison contre moi-même, et, sans réflexion, sans sagesse, sans vertu, j'introduisis dans ma vie un élément qui devait la troubler à jamais.

Ma maison se divisait en deux corps de logis réunis par une terrasse; j'occupai l'un et j'abandonnai l'autre à Zaynèb, qui s'y établit avec sa négresse. Elle avait promptement adopté à mon contact, certaines habitudes européennes qui lui convenaient; ainsi, elle se promenait sans voiles à travers les appartements, et passait une partie de ses journées dans une grande pièce où je travaillais; mais la sauvagerie de ses mœurs premières reprenait souvent le dessus, et dès qu'un étranger entrait chez moi, elle se sauvait en cachant son visage.

Je l'étudiai avec soin; cette fille était une brute. Ignorante et superstitieuse comme toutes les femmes musulmanes, gourmande, indolente et sensuelle, elle passait de longues journées étendue sur un divan, se teignant les ongles avec du henneh, mangeant des confitures, ou tourmentant un malheureux singe que je lui avais donné. Elle avait des colères d'enfant, pleurait, se désespérait et battait sa négresse pour les motifs les plus futiles. Elle se conduisait à sa fantaisie dans ses appartements, mais je ne lui permis jamais de se livrer en ma présence à ces emportements. Une fois, qu'elle était venue tout en larmes me raconter que sa négresse n'avait point exécuté ses ordres, je la renvoyai avec une semonce qui lui ôta pour longtemps l'envie de m'appeler désormais à son aide.

Il y avait loin de là aux qualités qui abondaient en Suzanne ; mais Zaynèb était telle que je lui pardonnais tout, en reconnaissance de sa beauté ! Jamais créature rêvée ne fut plus splendide, jamais statue antique animée sous le souffle du désir ne fut plus attractive, jamais l'artiste le plus amoureux de la forme ne créa un aussi merveilleux assemblage des perfections humaines. Je ne l'aimais cependant pas, mais elle avait mis en moi une curiosité matérielle que rien ne pouvait assouvir, et qui grandissait à mesure que je cherchais à la satisfaire.

Affaibli par les luttes que j'avais eu à soutenir contre moi-même, impatient de trouver enfin un repos que les défauts inhérents à ma nature devaient toujours repousser loin de moi, énervé par les langueurs des pays orientaux, je m'abandonnais à cette vie facile, pleine de nonchalance. J'étais tranquille, sinon heureux, et comme un soldat fatigué d'avoir doublé son étape jouit enfin de l'immobilité de son corps, je jouissais de l'immobilité de mon âme, après les tourments qui m'avaient assailli.

Le milieu où je me trouvais convenait aux côtés dominateurs de mon esprit ; toutes mes fantaisies étaient respectées, et chacun s'empressait d'obéir à mon premier signe. Je ne sentais plus peser sur moi la tyrannie du monde extérieur qui, comme vous le savez, représente la fatalité et dérange souvent les efforts de notre libre arbitre. Et puis, je regardais cette existence nouvelle comme l'apprentissage de mes destinées futures ; car, à cette époque, je rêvais de me faire musulman.

Ne croyez pas, ma vieille amie, que ce fût dans un but religieux et que je préférasse Mahomet à Jésus; non, vous savez que je suis un panthéiste déterminé : Dieu est partout, dans le Koran comme dans l'Évangile, dans le Deçatir comme dans les Védas; peu importe la forme sous laquelle on l'adore, peu importe le langage qu'on lui parle en le priant, il suffit de le reconnaître et de suivre les lois morales qu'il a dictées par la bouche de ceux qui ont cherché à révéler son essence. Ce n'était donc pas pour rencontrer une formule supérieure à la nôtre que je m'étais résolu à embrasser l'islamisme. C'était simplement pour avoir le droit de faire le pèlerinage de la Mekke; je voulais, me joignant à la grande caravane de Bagdad et de Damas, traverser l'Arabie, faire le tour de la ville sainte et séjourner quelque temps à la Mekke, afin de causer avec les imans, les cheikhs et les ulémas; je voulais arracher à l'islamisme le dernier mot de ses traditions, je voulais descendre au cœur de cette foi aveugle qui a bouleversé le monde et le bouleversera encore lorsque les Wahabis auront franchi le golfe Persique et la mer Rouge.

Tout entier à ce projet, j'étudiais ardemment l'arabe; je lisais et me faisais expliquer sans relâche le recueil des soixante mille traditions du Prophète réunies par El-Bokkari et commentées par Mouslim; je cherchais à comprendre les opinions diverses des quatre sectes orthodoxes, hanafites, mâlékites, chaféites et hanbélites; puis, je me reposais auprès de Zaynèb de mon travail, et peu à peu j'oubliais Suzanne.

Elle m'écrivait cependant, et chaque mois le courrier de France m'apportait une lettre d'elle, lettre toujours tendre, pleine de regrets des temps écoulés et de désirs vers la liberté. « Oh! me disait-elle
« dans une de ses lettres, comme j'envie le sort
« de ceux qui te servent et passent leur vie auprès de
« toi! comme je voudrais aller te trouver dans ta re-
« traite et habiter à tes côtés cette maison de Bey-
« routh où tu penses à moi, où tu m'appelles! Je suis
« heureuse, malgré mes douleurs, de te savoir fixé
« quelque part; je puis mieux me figurer ta manière
« de vivre; ma pensée, qui toujours va vers toi, sait
« enfin où te prendre; je vis autour de ta chère per-
« sonne, je suis dans ta solitude, et je me figure les
« longs regards que tu lèves vers la mer en songeant
« à moi. Je n'ai plus qu'un rêve, c'est celui d'aller te
« rejoindre, d'aller cacher bien loin une vie qui a été
« si misérable et qui deviendrait heureuse, si je pou-
« vais te la consacrer désormais. Ah! sans mon fils!
« — Jean-Marc, il y a des jours où je regrette pres-
« que d'être mère! »

Le temps, *hoc tempus edax*, avait accompli son œuvre en moi; chaque jour Suzanne s'effaçait de plus en plus de ma mémoire, et je ne l'apercevais plus que comme une forme indécise à demi disparue au fond des avenues de mon souvenir. Pourtant, je répondais à ses lettres, mais avec peine et fatigue; je cherchais mes phrases, je ne savais de quoi lui parler, et je poussais un soupir de satisfaction quand j'en étais enfin arrivé au bas de la quatrième page.

Quelquefois cependant, lorsque soufflait le vent de

khamsin, lorsque l'atmosphère embrasée desséchait mes mains et m'alanguissait jusqu'à m'empêcher de travailler, je m'abandonnais au cours de mes rêveries, qui, remontant les dernières années de ma vie, me ramenaient souvent au temps où Suzanne était à moi. Je regrettais alors ce que j'avais perdu, je me plaisais à me raconter les joies qui m'avaient ravi jadis, et je me livrais à ces souvenirs adoucis qui baisaient mon cœur, comme des lèvres tièdes. Mais ces moments-là devenaient de plus en plus rares et menaçaient, je dois le dire, de ne jamais plus se renouveler.

Un jour cependant qu'une grande tristesse était en moi et que j'avais beaucoup pensé à la patrie absente, mon esprit s'était jeté sur les traces de Suzanne. Après être resté longtemps engourdi en face de son image, je tirai d'un coffret cette longue tresse blonde qu'elle m'envoya le jour même où je la vis pour la dernière fois; je l'étendis sur ma main, je la contemplai quelque temps avec une émotion rajeunie et je la portai à mes lèvres; à cet instant Zaynèb entra :

— Que fais-tu là, me dit-elle, quels sont ces cheveux que tu baises?

— Cela ne te regarde pas, répondis-je en les renfermant dans la cassette, une femme soumise ne questionne jamais son maître.

— Va! va! reprit-elle en hochant la tête, je sais bien pourquoi tu es triste; tu penses aux femmes blondes que tu as aimées dans ton pays, tu voudrais les revoir, et alors tu ne fais plus attention à moi. Ce n'est pas ma faute, ajouta-t-elle, si mes cheveux sont noirs.

— Tu es folle, lui dis-je en tournant le dos.

Ce n'était pas la première fois, au reste, que je voyais se développer en Zaynèb un sentiment de jalousie. Sa seule occupation étant l'amour, elle ne pouvait comprendre qu'on en eût d'autres; elle interprétait à sa guise toutes mes actions, et me reprochait sans cesse de ne pas l'aimer assez.

Lorsque j'allais à cheval faire quelque promenade dans la montagne, elle m'accueillait à mon retour avec un visage irrité.

— Les femmes du Liban ne sont pas plus belles que moi; pourquoi donc me quittes-tu pour aller les voir? me criait-elle avec colère.

Les lettres que je recevais de France l'inquiétaient surtout outre mesure.

— Ah! disait-elle, ce sont des talismans qu'on t'envoie afin de prendre ton cœur, et de te forcer à traverser la mer pour rejoindre ton pays.

Je ne répondais rien à ces boutades auxquelles je n'attachais aucune importance.

Donc vous voyez, ma chère amie, comment ma vie s'écoulait entre un travail plaisant et la satisfaction constante de mes désirs. Le pâle fantôme de Suzanne ne m'apparaissait plus qu'à de longs intervalles, et j'étais tout à fait accoutumé à Zaynèb.

Il y avait à peu près six mois que durait cette existence, lorsqu'un matin, un jour de courrier, Békir-Aga revint de la poste avec plusieurs lettres pour moi.

La première que j'ouvris était de Suzanne; elle ne contenait que cette ligne :

« Jean-Marc, Dieu m'a maudite ! mon fils est mort ! »

Cela me saisit au cœur comme une main de fer. Zaynèb était auprès de moi.

— Va-t'en ! va-t'en ! lui dis-je ; je veux être seul.

Elle s'éloigna sans parler. Toute ma conduite m'apparut alors et me sembla monstrueuse. Comment avais-je tenu mon serment ? Qu'avais-je donc fait pour m'unir au moins par la pensée à la douleur qui la dévorait loin de moi, et que faisais-je encore pendant que le malheur s'appesantissait sur elle ? J'eus honte de moi, et je me sentis mal à l'aise dans ma conscience.

Louise, la femme de chambre de Suzanne, m'écrivait aussi. Elle avait pleuré sur sa lettre. « Nous
« sommes dans la désolation, disait-elle ; le pauvre
« petit est mort, il y a quatre jours, d'une méningite ;
« on l'a saigné, on lui a mis des sinapismes aux
« pieds, de la glace sur la tête ; les meilleurs mé-
« decins de Paris étaient là, mais ça n'y a rien fait ; le
« bon Dieu l'a repris. Madame vous ferait pitié ; elle
« a l'air d'une statue qui pleure. Hier au soir, quand
« je suis entrée chez elle pour la déshabiller, elle
« s'est jetée dans mes bras et m'a dit : Ah ! si
« Jean-Marc était ici ! Ce matin, l'abbé Persin, vous
« savez, celui qui l'a connue toute petite, est venu
« la voir. Quand il est parti, elle l'a reconduit jus-
« qu'à la porte. Là, il lui a dit en lui serrant la
« main : Croyez en Dieu, ma fille ! Mais cette pauvre
« madame a secoué la tête, comme si elle voulait
« dire : A quoi ça me servirait-il ? ça me rendra-t-il

« mon enfant? Monsieur est bien triste aussi, mais il
« tourmente toujours madade à cause de vous. Heu-
« reusement qu'il va aller passer trois semaines en
« Angleterre ; ce sera toujours ça de gagné. »

Je répondis à Suzanne, et cette fois sans fatigue et sans peine. Je n'avais pas besoin de chercher mes phrases, mon cœur désolé me les dictait d'abondance. Je me figurais sa douleur; je m'en accusais presque, et dans ce premier moment d'exaltation, je me demandais si mon devoir n'était pas de tout quitter pour la rejoindre, comme autrefois mon devoir avait été de tout quitter pour la fuir. Je fis là des réflexions cruelles, croyez-le, ma vieille amie, et je m'aperçus que jamais il ne faut s'endormir dans la vie, car on est toujours réveillé par un malheur.

J'étais profondément triste ; les gaietés de Zaynèb, qui, ne connaissant rien de mon chagrin ne pouvait s'y associer, m'irritaient. Le désastre qui frappait Suzanne avait ravivé son souvenir dans mon cœur; c'était elle que maintenant je désirais et non pas l'esclave. — O ma pauvre Suzanne, me disais-je, comme tu dois tendre tes bras vers moi ! — Quelque chose semblait me parler toujours d'elle ; j'avais beau chasser sa pensée, elle revenait sans cesse et ne me quittait plus. On eût dit que l'air ambiant où je marchais était plein de ses effluves. Ma maison, où tout travail m'était devenu impossible, me paraissait insupportable, et je passais mes journées à courir à cheval par la montagne et sur le bord de la mer.

Mon saïs, Hadji-Ismaël, m'accompagnait dans ces longues promenades. Depuis longtemps je remarquais en lui un changement que je ne m'expliquais pas. Ce garçon, autrefois hableur et joyeux comme ceux de sa race, semblait tombé maintenant dans un abattement maladif. Il maigrissait, ne parlait plus, et au lieu de chanter tout le long du jour, comme jadis, il demeurait assis, les mains sur ses genoux, immobile comme un sphinx d'Égypte. Bekir-Aga, que j'avais questionné sur l'état de Hadji-Ismaël, m'avait répondu : — Les Nubiens sont toujours tristes quand ils sont loin de leur pays, — et je m'étais contenté de cette explication.

Cependant, un jour, après une longue promenade étais arrivé aux rives de *Narh el Kelb* (le fleuve du chien, l'ancien Lycus), je m'arrêtai pour fumer à l'ombre d'un bouquet d'azeroliers. Mes yeux, qui d'abord avaient suivi un vol de cigognes passant dans le ciel, tombèrent et se fixèrent sur Hadji-Ismaël, qui tenait mon cheval en face de moi. Son visage avait revêtu cette teinte verdâtre qui est la pâleur des nègres, son œil semblait approndi par une tristesse tenace, sa tête retombait sur sa poitrine.

— Es-tu malade? lui demandai-je.

Il me regarda, comme étonné du son de ma voix, et après quelques secondes de réflexion, employées sans doute à se répéter ma question qu'il avait entendue sans la comprendre, il répondit :

— Non.

— T'ennuies-tu avec moi? veux-tu retourner dans ton pays? continuai-je.

— Non! non! s'écria-t-il, je veux rester auprès de toi, je ne veux pas te quitter, ma vie est enfermée dans ta maison!

Je fus surpris de l'espèce de terreur que lui avait causée ma proposition, et voulant connaître enfin le motif de ses souffrances, je repris :

— Écoute, Hadji-Ismaël, tu sais que j'ai toujours été bon pour toi, que jamais je ne t'ai battu et qu'à mon service tu vis dans l'abondance; dis-moi la vérité, dis-moi pourquoi tu es triste, pourquoi tu ne ris plus et pourquoi ton visage amaigri ressemble à celui d'un mort.

Hadji-Ismaël ne répondit pas et baissa la tête d'un air confus.

— Est-ce que tu serais amoureux? lui dis-je en souriant.

Il me regarda avec une indescriptible expression de confiance combattue par la crainte, et finit par faire un signe affirmatif.

— Eh bien, repris-je, il n'y a pas grand mal à cela. Tu aimes sans doute la négresse Osneh; épouse-la, et je lui donnerai un petit douaire.

— Ce n'est point la négresse que j'aime, répliqua le saïs.

— Eh! qui donc? quelque femme arabe de notre voisinage?

— Non.

— Mais qui donc alors, mon pauvre Ismaël?

Il leva vers moi ses yeux troublés d'où coulaient de grosses larmes, et paraissant enfin prendre violemment son parti, il se précipita vers moi, saisit ma main, la porta, selon l'usage, à ses lèvres et à son front, et me dit d'une voix noyée de pleurs :

— Pardonne-moi; ma douleur est sortie de moi

malgré mes efforts ; je n'ai pas osé en parler à Bekir-Aga, qui m'aurait frappé de son courbach. Je n'aime point Osneh, je n'aime point les femmes arabes de notre voisinage, car jamais je ne les ai regardées ; je n'ai pas non plus laissé mon cœur dans les yeux d'une femme de mon pays ; non ! Mais pourquoi as-tu permis à la Circassienne de marcher sans voiles à travers la maison ? Je l'ai vue, je l'ai vue souvent, ses regards ont pris mon âme, et depuis ce temps je suis fou. C'est ta faute si je suis malheureux ; c'est un sort qu'elle m'a jeté, et je souffre beaucoup. Il y a un mois, je ne sais ce que j'avais fait, elle m'a battu ; les coups dont me frappaient ses petites mains me semblaient plus doux que des baisers. Tu as voulu savoir qui j'aimais ; j'aime Zaynèb. Maintenant tu es le maître, tu peux me tuer et jeter mon corps dans le fleuve : personne ne le saura jamais.

— Je ne te tuerai pas, mon pauvre saïs, répondis-je, assez surpris de cette révélation ; tâche de te guérir de cet amour, et n'oublie pas que si tu avais l'imprudence de parler de cette folie à Zaynèb, je te renverrais dans ton pays.

— Je ne dirai rien, répondit Hadji-Ismaël ; je me contenterai de la regarder.

Hélas ! je ne savais pas en écoutant cette confidence, à laquelle je n'attachai, sur le moment, aucune importance, qu'elle me servirait un jour à frapper Zaynèb d'une punition terrible.

Cependant l'habitude reprenait possession de moi, j'oubliais insensiblement le malheur qui avait si vivement rappelé Suzanne dans mon cœur ; j'étais retourné à Zaynèb et peu à peu, comme on chante dans les opéras-comiques, le calme renaissait dans mon âme.

Depuis six semaines environ j'avais appris la mort du fils de Suzanne, lorsqu'un matin, pendant que Zaynèb se gorgeait de confitures sur un coin du divan, et que, couché sur une carte, j'étudiais l'itinéraire des pèlerins de la Mekke à travers la Mésopotamie, ma porte s'ouvrit avec fracas, et Bekir-Aga se précipita vers moi en criant dans son jargon :

— La madama ! la madama !

Je me levai sans comprendre, et presque aussitôt une femme pâle et vêtue de noir se jeta dans mes bras avec un grand cri. C'était Suzanne.

Ce qui se passa pendant quelques minutes, je ne saurais le dire ; ce furent des mots entrecoupés, des cris de joie et des sanglots.

— Enfin, te voilà ! te voilà ! répétait Suzanne, pendant que je fatiguais mon esprit à chercher une cause raisonnable à cette apparition. Quant à mon cœur, il n'éprouvait rien qu'une stupéfaction sans bornes.

— Ah ! voilà un moment qui paye toutes les douleurs de ma vie ! s'écria Suzanne en s'élançant à mon cou. Dans ce mouvement, son chapeau tomba, et ses cheveux dénoués roulèrent sur ses épaules. Une sorte de rugissement douloureux se fit entendre derrière nous ; je me retournai, et je vis Zaynèb debout sur le divan, blanche comme une trépassée et fixant sur nous ses yeux approfondis par la colère.

— Quelle est cette femme ? dit Suzanne avec effroi.

— La fille de Bekir-Aga ; elle soigne le linge dans

la maison, elle est un peu folle, répondis-je en toute hâte.

Cependant Zaynèb nous regardait toujours. Elle descendit du divan et marcha lentement de notre côté avec ces ondulations de hanche particulières aux femmes orientales. Arrivée près de nous, elle prit dans sa main la torsade blonde déroulée sur les bras de Suzanne et dit en scandant chacune de ses paroles, qu'elle prononça d'une voix étranglée :

— Tu viens ici avec cette chevelure pour m'arracher le cœur. Tes cheveux, je les connais ; il les a baisés devant moi. Il t'a considérée avec des yeux qu'il n'a jamais eus pour moi. Je te maudis, femme souillée par les regards de tous ! Pourquoi est-tu venue ? tes yeux bleus ne pourront supporter le soleil de nos pays. Abou-Kelb est à moi, et si tu essayes de me l'enlever, chienne et vipère, la mort t'aura servi d'ombre sur le seuil de cette porte !

— Que dit-elle ? demanda Suzanne, car l'esclave avait parlé en turc.

— Rien, répondis-je ; et me tournant ver Zaynèb : Cette femme est ma sœur, lui dis-je. Écoute bien mes paroles et écris-les dans ta mémoire pour ne les oublier jamais. Tu vas lui baiser la main, je le veux ; si tu refuses, si tu fais un geste, si tu hésites, je t'envoie à Damas et je te fais revendre au bazar, à la criée, comme une ânesse !

Zaynèb fit un effort désespéré sur elle-même, s'inclina vers la main de Suzanne et la porta à ses lèvres.

— Bien, lui dis-je ; maintenant, tu vas rentrer

dans ton harem, et je te défends d'en sortir avant de m'avoir vu.

Elle ne répondit rien et sortit; mais en ouvrant la porte, elle leva sur Suzanne des yeux si implacables que j'eus peur.

— Quelle singulière créature! dit Suzanne; elle est bien belle, mon ami, et je ne m'attendais guère à voir votre solitude aussi bien partagée.

Je fis toutes les protestations qui purent éloigner de Suzanne la vérité qu'elle soupçonnait; j'accumulai mensonges sur mensonges, et je réussis à la rassurer presque complètement.

— Et qu'importe cette fille, que je ferai jeter dehors si tu le désires, lui dis-je; ce n'est pas d'elle, mais de toi, de ton cher toi, qu'il doit être question; dis-moi donc vite par quelle bénédiction de Dieu te voici enfin dans cette maison où je t'ai appelée si souvent.

— Ah! Jean-Marc, quand j'eus perdu mon fils, répondit Suzanne, je crus que j'allais mourir et je t'évoquais avec une telle ferveur que je m'étonne encore de ne point t'avoir vu apparaître; ma haine pour M. B... s'accrut de mon malheur, et je restai hébétée, insensible, n'ayant plus qu'un désir, celui de te revoir. La douleur de M. B... fut sans pitié; ce ne fut pas de la douleur, ce fut l'aigrissement d'une colère extravasée dans son cœur. « C'est par votre faute
« que votre fils est mort, me disait-il; si vous n'aviez
« pas eu sans cesse la tête occupée du misérable qui
« vous a séduite, vous auriez mieux soigné votre
« enfant; c'est une punition que Dieu vous envoie;

« et vous vieillirez sans famille comme une femme
« perdue. » Je ne répondais rien et je réfléchissais.
Il me semblait que la mort de mon pauvre petit me
déliait de mes serments, brisait mes chaînes et rompait, par une épouvantable infortune, le cercle maudit où j'étais enfermée. « Le seul lien qui m'attachait
« encore à cet homme que j'exècre, au monde dont
« je n'ai que faire, me disais-je, vient d'être brisé;
« aucune consolation, aucune joie n'est plus ici pour
« moi; tout ce qui me reste de bonheur est loin : c'est
« mon droit de marcher vers lui, j'irai retrouver
« Jean-Marc. » Et je mûrissais mon projet. M. B...
partit pour l'Angleterre, où l'appelait le recouvrement d'une créance douteuse; en le voyant s'éloigner, je bus avec délices ma première gorgée de
liberté. Je fis part de mes projets à Louise; cette
brave fille qui est à mon service depuis plus de vingt
ans, me seconda de son mieux. Je vendis mes châles,
mes diamants, je pris mes économies, enfin je réalisai toutes mes ressources, et après avoir laissé à une
de mes amies une dizaine de lettres qu'on devait faire
parvenir une à une à M. B..., afin qu'il ne se doutât
de rien, je partis avec Louise pour la Belgique. De
Bruxelles je gagnai Vienne, de Vienne, par le Danube et la mer Noire, j'arrivai à Constantinople; là,
je pris un bateau à vapeur du Lloyd autrichien, le
Mahmudié, qui aujourd'hui m'a débarquée en rade
de Beyrouth. J'ai laissé Louise se débarrasser comme
elle le pourra au milieu des bagages et des portefaix;
j'ai couru au consulat; un homme habillé en turc m'a
conduite jusqu'ici, et me voilà. Je n'ai pas voulu te

prévenir, mon pauvre ami, afin de jouir de ta joie et d'augmenter la mienne !

— Et maintenant, lui dis-je, en lui tendant les bras, nous allons enfin vivre heureux.

Vous dirai-je la vérité, chère amie, la présence de Suzanne me causait plus d'étonnement que de joie, et je lui en voulais d'être venue aussi inopinément me surprendre en flagrant délit de vie orientale. Si j'avais été prévenu à l'avance, j'aurais eu au moins le temps de faire disparaître l'esclave ; mais, pris ainsi à l'improviste, je me demandais avec un trouble que vous comprendrez : Que vais-je faire maintenant entre ces deux femmes ? Je redoutais tout du caractère violent et obtus de l'esclave, et je ne pouvais pas espérer cacher longtemps la vérité aux susceptibilités inquiètes de Suzanne. Ma vie, naguère si paisible, allait donc se trouver aux prises avec les mille déchirements d'un drame intime ; toutes ces pensées se heurtaient en moi pendant que je faisais éclater sur mon visage une satisfaction que je ne ressentais guère.

Quelques heures après l'arrivée de Suzanne, je me rendis dans l'appartement de Zaynèb ; je la trouvai accroupie sur des coussins, les sourcils froncés et l'œil immobile. Dès qu'elle m'aperçut, elle se leva et vint à moi.

— Tiens, me dit-elle en saisissant ma main, vois, j'ai la fièvre.

— Tu es une enfant, lui répondis-je en m'asseyant ; cette femme, dont la présence te tourmente, est ma sœur, et tu peux être certaine qu'elle ne m'empêchera pas de t'aimer.

Zaynèb me regardait avec défiance et me prouvait par l'expression de ses traits qu'elle n'ajoutait aucune foi à mes paroles ; je repris :

— Seulement, comme il n'est pas convenable que tu viennes maintenant chez moi, tu feras *harem ;* tu resteras dans ton logis, où j'irai te voir tant que durera le séjour de ma sœur.

— Si je fais tout ce que tu veux, dit Zanèb, tu ne me feras pas vendre à Damas ?

— Non, et je te garderai toujours avec moi.

— Alors, répliqua-t-elle en baissant la tête, je resterai dans mon appartement et je n'irai point déranger tes plaisirs avec la femme blonde.

Je levai les épaules avec impatience.

— Ne te fâche pas, s'écria-t-elle ; je croirai, je ferai ce que tu voudras.

Je sortis plus calme, sinon plus rassuré ; je fis appeler Bekir-Aga, et tout en me promenant avec lui sur la terrasse :

— Je te recommande de surveiller attentivement Zanèb, lui dis-je, j'ai grand'peur qu'elle ne fasse quelque sottise.

— Hum ! elle en est bien capable, répondit l'Arnaute ; que comptes-tu faire ?

— Je compte laisser aller les choses naturellement pendant trois semaines ou un mois, afin que les deux femmes puissent se rassurer ; puis à cette époque je partirai avec Suzanne pour la montagne, en ayant soin de dire à Zaynèb que je vais à Rhodes, et que tu es chargé de l'amener au-devant de nous ; alors tu partiras avec elle sur un paquebot ottoman, tu la conduiras de gré ou de force jusqu'à Constantinople. Tu en as le droit, tu es son véritable maître, puisque la vente a été faite en ton nom. Arrivé là, tu lui achèteras une maison, tu lui constitueras une dot suffisante pour qu'elle trouve à se bien marier, et tu reviendras ensuite me rejoindre ici, après lui avoir dit que je suis retourné en France.

— Tout cela est facile, répondit Bekir-Aga, et je le ferai, s'il plaît à Dieu !

L'appartement que j'occupais était assez grand, j'en abandonnai une partie à Suzanne, et je m'improvisai aisément une chambre à coucher dans mon cabinet de travail, en y transportant le hamac dans lequel je dormais et dont mes voyages m'avaient donné l'habitude.

Les premiers jours se passèrent bien ; nul trouble apparent ne vint remuer notre existence : Zaynèb ne sortait point du harem, Suzanne était tout à la joie de m'avoir retrouvé, et moi je m'abandonnais aux charmes d'un sentiment que j'avais cru mort et qui n'était qu'endormi. Aux premières caresses de Suzanne, il s'était vite réveillé dans toute sa puissance, plus violent, plus fort que jamais, armé de l'énergie qu'il avait puisée pendant ce long repos. Toujours dupe de moi-même, je croyais comprendre à cette heure que je n'avais jamais aimé que Suzanne, et que c'était son souvenir que seul je poursuivais encore à travers les joies dont m'avait gorgé Zaynèb.

— Enfin ! enfin ! répétait Suzanne à chaque minute, voilà mon rêve réalisé et je m'en vais donc commencer à vivre !

La présence de l'esclave dans cette maison me désespérait et me pesait comme un remords ; j'attendais avec impatience que le moment fût venu de l'envoyer à Constantinople, car je sentais maintenant combien peu valaient les plaisirs sensuels qu'elle m'avait offerts en comparaison des tendresses intellectuelles auxquelles Suzanne me conviait. Mon amour pour cette dernière s'était doublé de l'irritation que me causait sa rivale.

Depuis trois jours je n'avais pas poussé la porte du harem, lorsqu'un matin, avant le lever du soleil, comme je dormais dans mon hamac, je fus tiré de mon sommeil par un léger bruit ; j'ouvris les yeux, et sur les nattes, près de moi, je vis Zaynèb assise, la tête sur ses deux bras croisés.

— Que fais-tu là ? lui dis-je.

— Je pleure, répondit-elle en découvrant son visage mouillé de larmes. Tu ne m'aimes plus, Abou-Kelb, et moi je sens des feux étranges qui me brûlent.

— Je n'ai rien à te dire, répliquai-je en colère, tu me fatigues avec tes reproches.

— J'ai fait des charmes, reprit-elle sans paraître m'entendre, ils m'ont appris que tu voulais me quitter ; j'ai fait des signes sur du sable, ils ont été funestes. Il y a quelques jours à peine tu m'aimais encore et tu paraissais joyeux quand j'arrivais près de toi ; maintenant tu me défends de sortir du harem, ton Arnaute épie mes actions, tes yeux ont oublié mon visage, et tu passes tes journées à parler d'amour avec une femme blonde qui est venue de ton pays.

— Zaynèb, je te ferai battre avec des cordes, si tu parles encore ainsi de ma sœur.

— Tu mens, s'écria-t-elle, ce n'est pas ta sœur. Quand elle est entrée et qu'elle s'est jetée dans tes bras, j'ai vu un chien noir qui emportait l'âme de mon père mort depuis dix ans. Cela est un avertissement que mon bonheur est fini.

— Retourne dans le harem d'où tu ne dois pas sortir, lui dis-je avec emportement, et ne viens pas me rompre la tête avec tes sornettes et tes histoires de chien noir.

— Oserais-tu me jurer que cette nuit tu n'as pas quitté ce hamac où tu es étendu maintenant? me demanda-t-elle en fixant sur moi ses yeux tristes et entourés d'un cercle bleu.

— Eh! que t'importe? Va-t'en!

— Oh! dit-elle en se dressant debout et en levant le bras vers la chambre où dormait Suzanne, oh! si j'allais près du lit de ta chrétienne, je trouverais à ses côtés une place chaude encore et sur son oreiller des cheveux noirs qui ne lui ont jamais appartenu.

Elle ramena son voile sur son visage et sortit lentement sans ajouter une parole.

Le même jour, quelques heures après, Suzanne me disait :

— Vraiment, mon cher Jean-Marc, il n'est point convenable que vous gardiez dans votre maison cette femme qui est si belle et dont Bekir-Aga est le père. Je n'en suis pas jalouse, croyez-le bien : vous m'avez affirmé que cette fille n'avait rempli chez vous qu'un office de domestique, je le crois; mais une tendresse aussi profonde que la mienne est ombrageuse, et vous êtes trop bon pour ne pas m'accorder cette satisfaction qui vous sera fort indifférente, si, comme je le crois, vous m'avez dit la vérité.

— Vous avez raison, Suzanne, lui répondis-je ; Zaynèb sortira de chez moi, soyez-en certaine, je veux qu'elle s'en aille, mais je ne veux pas la chasser. Laissez-moi agir comme je l'ai résolu, et je vous promets qu'avant quinze jours elle sera partie pour ne jamais revenir.

— Vous êtes le maître, répondit Suzanne, ce que vous ferez sera bien fait, et croyez que je ne vous demanderais pas ce sacrifice si je pensais qu'il pût vous être pénible.

Cette soumission passive de Suzanne me touchait et m'étonnait, car autrefois elle ne m'avait pas toujours accoutumé à une abnégation aussi complète. Avec quelque réflexion, je m'expliquai ce changement. Par le seul fait de sa volonté, Suzanne avait rompu avec le monde où jamais à cette heure elle ne pourrait rentrer ; au lieu de continuer à vivre malheureuse et honorée, elle préféra perdre sa considération pour gagner ce qu'elle croyait être son bonheur ; elle s'était donc mise hors la loi, elle ne possédait plus qu'un seul être qui s'intéressât à elle : moi. Moi parti, c'était le vide. Aussi lui inspirais-je, à mon insu, une terreur singulière. La pauvre créature vivait dans la crainte de me blesser, de me fatiguer, de m'ennuyer ; elle respectait mes caprices, mes susceptibilités, mes fantaisies ; elle ne redoutait rien tant que m'irriter, et tremblait sous cette idée que si une rupture venaît à nous séparer, elle était irrémissiblement perdue. Désespérée par la mort de son fils, elle voulut à tout prix reconquérir une affection pour remplacer celle qui venait de la quitter ; elle s'enfuit alors de chez son mari, échappa à une tyrannie tracassière, et sans réfléchir à autre chose qu'à ses joies futures, elle arriva chez moi. Elle s'apercevait peut-être maintenant avec effroi qu'elle s'était livrée à merci ; saisie de crainte pour les chances d'un avenir auquel elle n'avait point songé, elle s'efforçait de ne peser en rien sur une existence qu'elle voulait être appelée à partager désormais.

Je comprenais ces angoisses, et je faisais en sorte de les calmer en redoublant de soins et de tendresse pour elle. Le départ de Zaynèb était résolu dans mon esprit, je n'attendais plus que l'instant favorable de le faire exécuter. Dans les courtes et rares visites que je faisais au harem, l'esclave m'accablait de reproches et de prières, j'étais las des uns, je repoussais les autres, et j'en étais arrivé à me demander comment j'avais pu avoir du goût pour cette créature ennuyeuse.

Un soir, à dix heures (c'est bien tard en Orient), Suzanne étant déjà retirée, je faisais des comptes afin de savoir de quelle somme j'allais disposer pour le douaire de Zaynèb, lorsque Bekir-Aga entra avec un air de mystère.

— Eh ! me dit-il, selon son invariable formule, sais-tu ce qu'il y a de nouveau ? Voilà l'esclave qui se venge.

— Comment cela ? demandai-je avec inquiétude.

— Bien simplement : un homme vient d'entrer dans le harem.

— En es-tu certain? dis-je à Bekir-Aga.

— Je me méfiais de quelque chose, répondit-il ; j'avais vu sortir ce soir la négresse Osneh ; je me suis caché derrière les mûriers du jardin, et tout à l'heure elle est revenue avec un homme ; Zaynèb l'attendait sur le seuil du harem ; elle lui a pris la main et l'a fait entrer, puis Osneh s'est retirée dans sa chambre.

— C'est incroyable! disais-je.

— Sais-tu, reprenait Bekir-Aga en ricanant, toutes ces femmes turques, elles ne valent pas le diable. Au reste, ajouta-t-il au bout de quelques secondes, si tu doutes, viens voir. Une lucarne de l'appartement de l'esclave donne sur la terrasse ; par là tu pourras te convaincre que je t'ai dit la vérité.

Je suivis Bekir-Aga en faisant mes pas légers, et j'arrivai bientôt à une petite fenêtre ouverte à hauteur d'appui dans la muraille de la chambre de Zaynèb; un rayon de lumière en sortait; un murmure confus de voix prudemment abaissées venait jusqu'à moi : je regardai avec anxiété et je vis un spectacle étrange.

Zaynèb, accroupie sur les nattes, contemplait un homme assis en face d'elle et dont le visage était tourné dans la direction de la Mekke. Cet homme était un çanton fort connu et très respecté dans le pays. Sorte de mendiant sale et déguenillé, vivant d'aumônes, couchant à la belle étoile, savant, disait-on, dans le grand art de la kabbale, il jouissait d'une réputation de sainteté qu'il exploitait.

— Et c'est ce misérable qu'on introduit chez moi ? dis-je à voix basse à Bekir-Aga.

— Chut! me répondit-il en mettant un doigt sur ses lèvres, écoute et regarde; ils vont faire des sortilèges.

En effet, sur la demande du çanton, Zaynèb alla chercher un réchaud allumé qu'elle plaça devant lui. Il se prosterna alors, et en se dandinant il récita le *fatha* (premier chapitre du Koran).

Il tira de sa ceinture un long encrier de cuivre et sept petits paquets qu'il posa près de lui. Puis, se tournant vers Zaynèb, il lui dit :

— J'ai jeûné trois jours, ne mangeant que des raisins, fruits bénis dont nous boirons le vin dans la vie future, des figues qui représentent la maternité, et des olives, essence de clarté spirituelle émanée de Dieu même. C'est aujourd'hui vendredi, nuit qui tombe sous l'influence de Vénus, planète fécondante; la lune est dans son second quartier, période croissante propre aux bénédictions; trois fois j'ai purifié mon corps par des ablutions; j'ai récité quatre-vingt-dix-neuf fois les quatre-ving-dix-neuf attributs d'Allah, et quand le soleil s'est levé, j'ai brûlé de l'ambre au nom de Dieu clément et miséricordieux. Le moment est propice, tout est favorable; depuis trois jours, je me prépare à accomplir l'œuvre; me voici prêt, que veux-tu?

— Je veux un talisman qui me fasse aimer, répondit Zaynèb; je veux que ma rivale soit délaissée à son tour.

— Je vais le faire, s'il plaît à Dieu, répliqua le çanton.

Il déploya alors les sept paquets déposés près de lui, il en tira successivement le contenu et le jeta dans le brasier, en prononçant chaque fois des phrases singulières, qui toutes commençaient par la formule consacrée : Au nom de Dieu clément et miséricordieux! et il disait :

— Ceci est du sel! qu'il pétille sur les charbons, et qu'il annule le mauvais œil de ceux qui pourraient nous voir!

— Ce sont des graines de coryandre; que leur parfum te rende favorable, ô Vénus, planète salutaire!

— Voilà du fassouk (chanvre indien); que sa fumée réduise à néant le sort que tes rivales ont pu jeter sur toi!

— Que cette gomme d'opium se fonde lentement et soit agréable aux génies bienfaisants!

— Voici du mastic de lentisque; que son odeur résineuse et pénétrante conjure le mauvais vouloir des génies malfaisants!

— Je jette dans le réchaud de l'assa-fœtida; que son parfum âcre et pestilentiel chasse d'ici les djinns prêts à mal faire!

— L'ail va se fendre et gémir dans la flamme; qu'il ferme les yeux ouverts des péris, afin qu'ils ne puissent être choqués de rien.

Puis, il répéta plusieurs fois : Dieu est le plus grand! Dieu est le plus grand!

Après cela, il prit encore dans sa ceinture six petits morceaux de papier taillés en triangle; il y dessina des caractères, en murmurant tout bas des paroles que je ne pouvais entendre. Il les plia avec soin et les remit à Zaynèb.

— Tu vas, lui dit-il, en brûler trois, les uns après les autres, en même temps que je mettrai moi-même de l'ambre dans le réchaud; tu te tourneras vers la Mekke (sur qui soit la bénédiction de Dieu!), et pendant que chacun de ces papiers se consumera, tu passeras trois fois ton pied droit par-dessus la fumée en récitant comme moi : O puissant! ô magnanime! ô généreux!

Zaynèb obéit; le çanton priait à voix haute, l'ambre répandait un doux parfum autour de nous.

— Je vais partir, dit le çanton en se levant; je te laisse ces trois autres talismans; tu placeras le premier sous la porte de la maison de celui que tu aimes; tu tremperas le second dans une eau que tu boiras; tu tremperas le troisième dans une eau que tu feras boire à celui qui ne t'aime plus. Puis quand je me serai éloigné, tu prendras le brasier, tu descendras jusque dans le jardin, et là tu jetteras les charbons enflammés par-dessus ton épaule droite en disant : Que le mauvais sort qui m'accable soit lancé loin de moi, comme les charbons de ce réchaud! Demain soir, tu te parfumeras avec du sel et de l'alun, et tu prieras.

— Et il m'aimera? demanda Zaynèb.

— Il t'aimera, répondit le çanton.

— Et quand le saurai-je? reprit l'esclave.

— Avant trois jours!

— Et s'il continue à m'éloigner de lui?

— Alors envoie-moi chercher de nouveau par ta négresse, et je reviendrai

Zaynèb prit la main du çanton et la lui baisa. Il s'éloigna, et s'arrêtant au moment d'ouvrir la porte :

— N'oublie pas, dit-il, de manger des feuilles de bette ; c'est la plante que chérit la planète de Vénus !

L'ombre nous enveloppait ; le çanton sortit sans se douter de notre présence. Nous restâmes immobiles, et au bout de quelques minutes, nous vîmes Zaynèb qui marchait portant le brasier kabbalistique. Elle descendit jusqu'au jardin, et là nous l'entendîmes qui disait :

— Que le mauvais sort qui m'accable soit lancé loin de moi, comme les charbons de ce réchaud !

— Il n'y a là rien de bien dangereux, dis-je à Bekir-Aga en rentrant chez moi.

— Faudra-t-il lui prendre ses talismans ? demanda-t-il.

— Garde-t-en bien, répondis-je ; laisse-la s'amuser de ces niaiseries et n'y fais pas attention.

— Hum ! dit-il en secouant la tête, le çanton est un saint homme !

Je me mis à rire des appréhensions de Bekir-Aga, qui ne me semblait pas trop rassuré ; au reste il y avait dans cette scène de quoi terrifier un musulman. Un musulman esprit fort pourra peut-être ne pas croire à Dieu, mais soyez certaine qu'il croira toujours au diable.

Le lendemain, en sortant de ma chambre, j'aperçus un petit papier posé sur le seuil de ma porte ; je passai par-dessus sans paraître le remarquer. Le même jour j'allai voir Zaynèb.

— Je t'attendais, me dit-elle.

— Eh! pourquoi?

— Parce que maintenant tu vas m'aimer; je le sais, quelque chose me le dit. Et puis, si tu veux, ajouta-t-elle, nous ferons faire des talismans afin que mes cheveux deviennent blonds, puisque ce sont ceux-là qui te plaisent.

Elle fut très calme, très douce, et au fond de mon cœur je remerciai le çanton qui, avec ses amulettes, avait apaisé les colères de cette sauvage créature.

De son côté, Suzanne, toujours aimante et bonne, semblait avoir oublié l'esclave dont elle ne me parlait plus, elle respirait à l'aise dans l'atmosphère de liberté où maintenant elle vivait; son esprit enfin rasséréné retrouvait son charme, et sa santé, ébranlée par tant de secousses, se raffermissait peu à peu auprès de ma tendresse.

— Comme je suis heureuse, Jean-Marc! me disait-elle; il me semble que maintenant j'ai des forces pour exister au delà de l'éternité, ton amour est descendu en moi comme un rajeunissement, et si je ne portais en mon cœur le deuil de mon pauvre petit, je serais la femme la plus enviable du monde entier.

Hélas! cette joie paisible et profonde devait bientôt s'envoler. Ma destinée, lasse sans doute de mon long repos, allait jeter dans ma vie un irréparable malheur.

Quatre jours après la scène du çanton, le soir, vers neuf heures, j'étais assis seul sur la terrasse et je fumais. La lune illuminait le ciel sans nuages et allongeait sur la mer les ombres gigantesques des montagnes du Liban. Des parfums de chèvrefeuille embaumaient l'air; mon lévrier dormait à mes pieds. J'étais perdu dans une de ces contemplations muettes qui nous prennent parfois en face des magnificences de la nature. Je sentis une main se poser sur mon épaule; je me retournai : Zaynèb se tenait debout près de moi. Vue ainsi aux rayons de la lune qui l'éclairait, elle me parut pâle et maigrie comme une convalescente; ses yeux brillaient d'un feu singulier; son haleine brûlante frappait mon visage.

— Que veux-tu? lui dis-je durement.

— Je viens te chercher; il y a deux longues journées que je t'attends, répondit-elle; laisse-moi parler, ne m'interromps pas. Hier, pourquoi n'es-tu pas venu? ton destin te poussait dans mes bras; tu as tort de lui résister. Tu as bu une eau qui dirigera tes volontés vers moi; je t'en préviens; ne lutte donc pas contre ton sort. Tu auras beau faire et te débattre, les esprits sont pour moi, je les ai conjurés, et ils ont dit que tu allais m'aimer encore.

— Tes esprits t'ont trompée, ô Zaynèb, car je ne te suivrai pas.

Elle parut accablée de ma réponse; un rire forcé décomposa ses traits.

— Ah! tu veux plaisanter, dit-elle, n'est-ce pas que tu vas venir ? N'est-ce pas que tu ne veux pas me condamner à pleurer toujours comme une vieille veuve qui a perdu son fils unique?

— Je te l'ai dit et je te le répète pour la dernière fois; je te défends de sortir du harem, retournes-y, ou j'appelle Bekir-Aga.

— Oui, j'y retourne, Abou-Kelb, j'y retourne, mais

je t'emmène avec moi ; viens, j'ai brûlé du bois d'aloès ; ma négresse t'a préparé des sorbets au jasmin ; viens, viens, ajouta-t-elle en me prenant le bras.

— Va-t'en ! va-t'en, criai-je en me dégageant ; je te défends de jamais reparaître devant moi !

Elle recula de plusieurs pas, elle inclina la tête dans ses mains et je l'entendis pleurer.

— Vous paraissez bien en colère, mon ami, dit à ce moment derrière moi Suzanne qui survenait tout à coup.

Aux accents de cette voix qu'elle détestait, Zaynèb fit un bond en arrière, et crachant avec fureur jusque sur les pieds de Suzanne :

— Que tes entrailles soient maudites, s'écria-t-elle, que ta maternité soit brisée pour toujours, et qu'Abou-Kelb meure dans tes bras puisqu'il est assez lâche pour te préférer à moi !

— Que dit-elle, que dit-elle ? demandait Suzanne ; elle me fait peur avec ses gros yeux pleins de colère.

— Elle est folle ! Bekir-Aga ! Bekir-Aga ! appelai-je en toute hâte.

L'Arnaute accourut.

— Prends Zaynèb, renferme-la dans le harem, et si elle résiste, traite-la comme ta religion permet de traiter les femmes rebelles.

— Je m'en vais, je m'en vais ! dit Zaynèb en s'accrochant aux habits de Bekir-Aga ; mais laisse-moi parler encore. Je t'en prie, je t'en supplie, me dit-elle avec une accent de prière qui, malgré mon irritation, me troubla jusqu'au fond du cœur, renvoie la femme blonde dans son pays, et aime-moi comme tu m'aimais jadis.

— Emmène-la donc! dis-je à l'Arnaute qui l'entraîna. Au moment d'entrer dans le harem, elle s'arrêta et se tournant vers moi :

— Abou-Kelb, me cria-t-elle, tu as fait passer un fleuve de misères au travers de mon cœur ; mais prends garde, les vieilles femmes de mon pays m'ont appris leurs secrets, et tu te souviendras de moi !

— Retirez-vous, je vous en conjure, dis-je à Suzanne ; il faut en finir, je vais parler à Bekir-Aga.

Suzanne rentra ; elle était fort émue, car il lui avait été facile de deviner au moins le sens des paroles qu'elle ne comprenait pas.

Dès que mon Arnaute fut revenu près de moi, je pris avec lui les dispositions pour l'éloignement de Zaynèb, dont le séjour dans ma maison ne pouvait plus se prolonger sans péril. Dans deux jours, lui dis-je, je partirai avec Suzanne pour Eden ; la saison est belle, la montagne est maintenant dans toute sa splendeur ; nous resterons un mois à la maison des lazaristes ; j'emmènerai seulement le cuisinier et Hadji-Ismaël. Je dirai à Zaynèb que nous allons à Rhodes, ainsi que nous en sommes convenus ensemble ; dans huit jours tu l'embarqueras avec toi pour Constantinople, sous prétexte de me rejoindre, et tu sais alors ce qu'il te reste à faire. Demain on fera les préparatifs de notre départ pendant que j'irai à Beyrouth retenir des chevaux et que je pousserai jusqu'à Djunié pour faire disposer les logements de notre première étape.

Le lendemain après avoir prévenu Suzanne de ma

résolution, je partis au lever du soleil, car j'avais une longue course à faire ; je ne rentrai que fort tard, comme la nuit était déjà close.

— Il n'y a rien de nouveau ? demandai-je à Bekir-Aga.

— Rien, répondit-il.

— Qu'a fait Zaynèb.

— Une heure après ton départ, elle est sortie avec sa négresse, et elle est rentrée comme on allait annoncer la prière de trois heures.

— Que fait-elle maintenant ?

— Je ne sais, je ne l'entends pas remuer, je crois qu'elle dort.

— C'est bien ; demain on finira de plier les bagages qui partiront le soir, et après-demain, de grand matin, nous prendrons la route de Tripoli, pour de là gagner Eden ; j'ai écrit au supérieur des lazaristes afin qu'il veuille bien faire mettre sa maison à notre disposition.

Je dis un rapide bonsoir à Suzanne, car j'étais fatigué, et je me jetai vite dans mon hamac. Je dormais depuis deux ou trois heures environ, lorsque je me réveillai en entendant ouvrir ma porte ; je soulevai la tête et je vis Suzanne debout sur le seuil.

Enveloppée dans un peignoir blanc, tenant d'une main un bougeoir qui l'éclairait et lui donnait l'air d'un spectre, elle m'épouvanta. Ses lèvres pâles s'agitaient sans parler, son visage était marbré de taches rouges ; son œil injecté, presque sorti de l'orbite, semblait immobile.

— Jean-Marc, me cria-t-elle, je vais mourir !

Je courus à elle, je la pris dans mes bras, je la reconduisis dans sa chambre, je l'étendis sur son lit.

— Qu'as-tu? lui disai-je, où souffres-tu?

— Là, me répondit-elle d'une voix étranglée par la douleur, en portant la main à la région précordiale, j'éprouve là une angoisse inexprimable!

Son pouls battait avec violence; des convulsions la secouaient tout entière.

A mon premier cri, les domestiques accoururent; Louise resta avec moi auprès de sa maîtresse, Bekir-Aga sella un cheval et partit au galop chercher un médecin grec que je connaissais et qui demeurait heureusement hors de l'enceinte fermée de Beyrouth.

— J'ai soif! j'ai soif! s'écriait Suzanne. Ah! dit-elle, dans un moment où son mal semblait se calmer, c'est cette horrible limonade qui m'a brûlé les entrailles.

— Je l'avais bien dit à Madame, ajouta Louise; elle a eu tort de boire ayant si chaud.

Quelques gouttes de la limonade qu'on préparait chaque soir pour Suzanne étaient restées au fond du verre; j'y trempai mon doigt et le portai à mes lèvres; je sentis une sorte de saveur doucereusement amère. Un doute terrible passa dans mon esprit.

— Un vomitif! de l'eau chaude! de l'émétique! dis-je tout bas à Louise, ou nous sommes perdus.

Une surexcitation étrange se faisait en Suzanne; elle s'agitait, elle criait, elle voulait marcher, et au bout de quelques pas revenait s'abattre sans force sur son lit. Ses pensées flottaient à vide, le délire combattait sa raison.

— Jean-Marc, disait-elle, où est mon fils. J'ai des fers rouges dans la poitrine. Pourquoi ne pas renvoyer cette fille qui me fait peur? Hier, j'en ai pleuré! Il ne faut pas dire à M. B... que je suis à Beyrouth! Ah! ouvre-moi les entrailles, il y a dedans quelque chose qui me fait mal!

Je la soutenais dans mes bras et je tremblais de tous mes membres.

Louise revint avec un vase plein d'eau émétisée. J'en fis boire à Suzanne; elle se tordait en criant :

— Oh! tuez-moi, je souffre trop!

— C'est peut-être le choléra, me dit Louise avec terreur.

Une sorte de calme sembla se répandre tout à coup sur Suzanne; elle laissa retomber sa tête sur l'oreiller; sa face devint très pâle et la respiration fut plus régulière.

— Oh! comme j'en envie de dormir, dit-elle.

Je la regardais avec une anxiété que vous comprendrez, chère amie; je suivais les progrès de la décomposition de son visage, et un grand trouble s'était emparé de moi. En la voyant assoupie, je reprenais espoir, je pensais qu'elle venait d'éprouver seulement une commotion aussi violente que passagère, et qu'elle en serait quitte pour une lassitude de quelques jours, lorsque tout à coup je vis ses mains s'agiter vaguement devant elle, avec ces mouvements doux et indécis que j'avais autrefois remarqués chez ma mère mourante; je compris alors et je tombai à genoux en pleurant :

— Suzanne! Suzanne! lui criai-je, regarde-moi, je t'en supplie.

— Je ne puis pas, me répondit-elle d'une voix à peine distincte, j'ai un bandeau de plomb sur les yeux.

A ce moment, M. Galaxhidis, le médecin, arriva.

— Oh! docteur! cher docteur! lui dis-je, en lui pressant les mains, sauvez-la, — et je lui racontai rapidement ce que j'avais vu et ce que j'avais fait.

Sans me répondre il s'avança vers Suzanne, l'examina avec soin, essaya en vain de la faire parler, tira ses lancettes, lui fit une abondante saignée, et ordonna des boissons acidulées. Il vint vers moi, et me conduisant à part :

— Êtes-vous sûr de vos gens? me dit-il.

— Pourquoi?

— Cette femme est empoisonnée.

Je jetai un cri.

— En êtes-vous certain, docteur?

— Très-certain, et empoisonnée par un narcotique, par un poison végétal. Tenez, ajouta-t-il froidement, en me prenant la main et en m'entraînant près du lit de Suzanne, voyez, les yeux viennent de s'ouvrir, mais ils n'ont plus de regard ; l'intelligence les a déjà quittés. Tout à l'heure, m'avez-vous dit, il y avait une excitation extraordinaire des facultés physiques et morales, la face était colorée et l'œil saillant; voyez maintenant, un invincible affaissement s'est appesanti sur la malade, une prostration générale engourdit ses membres; sa pâleur est livide, une sueur froide coule sur ses traits bouleversés, et par instants ses extrémités sont agitées de tremblements nerveux. Elle est empoisonnée, vous dis-je, et je suis arrivé trop tard.

— N'est-il donc plus d'espoir? lui demandai-je, en suspendant ma vie à ses lèvres.

— Dieu seul le sait, me répondit-il.

Pendant deux heures, il s'occupa en vain autour de Suzanne.

Agenouillé près du lit, tenant dans ma main la main de la mourante, écrasé, épouvanté, je ne pouvais comprendre encore le malheur qui m'accablait. A travers mes larmes j'aperçus Bekir-Aga.

— Zaynèb, lui dis-je avec un signe qu'il comprit.

— Je l'ai enfermée, la vipère! me répondit-il, demain nous la tuerons!

Un profond silence se faisait autour de nous. Louise étouffait ses sanglots. On entendait la respiration courte et haletante de Suzanne.

— O ma vieille amie, mon cœur est plein de larmes!

Je sentais sa main se refroidir dans la mienne; la vie semblait jouer avec cette chère créature qu'elle quittait et reprenait vingt fois par minutes.

Tout à coup elle se souleva et dit d'une voix distincte et ferme : « Je veux aller à Beyrouth! » Puis elle s'affaissa avec un grand soupir. Je vis le médecin qui secouait la tête; j'entendis Bekir-Aga qui disait : *Il n'y a d'autre Dieu que Dieu, et Mahomet est l'apôtre de Dieu!* Louise poussa un sanglot qui retentit jusque dans ma poitrine. Je me dressai en sentant un frisson passer dans mes os; je lâchai la main de Suzanne; son bras se détendit et resta immobile; je me jetai sur ses lèvres, elles étaient roides; je mis la main sur son cœur, il ne battait plus.

Suzanne était morte. Il y avait dix-sept jours qu'elle m'était revenue!

Deux heures après, j'étais dans mon cabinet avec le docteur Galaxhidis, qui me récitait certaines phrases banales dont le premier refrain était : « Nous sommes tous mortels; » et le second : « Un homme ne doit pas pleurer comme une femme, » lorsque Bekir-Aga entra.

— Voilà ce que j'ai trouvé dans la chambre de Zaynèb, dit-il en jetant sur le divan où nous étions assis des fragments de plantes coupées.

Le docteur les prit, et après les avoir examinées pendant quelques secondes :

— Parbleu, s'écria-t-il, j'étais bien certain de ne pas m'être trompé. Voici la racine de l'*atropa mandragora* et le fruit du *solanum sodomeum*, la Pomme du Diable, comme disent ces iroquois d'Arabes, deux narcotiques puissants dont vous avez pu apprécier les effets. Je ne connais pas de savants plus forts en toxicologie qu'un musulman. Mon cher monsieur, ajouta-t-il en se levant, vous êtes Français, je suis Grec, je ne connais pas votre consul, vous ne connaissez pas le mien; dans ce pays-ci l'autorité est turque, et je m'en moque, comme vous, sans doute; vous êtes un galant homme, ce qui se passe chez vous ne me regarde pas; cette jeune dame s'est empoisonnée par imprudence, j'en suis convaincu, et j'ai l'honneur d'être votre serviteur.

Il sortit enfin et me laissa face à face avec mon lévrier, qui hurlait doucement en me regardant pleurer.

— O mon pauvre Boabdil, lui dis-je en l'embrassant convulsivement comme j'aurais embrassé un ami, resteras-tu donc seul pour survivre à ton maître!

Seule avec Louise, accablée comme moi, je rendis à Suzanne ces derniers et pénibles soins qu'on appelle la toilette des morts. Je coupai sa chevelure, je réunis sur sa poitrine ses mains pâles et déjà roidies; je l'enveloppai dans un grand burnous blanc qui me couvrait dans mes nuits de voyage, je la déposai dans le cercueil, et je garde encore sur mes lèvres l'impression du baiser suprême que je lui donnai.

Le lendemain, ce fut l'enterrement. Des femmes chrétiennes, conviées par Bekir-Aga, accompagnèrent le cortège en pleurant et en se déchirant le visage, selon la coutume orientale. Sans force et comme disparu dans ma douleur, je suivis Suzanne jusqu'à sa dernière demeure. Elle repose sur le bord de la mer, sous de grands mimosas, parmi les lauriers-roses, dans un jardin plein d'ombre où se lamentent les tourterelles. Devant cette tombe ouverte, qui allait engloutir l'apparence matérielle de ce que j'avais aimé, un lazariste français parla. Je n'entendis rien, sinon qu'il disait :

« La poudre retourne à la poudre, l'esprit remonte à Dieu qui l'a donné. »

Lorsque je rentrai chez moi, dans cette maison où tout me rappelait aux tourments d'une réalité terrible, je tombai désespéré, et trop faible pour être résigné, j'éclatai en imprécations : « Espérance! espérance! m'écriai-je, je te maudis, et pour toujours je te chasse de moi, car toujours tu m'as menti ! » Des larmes abondantes abattirent cet orage, et je ne sais depuis combien de temps je pleurais, la tête enfoncée dans un coussin, lorsque je sentis des lèvres brûlantes effleurer ma main. Je tournai les yeux et je vis Zaynèb agenouillée devant moi. A mon premier mouvement, elle se traîna à mes pieds, me tendit ses mains jointes, et se renversant avec des sanglots, elle me cria :

— Grâce ! grâce !

Je me levai, pendant que le démon du meurtre parlait dans mon cœur; je mis mon pied sur l'épaule de l'esclave et je la rejetai en arrière. Elle tomba en poussant un cri. J'eus honte de mon action, et je mis la tête dans mes mains. A ce moment, Bekir-Aga entra. Ses armes étaient passées dans sa ceinture. Il ferma la porte et s'assura, en regardant par la fenêtre, que personne ne passait sur la route. Zaynèb, réfugiée dans un angle, fixait sur l'Arnaute des yeux égarés de terreur.

— Veux-tu donc me tuer? lui dit-elle.

— Oui, répondit Bekir-Aga en tirant son yatagan.

Je me jetai devant lui.

— Ah ! tu m'aimes encore ! s'écria Zaynèb en se précipitant à mes genoux qu'elle embrassait.

— Non ! lui répondis-je, je te hais et je ne t'ai jamais aimée.

— Ah ! dit-elle avec une voix mourante, tu te venges cruellement. Écoute-moi, j'étais heureuse quand cette femme est venue. Tu m'aimais alors;

dès qu'elle eut mis le pied dans cette maison, tu m'as chassée, tu m'as répudiée, tu m'as enfermée dans le harem! Je n'ai rien dit; j'ai attendu et tu m'as laissée veuve. J'ai fait des charmes, j'ai composé des philtres, j'ai fait écrire des talismans; mais cette femme sans doute en savait de plus puissants, car tu n'es pas revenu. Je t'ai prié, je t'ai supplié, je t'ai conjuré de la renvoyer dans son pays, tu es demeuré inflexible et tu m'as fait emmener par ton Arnaute. Une voix me disait que tu me préparais un malheur. Cette femme se dressait comme une muraille entre nous deux, je croyais qu'en la faisant disparaître tu reviendrais dans mes bras. Pardonne-moi, Abou-Kelb, c'est Schitan le Lapidé qui m'a conseillée. Je suis sortie avec la négresse, j'ai cueilli des plantes, et alors...

— Tais-toi! tais-toi! lui dis-je; est-ce que je ne sais pas ce que tu as fait? est-ce que je ne sais pas que tu as brisé à jamais le bonheur de ma vie?

— Ah! répondit-elle, tu l'aimais trop!

— Il faut la tuer ici tout de suite et jeter son cadavre aux chiens, reprit Bekir-Aga.

— Non, dis-je pendant que mon cœur se soulevait de dégoût pour cette fille et d'horreur contre cette proposition; non, mais je vais lui donner un châtiment sans exemple.

— Tu feras de moi ce que tu voudras, murmura-t-elle en pleurant; mais je t'en conjure par le Dieu que tu pries, ne me chasse pas loin de toi.

J'ouvris la porte et j'appelai Hadji-Ismaël. Il parut presque aussitôt.

— Tu aimes toujours Zaynèb? lui demandai-je.

— Oh! fit-il avec un soupir si profond qu'il ressemblait à un rugissement.

— Eh bien, prends-là, je te la donne!

Bekir-Aga fit entendre son rire guttural; Ismaël me regarda sans comprendre; Zaynèb avait jeté un cri d'épouvante en disant :

— Je ne veux pas! je ne veux pas!

Je m'approchai d'elle, je la saisis, et la poussant dans les bras du nègre :

— Mais prends-là donc! lui dis-je.

Il la serra contre sa poitrine avec un geste et un regard que je n'oublierai jamais.

Zaynèb s'était dégagée de son étreinte et marchant vers moi :

— Je suis une femme blanche et ne suis point faite pour appartenir à un nègre borgne. Tu es un incirconcis et un chien, je ne suis pas à toi, tu n'as pas le droit de me donner, ce n'est pas toi qui m'as achetée; j'irai devant le cadi! J'appartiens à Bekir-Aga, et jamais un musulman, sache-le bien, n'imposera un palefrenier de la Nubie à une Circassienne; il faut être chrétien pour cela! Je te méprise, ajouta-t-elle en crachant sur mes pieds, j'ai bien fait d'empoisonner ta femme blonde.

Ces derniers mots me rendirent ivre de fureur, et je ne sais à quels excès de vengeance j'allais me porter, lorsque Bekir-Aga intervint :

— Moi, Bekir-Aga-ben-Abou-Hamet, dit-il, moi qui suis ton réel acquéreur, moi qui t'ai payée quinze cents gazies d'or du sultan Sélim, ainsi qu'il appert du contrat passé avec le djellab par-devant le cheik Bandar de Damas, je te donne au saïs Hadji-Ismaël, pour qu'il fasse de toi à son bon plaisir. Demain j'irai avec lui chez le cadi de Beyrouth, afin qu'il écrive ma donation en bonne forme, jurée par Dieu l'unique et par notre seigneur Mahomet.

En entendant ces paroles lentement et solennellement prononcées, Zaynèb fut prise de convulsions; elle se roulait en écumant.

— Emporte-la, dis-je à Ismaël qui restait toujours immobile, stupéfait et comme pétrifié.

Il la prit dans ses bras vigoureux, la chargea sur son épaule, ainsi que le matin même il avait placé le cercueil de Suzanne, et il disparut.

Quelques minutes après, il entr'ouvrit la porte et demanda :

— Est-ce bien vrai? N'est-ce pas pour l'effrayer que tu fais semblant de me la donner?

— Non, non! répondis-je, je te jure qu'elle est bien à toi!

— Et tu me permets d'en faire ma femme? ajouta-t-il avec hésitation.

— Non seulement je te le permets, mais je te l'ordonne; va!

Il fit un bond et sortit avec un cri de joie auquel un cri de détresse ne devait pas tarder à répondre.

Le soir même, je quittai cette maison maudite où j'avais un instant rêvé d'ensevelir ma vie, et comme je descendais pour la dernière fois l'escalier de marbre, j'entendis quelques sons de mandoline et une voix qui psalmodiait un air triste et plaintif. Étonné qu'après de telles infortunes on osât chanter chez moi, je m'arrêtai en écoutant ; c'était Hadji-Ismaël qui improvisait son épithalame, à la mode nubienne.

« Ohé ! ohé ! disait-il, elle est belle comme une
« pouliche de bonne race ? Ses cheveux sont si longs
« qu'ils feraient le tour du mont Arafat.

« On me l'a donnée, la belle fille des pays froids ;
« je l'ai mise dans ma maison comme Dieu a mis le
« soleil dans le ciel.

« Elle m'a battu ; elle m'a dit : Tu sens mauvais !
« mais je l'ai prise dans mes bras et elle y est res-
« tée ! Ohé ! ohé !

« Je l'emmènerai dans mon pays, sur les bords du
« grand fleuve ; elle dormira dans ma hutte de limon ;
« elle allaitera mes enfants, assise sur une natte que
« j'aurai tressée.

« Les femmes noires en mourront de jalousie, et
« les vrais croyants diront en me voyant : Ah !
« comme il est heureux ! Ohé ! ohé ! »

Je n'en écoutai pas davantage et je partis sans oser me retourner.

J'avais hâte de fuir ; je pris le premier bateau à vapeur en partance, et je gagnai Constantinople, où Bekir-Aga me rejoignit au bout de trois semaines. Il avait résilié le bail de la maison, vendu les chevaux et les meubles, ainsi que je lui en avais donné l'ordre.

— Et l'esclave ? lui dis-je.

— Le saïs l'a emmenée de force en Égypte sur une

caravelle de Damiette, il va la conduire à Korosco ; elle est folle de fureur, et lui, il est fou d'amour !

— Pauvre fille ! dis-je si bas que je fus seul à m'entendre.

VII

Mai 1852.

Depuis un mois je suis de retour à Paris, et mon ennui est tel que j'en souffre comme d'un mal aigu. Je ne sais que faire, je ne puis me résoudre à aucune occupation ; ma pensée tourne en moi comme une bête fauve en cage. Il faut cependant en finir avec ces énervements où je me complais d'abord, et qui ne tardent pas à se convertir en douleurs ; je ressemble à ces voyageurs égarés dans la neige ; ils s'endorment avec joie et se réveillent perclus, si même ils se réveillent. Dans les derniers mois de mon voyage, je regrettais Paris, ma maison, mon existence civilisée, la musique et les théâtres ; maintenant que je suis rentré en possession de tout cela, je regrette le désert, les nuits sous la tente, la marche des caravanes, les forêts de palmiers et les sources où les troupeaux vont boire. Ce sera donc toujours la même chose! j'ai le mal du pays où je ne suis pas.

La joie présumée de mon retour se calma dès que j'eus mis le pied sur la terre de France. A Marseille, où je laissai à Bekir-Aga le soin des douanes et des roulages, je pris la malle-poste pour gagner plus rapidement Paris. Assis à côté du courrier dans le cabriolet qui surmonte le fourgon plein de dépêches, enveloppé dans mes burnous, emporté au galop de quatre chevaux, je regardais les paysages et je les trouvais laids. La pâle verdure des arbres fraîchement renouvelée se détachait mal sur un ciel trop blanc; les montagnes estompaient à l'horizon la maigre silhouette de leurs lignes sans grandeur; les rivières rétrécies par des quais désagréablement réguliers, enjambées par des ponts éclairés de réverbères, me faisaient penser avec amertume aux fleuves larges et pacifiques qui coulent sans contrainte entre leurs rivages libres et déshabités. Tout me paraît mesquin: les villes, les villages, les maisons et les hommes, tout jusqu'à ce soleil blafard qui semble avoir les pâles couleurs. Quand nous nous arrêtons pour relayer, les paysans entourent la voiture et disent en regardant mon costume étranger:

— Sûrement que c'est un général de Bédouins qui va voir Abd-el-Kader.

Alors le courrier se met à rire, et le postillon fixe sur moi ses gros yeux étonnés. A Moulins, des enfants m'ont suivi dans la rue: tout cela m'irrite. Ces gens-là n'ont donc jamais rien vu?

A Nevers, je suis monté dans un wagon du chemin

de fer où je m'endormis bientôt de lassitude et d'ennui ; je ne tardai pas à être réveillé par la conversation de mes voisins ; c'étaient deux blatiers qui causaient entre aux.

— Mes farines sont en trame, disait l'un.

— Les miennes sont gruauteuses, criait l'autre.

— Heureusement, reprenait le premier, que le blé avrillet s'annonce bien ; quant au méteil, il n'y faut pas penser.

— Moi, ajoutait le second, je ne veux plus que du taganrok ; c'est le seul que la carie n'attaque jamais et qui fait le meilleur pain.

— Oui, mais il coûte cher.

— Ah ! baste ! on le mélange.

Le premier, celui dont les farines étaient en trame, se tourna vers moi et en me saluant :

— Monsieur doit venir d'Orient, ça se voit à ses habits : pourrait-il me dire combien le boisseau de froment s'est vendu cette année à Constantinople ?

Je levai les épaules sans répondre et je refermai les yeux.

— Il ne comprend pas le français, reprit mon interlocuteur, c'est ennuyeux ; il nous aurait dit combien il a de femmes dans son sérail.

J'éprouvai une vague envie d'étrangler cet imbécile et de le jeter par la portière. Je m'apaisai en songeant que la plupart de mes concitoyens ne sont pas moint bêtes, et je me rendormis en murmurant au fond de ma pensée le chant des bateliers du Nil.

Quatre heures du matin sonnaient quand nous arrivâmes à Paris. Un jour douteux et bleuissant commençait à éclairer la ville, des bandes jaunâtres s'allongeaient dans le ciel ; sur les quais, des hommes marchaient vite qui éteignaient les réverbères ; la Seine bourbeuse semblait froide et triste. Personne ne passait dans les rues ; les portes, les fenêtres, les boutiques étaient encore fermées ; Paris avait l'air d'une ville abandonnée.

Un cabriolet me conduisit jusque chez moi ; j'eus grand'peine à réveiller le portier, et je montai dans mon appartement où nul ne m'attendait. Mes livres, mes tableaux, mes armes étaient à leur place, mais couverts d'une couche de poussière ; des araignées avaient filé leur toile dans les angles des murailles ; un bouquet de fleurs desséchées avait été oublié dans un vase ; on respirait partout cette odeur fade et neutre qui est comme le parfum de l'absence.

J'avais froid ; je fis du feu et m'assis près de ma cheminée. Je contemplais les flammes sans penser ; je sentais un grand vide dans ma tête, je n'avais d'autre impression que celle d'un abattement inexplicable et sans bornes.

Les heures coulaient lentement, et ne sachant que faire pour distraire mon ennui jusqu'au moment où je pourrais sortir, je pris un carton dans lequel j'enfermais autrefois des dessins, des plans, des gravures, et je me mis à regarder ce qu'il contenait.

J'y trouvai une lithographie faite par Eugène Leroux d'après un des tableaux les plus remarquables de l'œuvre de Decamps : *le Suicide*, et je la considérai longtemps sans pouvoir en détacher mes yeux.

Dans une mansarde étroite et désolée, sur un grabat maigre et sans drap, un jeune homme est étendu. Une couverture, dernier vêtement de jour et de nuit que lui a laissé la misère, enveloppe son corps ravagé par la souffrance; une de ses mains pose sur sa poitrine, l'autre pend sans force et jusque sur les carreaux froids et usés; sa tête, en retombant pour toujours, a rejeté en arrière ses longs cheveux souillés de sang; à terre, près du lit, un pistolet encore chaud a été l'instrument de liberté dont s'est servi ce malheureux. Près de lui, contre la muraille, s'appuient les outils divins qui n'ont pu le faire vivre; un chevalet, une palette tachée de couleurs humides encore, car il a dû lutter jusqu'au dernier jour. Plus haut, sur une planche inégale et rugueuse, sont rangés quelques livres, une statuette en plâtre et une tête de mort qui regarde avec ses grands trous celui qui vient d'échapper à la vie.

Cela est sinistre et terrible. C'est le dénoûment d'un drame long et incessant, de chaque heure, de chaque minute. Il avait sans doute rêvé la gloire à défaut de la fortune, et avec le dévouement de la jeunesse, il avait choisi la route ingrate de l'abnégation, du travail, de l'intelligence, regardant avec mépris les efforts des ambitieux à qui rien ne coûte, ni défection, ni bassesses, ni apostasie de soi-même, ni trahison des autres, pour arriver à la réalisation de leurs vœux. Il s'était dit: la vie ne vaut pas le sacrifice de sa conscience, cette bonne divinité intime si douce et pourtant si redoutable. Il avait décidé de marcher droit et juste à travers le cloaque de l'humanité; il a succombé à la peine, vaincu, mais inébranlable en sa foi. C'est la faim, la misère, le froid qui chaque jour lui ont fait monter un degré de la résolution en haut de laquelle le suicide l'attendait pour lui donner le baiser du repos. Il est mort en martyr, en héros peut-être ! Il n'est plus à plaindre, et son sort me fait envie. Mais moi, grand Dieu ! qui me guidera vers cette extrémité à laquelle j'arrive ? ce sera l'ennui, la paresse, le désœuvrement, et peut-être aussi une sorte d'organisation particulière qui a mis des tristesses de vieillard et des langueurs de moribond dans mon cœur de jeune homme.

Engendré par un homme mourant, j'ai porté pendant ma vie entière la peine de l'imprudence de mon père. Il m'a légué les mélancolies de la mort qui venait vers lui ; je me suis toujours débattu contre les attractions d'une fin prochaine qu'il a mises en moi, parce qu'il les ressentait, et auxquelles je succomberai comme on succombe à une tache originelle. Son âme, près de prendre son vol et déjà sollicitée par les promesses de délivrance que la mort murmure aux oreilles de ceux qu'elle va choisir, m'a transmis des besoins d'indépendance contre lesquels tout s'est brisé. Tout m'a semblé un asservissement : le travail, l'amour, la recherche de la fortune, l'existence même ; à force de vouloir être libre, j'ai fini par être seul, en dehors du milieu commun, et je suis devenu malheureux. J'aime la mort comme d'autres aiment la vie. Jean-Paul a raison : qu'on meure quand on voudra, on a toujours assez vécu !

Cela est singulier, cependant, que le premier objet qui ait frappé mes regards à mon retour dans ma

maison, soit comme un appel vers les mystères de
l'éternité ! Est-ce donc un signe que je vais bientôt
partir pour mes destinées futures ? Seigneur, que
votre volonté soit faite !

Quand l'heure fut venue où je pouvais sortir, je
descendis dans les rues, qui m'ahurirent par leur
fracas, comme le matin elles m'avaient glacé par leur
solitude. J'allai voir mes amis, ils me reçurent bien,
comme s'ils m'avaient rencontré la veille, banalement
et sans effusion. Ils me dirent tous : « Tiens, te voilà,
je ne t'attendais pas si tôt, as-tu fait un bon voyage ? »
Puis ils me parlèrent de leurs affaires, de leur maîtresse, de leur place, de leur argent. Je n'ai pas le
droit de me plaindre, je l'ai voulu. Je me suis retiré
d'eux et ils m'ont délaissé ; tant pis pour moi, *vœ
soli !*

Une curiosité bien explicable m'entraîna vers la
rue qu'avait habitée cette pauvre Suzanne ; j'interrogeai le portier, qui me reconnut. M. B... avait quitté
la maison après le départ de sa femme, et maintenant
il vivait maritalement avec une manière de fille en-
tretenue qu'il fréquentait déjà « du temps de madame ». Son ancien appartement était à louer, j'en
pris les clefs et je montai seul, poussé peut-être par
le besoin d'exagérer une émotion douloureuse.

Je parcourus les chambres vides, dont on avait
renouvelé les papiers et repeint les plafonds ; je contemplai cette alcôve où souvent elle avait pleuré en
m'appelant ; je revis la place de son piano où elle
jouait mes airs favoris, et je m'appuyai contre cette
cheminée auprès de laquelle j'avais autrefois passé de

si bonnes heures. En me regardant dans une glace, je fus effrayé de ma pâleur. « C'est par moi qu'elle est morte, me disais-je, c'est moi qui l'ai tuée ! »

Je descendis. Dans la rue, il y avait des hommes et des femmes qui criaient : « Voici ce qui vient de paraître ! » et qui lisaient le récit d'un meurtre et le résumé des débats de la cour d'assises. Je fus pris de terreur et je hâtai le pas : il me semblait qu'ils criaient ma condamnation.

Je sais que Louise est revenue à Paris, où elle s'est établie lingère avec une petite somme que je lui ai remise avant d'abandonner Beyrouth ; je ne me sens pas le courage d'aller la voir, et cependant je voudrais bien trouver quelqu'un qui pût me parler de Suzanne.

Ce fut là ma première journée ; elle m'a laissé une impression que j'essaye en vain de secouer ; j'ai d'abord impatiemment attendu que Bekir-Aga fût revenu avec mon chien ; l'habitude que j'ai de toujours être avec eux me faisait croire que leur présence m'apporterait quelque douceur ; depuis trois semaines ils sont arrivés et rien n'est changé en moi. J'ai presque envie de repartir tout de suite pour de nouveaux pays.

J'ai parlé de mon état moral à plusieurs personnes, car je commence à m'en inquiéter. Chacun m'a offert des avis qu'il m'est impossible de suivre.

Les uns m'ont donné le conseil banal qu'on garde à l'usage des hommes de trente ans ; ils m'ont dit : « Mariez-vous ». Non, je ne me marierai pas ; j'aurais deux misères à supporter au lieu d'une, et voilà tout. J'ai cherché le bonheur par les femmes, et je ne l'ai point trouvé ; je n'ose plus les nier systématiquement, car ma conscience me dit que j'ai tort ; mais je les redoute, elles me font peur, et je les trouve insuffisantes. J'ai eu des maîtresses que beaucoup m'auraient enviées, j'ai vu des femmes assez désirables se jeter à ma tête, et je leur ai dit : Je ne veux pas de vous ; j'ai dormi sur le sein brun des femmes de Qôseir, qui reçoivent dans leurs bras les pirates de la mer Rouge ; j'ai essayé de bien des amours, et pas un n'a su consoler ce qui se lamente dans ma poitrine. Une femme légitime me rendrait-elle heureux ? Non.

Sous les chênes verts de la Chiaja, je les ai vus, les jeunes époux, muets, immobiles, les mains enlacées, regardant vers la mer et se jurant une tendresse éternelle ; j'ai pu leur envier ces moments-là, mais jamais je n'ai envié leur vie. Le mariage ressemble au Vésuve, il commence par des bois charmants et des prairies veloutées ; il continue par une poussière aride et des blocs de lave qui déchirent les pieds, il se termine par un volcan. Qu'ils se promettent un bonheur sans fin, qu'ils rêvent les douceurs d'un amour immuable, qu'ils aperçoivent à leur horizon une agréable vieillesse entourée de beaux enfants, cela est au mieux ! Mais qu'ils trouvent les lassitudes, qu'ils rencontrent les trahisons et l'ennui, qu'ils atteignent, au travers de mille souffrances, un âge empoisonné par l'ingratitude, la méchanceté et les indépendances de leur fils ! Cela est probable.

Les plus sages m'ont dit : « Prenez une occupation

en vous-même, puisque vous avez une répugnance excessive pour tout ce qui ressemblerait à un état ou à une fonction; utilisez les connaissances que vous avez acquises; faites appel à votre mémoire, coordonnez vos notes et imposez-vous cette tâche d'écrire vos voyages ».

Écrire mes voyages, j'y avais bien pensé; mais à quoi bon? Certes, j'ai vu des choses curieuses, j'ai visité des pays singuliers, et je me suis mêlé à des mœurs étranges; mais avec quel intérêt recevrait-on mes livres? Qui s'occupe à cette heure de ces contrées d'Orient où se jouera encore une fois le sort du monde? Ma voix parlera dans le désert et nul ne comprendra qu'il a fallu des années de travail et de voyage pour rassembler les matériaux d'un livre qui sera lu en deux heures et oublié au bout d'un jour.

Écrire! écrire! ils en parlent bien à leur aise, ces gens-là qui n'ont jamais écrit que des invitations à dîner. « Le poète a charge d'âmes »; ils ne le savent donc pas. La mission de l'écrivain est la plus difficile, la plus élevée, la plus calomniée, la plus sainte qui soit sous les étoiles! Comment pensent-ils donc que je puisse la remplir? Suis-je de la tribu de Lévi pour oser prétendre au sacerdoce?

VIII

Même date.

Écrire ! écrire ! cela me fait peur. A ceux qui me tourmentaient trop en me poussant vers ce but, j'ai montré une lettre que j'ai adressée à un enfant que j'aime et qui veut marcher vers les gloires littéraires. Cette lettre, pleine d'hésitation et qui recule devant une conclusion définitive, la voici ; j'y parle de bien des choses que je ne me sens pas le courage de braver hardiment.

« Mon cher Probus,

« J'ai reçu la lettre où tu me dis que tes études
« sont enfin terminées, et que tu es plein d'irrésolu-
« tion sur le choix d'une carrière. Au collège, tu as
« fait beaucoup de vers français, comme la plupart de
« tes camarades ; tu as lu un grand nombre de ro-
« mans ; tu as écrit quelques nouvelles avec un style
« rempli de réminiscences ; tu te crois du talent, si-
« non du génie, et tu veux te faire poète ! La diplo-
« matie où ton père, usant de ses influences, vou-
« drait te faire entrer, répugne à ta jeune indépen-
« dance. Tu me fais là-dessus des phrases qui sentent
« convenablement son Spartiate ; cela est au mieux ;

« mais as-tu bien réfléchi, et sais-tu ce que tu vas
« faire ?

« Tu es jeune, tu as dix-neuf ans, tu vois tout en
« beau et tu n'as bu encore dans l'existence que le miel
« qui nage à la surface, l'absinthe est dessous ; prends
« garde, tu ne tarderas pas à la trouver. Tu rêves
« des gloires et des apothéoses, sans savoir, pauvre
« enfant, quelle voie douloureuse il te faudra traver-
« ser pour les atteindre peut-être après ta mort. Ici-
« bas chacun souffre sa passion, le poète plus que
« tout autre, car son front saigne incessamment sous
« une couronne d'épines, car chaque jour on enfonce
« une lance dans son flanc, à chaque minute l'éponge
« de vinaigre est pressée sur ses lèvres. Tu sais ce
« que disait Zorilla sur la tombe de don José de
« Lara, qui avait préféré le suicide à la faim : « Le poète,
« dans sa mission sur terre, est une plante maudite qui
« donne des fruits de bénédiction ! » Il avait raison ;
« chacun flagelle l'écrivain, et il faut que l'écrivain
« panse les blessures de chacun. Ton martyre sera
« de tous les jours, ta lutte de toutes les heures, lutte
« terrible, lutte du plus faible contre le plus fort, lutte
« de l'unité contre la pluralité, lutte contre l'envie, la
« calomnie, la colère, la compassion, la méchanceté,
« l'hypocrisie, la sottise, le mensonge, l'injustice, la
« défiance, la vanité, l'indiscrétion, le mépris et la
« haine !

« Tu n'as pas fait encore les premiers pas vers ce
« but idéal qui n'est pas maintenant de ce monde ; tu
« n'as pas encore mis en mouvement la machine qui
« doit broyer ton cœur ; écoute-moi, et si ton courage

« n'hésite pas en présence des douleurs qui t'atten-
« dent, ceins tes reins alors, prends le bâton blanc de
« ton pèlerinage, et, sans trembler, sans regarder en
« arrière, sans pâlir, va, impassible et sérieux, à la
« conquête des idées de lumière, comme jadis les
« chevaliers errants allaient, malgré les enchante-
« ments et les périls, à la conquête d'un talisman
« d'amour et d'immortalité.

« Tu quitteras le monde de la noblesse auquel tu
« appartiens pour monter dans le monde de l'intelli-
« gence ; tu abandonneras le monde qui assoupit,
« pour t'élever dans le monde qui dévore ; le premier
« ne te pardonnera jamais ; le second te dira : Sois le
« bienvenu, car il accueille fraternellement et sans
« distinction tout ce qui porte en soi une valeur pro-
« pre et une force intrinsèque. Sois prudent alors,
« travaille sans relâche et sans cesse, ramasse ta vi-
« gueur pour frapper un coup décisif ; imite le Tali-
« Pat qui remue invisiblement sa sève pendant un
« siècle et qui laisse enfin éclore une fleur incompa-
« rable. Ne cherche pas tout de suite à monter au so-
« leil, souviens-toi des ailes d'Icare, dont le trépas fut
« glorieux cependant, car,

« Il mourut poursuivant une haute aventure.

« Ne te presse pas ; regarde autour de toi avant de
« commencer, et surtout ne t'illusionne pas sur les
« destinées qui t'attendent. Le monde où tu as vécu
« jusqu'à cette heure s'imagine que les écrivains mè-
« nent des existences de Sardanapale et que les joies

« défendues sont leur pâture habituelle. Tu seras
« surpris, cher Probus, de les voir dans la libre ma-
« nifestation de leur existence ; tu t'étonneras de
« l'austérité de leur vie, et tu admireras leur abnéga-
« tion courageuse. Ouvre *René*, et relis cette phrase
« qui est toujours vraie : « Ces chantres sont de race
« divine, ils possèdent le seul talent incontestable
« dont le ciel ait fait présent à la terre. Leur vie est
« à la fois naïve et sublime ; ils célèbrent les dieux
« avec une bouche d'or, et sont les plus simples des
« hommes ; ils causent comme des immortels ou
« comme de petits enfants ; ils expliquent les lois de
« l'univers et ne peuvent comprendre les affaires
« les plus innocentes de la vie ; ils ont des idées
« merveilleuses de la mort, et meurent sans s'en
« apercevoir, comme des nouveau-nés ! » Tu com-
« prendras, en les voyant de près, les insuffisances
« qui les accablent, et les chagrins qui les rongent.
« Vivant sans cesse dans un monde idéal où ils se
« réfugient loin des tourments qui les harcèlent
« comme une meute aboyante, obligés de se jeter à
« travers les rêves pour échapper aux morsures de
« la réalité, ils en arrivent à développer outre me-
« sure des besoins que nulles richesses ne pourraient
« satisfaire. Ils parlent tout bas avec le dieu qui les
« habite, ils écoutent le murmure de leurs pensées,
« ils aiment l'être charmant que leur imagination a
« créé et ne s'inquiètent plus alors ni des discours
« qu'ils entendent, ni des idées qui leur font obstacle,
« ni des créatures qui apaisent leurs désirs. Au mi-
« lieu de la société qui les entoure, ils sont comme

« une secte sacrée qui parle un langage hiératique in-
« telligible pour eux seuls ; à travers tout, malgré
« tout, ils poursuivent la marche ascensionnelle de
« leur extase, et meurent souvent sur un grabat, à
« côté d'un morceau de pain bis, gardés par une
« femme repoussante et vieille, rêvant les habita-
« tions d'Héliogobale, les caresses de Cléopâtre et les
« festins de Vitellius.

« Cette maladie-là est mortelle, crois-moi, Probus ;
« je le sais par expérience !

« Avant-garde de l'humanité qu'ils précèdent d'au
« moins un siècle sur les chemins de l'avenir ; pion-
« niers envoyés au défrichement des morales, des
« croyances, des religions que nous n'apercevons pas
« encore ; calomniés parce qu'ils ne sont pas compris,
« méprisés parce qu'ils sont calomniés, repoussés
« parce qu'ils sont méprisés, ils se voient déclassés,
« appauvris, isolés au milieu de leurs contemporains
« qu'ils flétrissent tous, nobles, banquiers, mar-
« chands, artisans et prêtres du titre de *bourgeois*,
« la plus violente injure de notre langue. Ils côtoient
« les hommes qui les environnent sans faire un effort
« pour descendre jusqu'à eux et sont forcés par la
« persistance de leur personnalité même à ne jamais
« s'y mêler, comme ces fleuves qui coulent parmi des
« lacs et gardent au milieu des vagues étrangères la
« couleur particulière de leurs eaux. Leur destinée
« est d'être méconnus, de pâtir, de pleurer au dedans
« d'eux-mêmes en gardant un sourire sur les lèvres,
« de ne jamais reculer devant le supplice, de ne ja-
« mais demander grâce et de faire rire à leurs dé-

« pens la foule imbécile, s'ils osent crier : Je souffre !

« Ce sont ces douleurs-là qui font leur force, me
« diras-tu ; je le sais ; ils seraient moins grands s'ils
« n'étaient pas si misérables. Tu sais ce que dit Jean-
« Paul : L'âme humaine ne donne son parfum que
« lorsqu'elle est froissée. Cela est vrai : l'âme est
« comme la graine de sésame qui ne laisse échapper
« son huile que si elle est écrasée, broyée, triturée,
« anéantie. Qu'est-ce qui les sauve donc de tant de
« tortures ? l'orgueil ! ce péché capital inventé par
« ceux qui ont voulu abâtardir l'homme pour en faire
« un automate dont ils manieraient les ressorts ; l'or-
« gueil, cette vertu sublime qui est la conscience de
« sa propre force, comme la vanité en est l'illusion.
« L'orgueil fait supporter le martyre, mais ne le rend
« que plus douloureux ; n'auras-tu pas peur quand
« il te saisira ?

« As-tu réfléchi aux vertus qu'il te faudrait avoir,
« et les connais-tu bien ? L'artiste, et surtout le
« poète, doit être une sorte d'androgyne qui réunit
« en soi la sérénité et la sensibilité, la force et la ten-
« dresse ; homme par l'intelligence, femme par le
« cœur, héros par son courage, il doit toujours planer
« au-dessus de ses passions, comme le pétrel au-dessus
« des tempêtes : elles doivent augmenter sa puissance
« au lieu de la délibiter ; son cœur doit être subor-
« donné à son cerveau, et même dans ces moments
« où l'extase l'emporte sur ses ailes d'or, il doit con-
« server son calme, sa placidité, sa sagesse pour
« comparer, apprendre et se souvenir.

« Plein des douleurs du monde extérieur qui en-

« treront en toi comme des glaives aigus, surexcité
« par les irritations que tu puiseras dans tes propres
« instincts intentionnellement exagérés, tu feras souf-
« frir ceux qui t'aimeront; tu deviendras un être con-
« tagieux, tu répandras autour de tes tendresses les
« chagrins, les inquiétudes, les angoisses qui vont se
« nourrir de toi, et rien qu'à t'aimer, une femme de-
« viendra malheureuse, car elle aura respiré sur tes
« lèvres l'enivrant parfum de la tristesse. Je te plains
« alors, car peut-être, te sentant dangereux comme
« une épidémie, fuiras-tu loin de celle qui te tendrait
« les bras et que tu aurais pu aimer.

« Ce n'est pas tout! As-tu songé à la misère? Je
« sais que, sans être riche, tu as une fortune suffisante
« aux besoins d'une existence ordinaire, mais je sais
« aussi que cette fortune peut être perdue et que de-
« main tu peux te réveiller ruiné. La vie ne four-
« mille-t-elle pas d'aventures semblables? Tu travail-
« leras, tu écriras, tu vendras tes œuvres! O cher
« innocent, on ne gagne pas d'argent avec la littéra-
« ture; tu connais la vieille chanson :

« Pégase est un cheval qui porte
« Les grands hommes à l'hôpital.

« Tu auras beau faire, si tu veux rester inaltérable,
« tu sentiras la faim mordre tes entrailles; il te faudra
« cinq ans, dix ans, vingt ans peut-être avant d'ar-
« river à gagner ton pain. Ou bien alors tu te feras
« journaliste politique, ce qui est triste à en pleurer;
« ou tu agiras en vertu de cet axiome d'un écrivain

« qui fut ministre : La littérature sert à tout, à la
« condition que l'on en sorte ; et tu imiteras ces intri-
« gants vulgaires qui n'ont vu dans les lettres qu'un
« marchepied pour arriver à quelque place grasse et
« tranquille.

« Vois ce que la France fait de ses poètes ! Va,
« c'est toujours la même histoire que du temps de
« Louis XIV, qui laissait

« Molière sans tombeau, Corneille sans souliers.

« Si tu gardes les quelques mille livres de rente
« que t'a léguées ta mère, tu commenceras une ère de
« dévouement et d'abnégation dont jamais tu ne de-
« vras essayer de sortir. Dès que tu seras entré dans
« cette lamentable famille des artistes et des poètes,
« tu ne t'appartiendras plus en propre, tu seras à eux
« comme ils seront à toi, tu seras solidaire de leurs
« tourments dont tu réclameras ta part, tu ouvriras
« devant eux ton cœur et ta main, et tu détesteras ce
« monde injuste et méchant d'où tu sors, qui, lors-
« qu'il les voit terrassés, se jette de tout son poids
« dans la balance en criant : Malheur aux vaincus !

« Si tu deviens pauvre, ce sera la *Bohème*, comme
« ils disent ! Oh ! l'horrible chose ! User sa vie dans
« des combats stériles et sans grandeur ; dépenser à
« la conquête du pain quotidien plus de temps qu'il
« n'en faudrait pour faire un bon livre ; subir les ti-
« raillements, les humiliations, les déboires de la pau-
« vreté ; loger dans des mansardes glaciales en hiver
« et brûlantes en été ; aller à l'hôpital quand on est

« malade et tâcher d'y prolonger son séjour, parce
« qu'au moins on y est nourri ; chercher peut-être
« dans des accès de débauche des consolations qu'on
« ne trouve pas ; sentir ses facultés baisser sous la
« pression permanente de la misère et du désespoir ;
« être réduit à un travail qui ne donne même pas à
« manger, être exploité par les uns, vendu par les
« autres, repoussé par tous ; vivre ainsi de longues
« années et s'apercevoir un jour que les lassitudes de
« ces douleurs ont brisé vos forces au moment où
« peut-être on allait arriver sinon à la gloire, du
« moins à la possibilité d'exister, voilà ce que c'est
« que la Bohème. Nous savons ceux qui ont été assez
« doués de Dieu pour la traverser et en sortir sains et
« saufs, mais savons-nous ceux qu'elle a engloutis ?
« savons-nous ceux qui ont sombré dans l'énervement
« des désolations ? savons-nous ceux qui ont allumé
« un réchaud ou qui sont devenus commis dans une
« compagnie d'assurances, ce qui est la même chose ?
« Si tu dis cela dans le monde, sois certain qu'il se
« trouvera un monsieur qui te répondra en fredon-
« nant :

« Dans un grenier qu'on est bien à vingt ans !

« Prends garde, cher Probus, de lâcher la proie
« pour l'ombre. La principale affaire de l'existence
« doit être la tranquillité, à défaut de l'introuvable
« bonheur ; ne recherche pas les sentiers pleins d'é-
« pines, marche par les chemins battus, aplanis sous
« les pieds de la foule, et accepte, en fermant les

« yeux, cette carrière « dans laquelle ton père veut
« te pousser ». Ta vie sera charmante et fort enviée
« de tes camarades. Tu auras un bel uniforme, une
« épée à poignée de nacre et facilement quelques dé-
« corations étrangères; tu verras ce qu'on appelle la
« bonne compagnie; tu prendras le ton, c'est-à-dire
« que tu deviendras incolore et que tu raboteras vite
« les angles de ton originalité afin de pouvoir entrer
« dans le moule commun que les poètes, dont nous
« parlions, font éclater dès qu'ils y touchent. Les
« grand'mères te déclareront un jeune homme distin-
« gué, les petites filles un joli garçon, les femmes
« mariées te regarderont du coin de l'œil, et tu te
« rengorgeras dans ta cravate blanche. Tu voyageras
« à la suite de ton ambassadeur, tu auras ta place
« dans ces bons plaisirs officiels qui sont plus en-
« nuyeux qu'un conciliabule de députés; tu offriras la
« main aux dames; tu ramasseras le bouquet de la
« princesse, tu tiendras l'éventail de la marquise, et
« les jeunes diplomates des cours étrangères en sèche-
« ront de jalousie. Pendant le jour, tu seras dans ton
« cabinet, un cabinet grave, sévère, comme il con-
« vient à un homme sérieux, mais où tu laisseras ce-
« pendant traîner quelques fleurs fanées, quelque
« gant mignon, peut-être même un portrait entr'ou-
« vert, afin qu'on puisse dire de toi : « C'est un heu-
« reux mortel; il est au mieux avec Mme ***. » Là,
« tout entier à tes travaux importants, tu cachèteras
« des dépêches, tu plieras des enveloppes, tu dessine-
« ras des tambours-majors sur la couverture de tes
« livres, tu feras des cigarettes, tu tailleras des plu-

« mes, tu bâilleras souvent, et ensuite tu sortiras à
« cheval, si le temps n'est pas trop mauvais. Quand
« tu auras suffisamment fait cela dans un pays, tu
« iras le faire dans un autre, et parfois tu reviendras
« à Paris te montrer dans quelques salons où il est
« bon qu'un jeune homme soit admis. Au bout de
« dix ans de cette existence, tu ne penseras plus à
« faire des vers, et si tu rencontres un véritable
« poète, tu lui diras : Ah! parbleu! je connais ça;
« j'étais comme vous autrefois; qu'est-ce qui ne fait
« pas un peu rimer *amours* avec *toujours?* ce n'est
« pas dangereux, allez; c'est une manie dont vous
« guérirez vite et qui, du reste, ne mène à rien. Et tu
« te trouveras heureux. Tu passeras pour un homme
« profond en employant certaines formules toutes
« faites à l'usage des pauvres d'esprit; tu prendras
« l'habitude d'être réservé, afin de faire croire aux
« autres et de finir par croire toi-même que tu penses
« beaucoup, et quand tu auras trente ans, ton père te
« fera faire un mariage de convenance qui te vaudra
« de l'avancement. Le ministre signera à ton con-
« trat, ta femme te rendra père de plusieurs enfants
« qui ne te ressembleront pas, tu les feras danser le
« soir sur tes genoux et tu seras au comble de tes
« vœux!

« Je t'entends dire comme les montagnards à
« Frank :

« Tu railles tristement et misérablement.

« Oui, tristement et misérablement, car je me sens

« le cœur débordant d'amertume. Hélas! tout cela est
« vrai! et selon les gens du monde, tu serais un fou
digne de Charenton, si tu hésitais entre ces deux
« positions qui se résument ainsi : nullité et bien-
« être; intelligence et martyre. Choisis maintenant.

« Mais si tu as conservé cette âme ardente et gé-
« néreuse que je t'ai connue lorsque tu étais enfant,
« si tu es toujours ce cher Probus que ma vieille tante
« surnommait en riant : Cœur-d'Airain; si tu es
« vraiment digne de manger le pain des forts et de
« souffrir pour la cause sacrée de l'esprit, alors tu ne
« balanceras pas, et tu diras comme le Grec prison-
« nier à Syracuse : Qu'on me mène aux carrières! Si
« tu as ce courage, je te dirai : Sois béni, et que Dieu
« te donne la persévérance!

« Alors, sois inébranlable, va en avant sans
« compter les obstacles, n'abandonne jamais ton dra-
« peau, et meurs sur la brèche plutôt que de reculer
« d'une ligne; aime ton art par-dessus tout, par-
« dessus tes amis, tes maîtresses et toi-même; donne-
« lui, s'il le faut, ton cœur à dévorer. Tu veux être
« écrivain : aime la littérature exclusivement à toutes
« choses, c'est une grande dame qui ne veut point de
« rivale; songe à ceux qui l'ont aimée et enorgueillis
« toi de tâcher de marcher sur leurs traces; souviens-
« toi que ceux qui l'ont chérie, idolâtrée, encensée,
« glorifiée, déifiée, étaient des génies que Dieu avait
« tirés peut-être du plus profond de son essence.
« C'est Homère, Aristophane et Plutarque; c'est Ho-
« race, Plaute et Juvénal; c'est Chanfara, Sadi,
« Imroul-Keïs; c'est l'Arioste, le Dante et Boccace;

« c'est Cervantes, Lope de Vega, Calderon ; c'est
« Gœthe, Schiller et Jean-Paul ; c'est Milton, Byron,
« Shakespeare ; c'est Ronsard, c'est Rabelais, c'est la
« Fontaine, c'est la Bruyère, c'est une myriade d'as-
« tres illustres qui gravitent sans cesse autour de
« l'humanité comme le système planétaire de l'intel-
« ligence et du génie.

« Verse en riant jusqu'à la dernière goutte de ton
« encre et au besoin de ton sang ; que ton sacrifice soit
« complet, absolu, radical ! N'aliène jamais ton indé-
« pendance, car sans indépendance il n'y a plus ni
« force ni vertu ! Ne regrette jamais de n'avoir pas
« suivi une autre route, jette ta pensée par delà la
« mort et espère ! Tu le sais, cher Probus, celui qui
« sème ne récolte pas toujours ; mais la graine tom-
« bée en terre n'est jamais perdue : qu'elle nourrisse
« l'homme ou l'oiseau, qu'importe ! Dieu la fait germer
« là où elle est utile. »

IX

Juillet 1852.

Encore une page à marquer d'un signe de deuil, encore un *Miserere* à chanter dans ma solitude : Sylvius vient de mourir. C'était un de ceux que j'aimais le mieux, et vers qui j'allais porter le trop-plein de mes tristesses. Ah! si l'homme voulait rebrousser le chemin de son existence, devant combien de tombes ne devrait-il pas s'agenouiller et pleurer avant d'être revenu à son point de départ? Au reste, cette séparation contre laquelle se roidit en vain notre égoïsme, cette séparation qui met tant de sanglots à nos lèvres, cette séparation n'est qu'illusoire. Ils vivent autour de nous, en nous, ces pauvres morts dont nous pleurons l'absence; leur souvenir, qui est une portion de leur âme, remue sans cesse en nos pensées; nous les gardons à l'état de regret comme ils nous emportent vers leur vie future à l'état de réminiscence; leur âme s'est assimilée à la nôtre comme la nôtre à la leur; et plus tard, quand nous les retrouverons sous une forme nouvelle, nous nous sentirons attirés vers eux par des sympathies irrésistible, qui seront les efforts accomplis par les molécules de leur monade pour rentrer au foyer dont jadis elles étaient parties afin de venir à nous. Quand nous aimons une femme outre mesure, c'est que déjà nous l'avons chérie dans une existence précédente, et que, à notre insu peut-être, nous sommes poussés vers elle par les ressouvenances de notre âme qui se rappelle avoir été heureuse auprès d'elle. La mort n'est qu'une phase de la vie ; pourquoi donc tant la déplorer ?

Sylvius avait eu à l'Opéra je ne sais quelle querelle avec un étranger ; les témoins firent mollement leur devoir ; une rencontre devint inévitable, et hier matin on est accouru me prévenir que Sylvius avait été rapporté mourant chez lui. Je m'y rendis en toute hâte, emmenant Bekir-Aga avec moi, dans le cas où j'aurais besoin de ses services dans ces terribles moments.

J'entrai chez Sylvius ; il était couché. Un pâle sourire éclaira son visage lorsqu'il m'aperçut ; il me tendit la main avec effort. Des linges ensanglantés s'éparpillaient sur le tapis, un mouchoir mouillé de vinaigre était placé près des oreillers ; les rideaux fermés obscurcissaient le jour ; les témoins, mornes et consternés, causaient à voix basse dans un coin de la chambre. Une blancheur mate avait décoloré le visage du blessé, ses lèvres farineuses semblaient desséchées par la soif, une lueur ardente brillait dans ses yeux agrandis ; il regardait fixement une *Mater dolorosa* accrochée en face de lui.

Le docteur Lanère, le plus célèbre des jeunes praticiens, s'empressait autour de Sylvius. Il vint vers moi, et m'attirant dans une embrasure de fenêtre, il me parla à l'oreille.

— Votre ami est perdu, me dit-il ; toute science

humaine est actuellement impuissante à le sauver. Il s'est battu au pistolet, il a reçu une balle dans le ventre, à un pouce au-dessous du nombril; le péritoine est traversé, les intestins sont déchirés; dans quelques heures une péritonite aiguë se déclarera, et demain tout sera fini. Il ne souffrira pas longtemps; sa blessure est semblable à celle dont mourut Armand Carrel.

— Parlez plus haut, dit Sylvius avec cette voix vibrante particulière aux malades surexcités par la fièvre, je sais que je vais mourir!

Une servante dévote avait été chercher un prêtre, qui arriva et marcha vers Sylvius, auprès duquel il s'arrêta. A ce moment, Bekir-Aga, qui était resté avec moi, alla lentement se placer au chevet du lit, en face du prêtre.

— Mon fils, dit l'homme noir dont les vêtements sentaient cette odeur de cire et d'encens qui est le parfum des sacristies, mon fils, voulez-vous que je sois seul avec vous, afin que je vous délie de vos péchés, au nom du Père, du Fils et du Saint Esprit?

— Non, répondit Sylvius, ce que j'ai à dire, tout le monde peut l'entendre.

Le dialogue continua ainsi par questions et par réponses :

— Croyez-vous à la religion catholique, apostolique et romaine?

— C'est la religion pour laquelle j'ai reçu le baptême et dans laquelle j'ai été élevé.

— Voulez-vous réciter avec moi le Symbole des Apôtres?

— Non, je ne le veux pas. Je crois à Dieu, père et générateur tout-puissant, je crois à la vie éternelle ; mais je ne crois pas que Jésus-Christ soit le fils *unique* de Dieu.

— Eh quoi ! mon enfant, vous ne croyez pas à la divinité de Notre-Seigneur Jésus-Christ ?

— Je crois à Jésus-Christ, apôtre, prophète, verbe de Dieu ; mais je ne crois pas à Jésus, fils *unique* de Dieu !

— Tu as raison ! tu as raison, ami de mon maître ! s'écria tout à coup Bekir-Aga, qui écoutait chaque phrase avec une attention dont je ne l'aurais jamais cru capable, tu as raison ! Le Prophète n'a-t-il pas dit : « Dieu ne peut avoir d'enfants, loin de lui ce blasphème. » Et encore : « Le Messie, fils de Marie, n'est qu'un apôtre ; d'autres apôtres l'ont précédé. » Et ailleurs : « Infidèle est celui qui dit : Dieu, c'est le Messie, fils de Marie ! Le Messie n'a-t-il pas dit lui-même : O enfants d'Israël ! adorez Dieu, qui est mon Seigneur et le vôtre ! Quiconque associe Dieu à d'autres dieux, Dieu lui interdira l'entrée du jardin, et sa demeure sera le feu ! » Crois-moi, tu peux aller, quand l'ange noir de la mort t'aura frappé de son glaive qui jamais ne s'émousse, tu peux aller dans les jardins bénis où coulent des fleuves immenses sur des sables d'or, où s'épanouit l'arbre Tuba, où des créatures toujours vierges et plus belles que des étoiles te recevront éternellement dans leurs bras, où tu boiras sans ivresse le vin des vignes célestes, où des anges te serviront à genoux en t'appelant : O croyant ! Dieu est généreux, sa miséricorde est infinie, et tu peux jouir de toutes les félicités qu'il a promises aux fils d'Ismaël, si tu dis avec moi, et du fond de ton cœur : « Il n'y a d'autre dieu que Dieu, et Mahomet est l'apôtre de Dieu ! »

Le prêtre se recula avec horreur. Un sourire passa sur la face de Sylvius, qui répondit :

— O Bekir-Aga ! je dirai comme toi : « Il n'y a d'autre dieu que Dieu, et Mahomet est l'apôtre de Dieu ; » mais j'ajouterai : Et il y a eu et il y aura d'autres apôtres de Dieu ! Non, Jésus n'est pas le seul fils de Dieu ; non, Mahomet n'est pas le sceau des prophètes !

— Allez-vous admettre les dogmes fatalistes de ce mécréant ? dit le prêtre avec indignation. Votre raison ne se révolte-t-elle pas contre cette fatalité mensongère qui est la base de l'islamisme ?

— Veux-tu nier la toute-puissance de Dieu ? reprit Bekir-Aga, en croyant qu'un fait, si insignifiant qu'il soit, puisse se produire sans sa volonté expresse ?

Sylvius tourna vers moi ses yeux où tâchait de reluire un rayon de gaieté.

— Ne trouves-tu pas, me dit-il, que je ressemble à Robert le Diable, lorsqu'au cinquième acte il est tiraillé par Alice et par Bertram ?

— J'ai peur que cette discussion ne te fatigue, répondis-je.

— Laissez, me dit le docteur Lanère en me tirant par la main, il s'apercevra moins des approches de la mort.

Au reste, sans m'écouter, Sylvius, péniblement soulevé et se tournant vers chacun de ses interlocuteurs, avait déjà repris :

— Je crois à mon libre arbitre, force intérieure et personnelle qui me sert à diriger mes pensées et mes actions; je crois à la fatalité, force extérieure et étrangère qui pèse sur mes pensées et mes actions pour les entraîner hors de la voie que je leur ai librement choisie; je crois à l'existence nécessaire, indispensable de l'un et de l'autre, car entre les deux, à une distance variable, s'allonge une ligne qui est celle de la Providence, celle qu'il faut suivre, celle que nous cherchons naturellement; c'est un théorème de mécanique qui peut se démontrer par le parallélogramme des forces. Si j'obéis seulement à l'*objectif* (fatalité), ou seulement au *subjectif* (libre arbitre), je m'éloigne de la vérité, de la sagesse, de la vertu, de la rémunération, qui sont la ligne intermédiaire immobilisée dans la volonté du Seigneur. Mon libre arbitre peut entraîner et vaincre la fatalité; il peut, dans certains moments de passion et d'extase, contraindre Dieu même à l'attirer jusqu'à lui. Donc, je crois au libre arbitre, à la fatalité et à la Providence.

Le prêtre et Bekir-Aga se regardèrent mutuellement avec des yeux dont l'expression étonnée prouvait qu'ils n'avaient rien compris aux paroles du mourant. Cependant le prêtre, voulant trouver le côté convertissable de cette raison rebelle, reprit avec insistance :

— Vous croyez au moins à l'immortalité de l'âme?

— Non, répondit Sylvius, je crois à son éternité!

— Ce malheureux, dit le pauvre prêtre en se retournant vers nous, a été empoisonné par les doctrines subversives qui ont déjà fait tant de mal à notre époque.

— Il est permis à tous de chercher la vérité, lui répondis-je.

— Vous êtes des impies, murmura-t-il.

Une animation étrange illuminait le visage de Sylvius; il agitait les lèvres comme s'il avait récité quelque prière. Chacun se taisait, on entendait les battements de la pendule.

— Soutenez-moi, dit-il, je veux parler encore.

Nous l'entourâmes, on releva les oreillers aplatis, et nous le soutînmes, le docteur et moi, sur nos bras entre-croisés. Il resta quelques instants immobile, comme absorbé par ses pensées; puis il dit:

— Non! je ne suis pas un impie, car je crois en toi, ô mon Dieu! source de toute vertu, de toute vérité, de toute intelligence, de toute justice et de toute miséricorde; je crois en toi! Tu es en nous comme nous sommes en toi, tout est en toi comme tu es en tout; tu jouis et tu souffres en nous, ô Père! tu es la grande âme qui remue les mondes, tu es la vie éternelle qui circule dans la création et jusque dans ces parfums subtils qui sont peut-être des animalcules odorants. C'est ton irradiation parmi les choses de la nature qui les fait si belles; c'est toi, toujours toi, que nous recherchons, que nous aimons à travers les paysages, les femmes, les astres, le ciel bleu; c'est vers toi que nous tendons, c'est pour nous rapprocher de toi, c'est pour mieux comprendre les mystères de ton essence infinie, que sans cesse nous tâchons d'augmenter notre intelligence et notre cœur; ô mon Dieu! je crois en toi, tu es l'idée, puissance indestructible, invincible, persistante, inaltérable, toujours croissante, grandissante et fortifiante, mère de la foi, de l'espérance, de la charité et de la réhabilitation, agent mystérieux qui parle dans la conscience de chacun et embrase le cœur de tous, fluide insaisissable que rien ne peut faire immobile, qui avance lentement mais imperturbablement vers son but et qui entraîne tout à son aide, même ses ennemis, les obstacles et les persécutions; tu es l'idée, fleuve fécondant qui coule au travers de l'humanité et qui la pénètre comme l'eau pénètre une éponge! Tu es l'amour, attraction irrésistible qui rend frémissantes toutes les molécules de ton essence répandues dans le grand tout, et qui les pousse sans cesse l'une vers l'autre, afin que deux parties de toi puissent se rejoindre momentanément dans une union pleine d'extase; cette extase, les matérialistes l'ont appelée l'ivresse des sens, et c'est peut-être la vibration de ta béatitude qui se révèle en nous! O mon Dieu! je crois en toi.

Je crois en toi, qui connais tout par le souverain souvenir et la prescience souveraine; je crois en toi, moteur de progrès, en toi, qui tires les effets les meilleurs des causes les plus coupables; je crois en toi, qui toujours de ton doigt divin nous montre les choses futures et qui jamais ne détruis le passé, afin qu'il serve à améliorer l'avenir, car tu es la loi, ô père de justice! et ta puissance n'est jamais rétroactive; je crois en toi, tu es l'âme dans laquelle nous vivons, tu es l'âme qui vit en nous; je crois en toi, je crois en toi!

Je crois à mon âme, émanation essentielle de Dieu, partie intégrante de lui, et divine comme il est divin; je crois à mon âme, immatérielle et progressive de sa nature, intelligente dans ses opérations, éternelle dans sa destinée!

Je crois à mon âme, douée d'ubiquité, car elle existe facilement en plusieurs lieux à la fois : dans le cœur de mes amis, dans celui de ma maîtresse, dans le souvenir de ceux qui sont loin, dans les animaux qui me servent, dans les paysages que j'aime, dans les océans que j'ai traversés, dans les étoiles que je regarde, dans les déserts où j'ai dormi, dans les morts qui m'ont précédé!

Je crois à mon âme, agrégation de monades diverses, légion composée d'essences différentes empruntées aux autres âmes que j'ai rencontrées, aimées ou haïes, vaincues ou aidées, perdues ou sauvées pendant mes existences précédentes! Ce sont ces portions d'âme, qui sont chacune en soi comme une âme, qui s'agitent avec mes passions, mes vertus et mes vices; ce sont elles qui, dépositaires des réminiscences de mes vies antérieures, font mes antipathies, mes sympathies et mes idées innées; ce sont elles qui tour à tour, et selon ce qui les suscite, regardent par mes yeux et leur donnent ces expressions variables de méchanceté, de douceur, de colère, de charité, de courage, de peur, de bonté, de tendresse. Elles sont réunies en moi comme une sorte d'assemblée délibérante qui discute, juge, dirige, condamne, approuve, corrige, retient, excite, excuse mes pensées et mes actions. Chacune d'elles donne ses raisons pour et ses raisons contre, et la résolution est prise à la pluralité des voix, excepté cependant lorsqu'une circonstance imprévue et grave fait surgir tout à coup une décision unanime enlevée par l'éloquence irrésistible d'une des monades intéressées; alors, comme l'on dit, je cède à mon premier mouvement. C'est cet ensemble qui va toujours croissant en intelligence et en nombre qui constitue mon âme éternelle.

Elle est éternelle, mon âme; elle a toujours existé, et toujours elle existera.

Elle a vécu déjà sous une forme palpable et elle vivra encore; elle ira gravissant l'échelle ascensionnelle de l'agrandissement intellectuel; quand elle sera devenue la monade la plus élevée de cette planète, elle pressentira la venue prochaine des temps nouveaux, elle activera la marche de l'humanité illuminée de ses rayons, et l'entraînera tout entière à sa suite vers les mondes supérieurs où nous irons jouir de sens plus parfaits et plus nombreux, de sensations plus multiples et plus vives, d'une raison plus haute, d'une compréhensivité plus étendue; c'est elle qui guidera les monades ses sœurs, dépouillées de leurs instincts prévaricateurs, vers l'essence même de Dieu, qui est la suprême justice, la suprême intelligence, la suprême vérité, le suprême amour.

Le bonheur dans la vie est une chose insignifiante à Dieu; l'intelligence seule et les vertus qui en découlent valent à ses yeux; plus l'homme est intelligent, plus il est près du Seigneur, plus il est près de la béatitude. Qu'importent les malheurs et les misères ? N'est-ce pas le feu qui épure les métaux ? L'intelligence, don direct de Dieu, est la récompense du travail accompli dans les existences précédentes; elle seule se rencontre en suivant la ligne providentielle; les autres biens sont souvent sur la route du libre arbitre ou de la fatalité; heureux celui qui a l'une et les autres en partage ! On dit des poètes et des apôtres qu'ils sont au-dessus de l'humanité; cela est vrai; la voie divine dans laquelle ils s'avancent pacifiquement domine les intérêts mortels du *moi* et du *non moi*.

Je crois à la persistance du *moi*, force latente dont je suis certain et qui parfois surgit dans toute sa clarté, conscience endormie, mais toujours vivante, qui se réveille le jour où la mort se rend maîtresse de mon corps. Bientôt je vais mourir, c'est-à-dire bientôt je serai approprié à une transformation nouvelle; alors mon âme, dépouillée de cette enveloppe charnelle qui l'emprisonne et dont elle cherche toujours à sortir, mon âme, rentrée en pleine possession de l'exercice de son *moi*, comprendra les progrès qu'elle a déjà faits, apercevra ceux qui lui restent à faire, se rendra compte des effets et des causes et s'incarnera dans un autre corps, afin de continuer l'œuvre pour laquelle Dieu l'a choisie.

Je crois à la mission providentielle de ces hommes d'abnégation, apôtres et prophètes, qui ont élevé l'esprit humain en l'initiant à des morales supérieures et qui ont jeté sur leur race des semences dont les générations venues ensuite ont récolté les fruits; je crois à eux; je crois à Zoroastre, à Manou, à Abraham, à Moïse, à Confucius, à Socrate, à Jésus-Christ, à Manès, à Mahomet, à Luther et à bien d'autres encore; je crois à ceux que j'ai vus de nos jours, doux, bienfaisants, pacificateurs, réhabilitant la chair et fécondant l'esprit, et que l'on abreuvait d'outrages, afin qu'ils eussent aussi leur martyre comme le Fils de l'homme. Je repousse de toute ma raison l'épouvantail de peines éternelles, d'enfers pleins de flammes, de diables encornés et de Satans maudits à toujours, fantasmagorie dont les méchants ont usé pour terrifier les faibles; je crois à un Dieu d'indulgence et de miséricorde. Le Dieu de vengeance est mort et ne renaîtra plus; les temps sont passés des divinités de colère et de terreur; les cieux impitoyables sont fermés à jamais; Jehovah Sabaoth n'a plus d'armée, et voilà que le sang de son fils ne suffit plus à désaltérer l'humanité.

Je veux dire la *Prière*, celle que Jésus enseignait aux disciples sur les chemins de la Palestine, la prière de ceux qui aiment, de ceux qui croient, de ceux qui souffrent, de ceux qui espèrent.

Et faisant un nouvel effort, Sylvius, levant les yeux vers le ciel, récita lentement, d'une voix qui s'affaiblissait de plus en plus :

« Notre Père, qui êtes aux cieux, que votre nom
« soit sanctifié, que votre règne arrive, que votre vo-
« lonté soit faite sur la terre comme au ciel; donnez-
« nous aujourd'hui notre pain quotidien et remettez-
« nous nos offenses, comme nous les remettons à ceux

« qui nous ont offensés; ne nous induisez pas en ten-
« tation, mais délivrez-nous du mal ! »

Quand il eut achevé, il se laissa retomber sur l'oreiller et resta muet, immobile, épuisé.

Le prêtre l'avait d'abord écouté avec grande attention, puis, il s'était mis à marmotter tout bas en lisant dans son bréviaire; quand le moribond eut terminé sa profession de foi, il ferma son livre, et se tournant vers nous :

— Il est fou, dit-il, c'est une âme perdue; j'ai fait ce que j'ai pu pour le sauver; que Dieu lui pardonne !

— Dieu est le plus grand ! Dieu est le plus grand ! cria Bekir-Aga.

Le prêtre se retira en nous disant qu'il regrettait que sa mission eût été inutile; Bekir-Aga s'assit dans un coin; le docteur Lanère et moi, nous restâmes près de Sylvius.

Il se débattait, mordait ses draps et poussait des gémissements; ses traits s'altéraient de plus en plus; des paroles incohérentes sortaient de ses lèvres amincies; le délire s'était emparé de lui; il parlait de ses amis, de sa maîtresse, de ses voyages. Il confondait les époques et criait de douleur, sans se souvenir qu'il était blessé. Nous l'entourions de ces soins superflus qu'on prodigue aux mourants avec la triste certitude de ne pouvoir les soulager, mais seulement pour accomplir un devoir jusqu'au bout.

— Il avait raison, me dit tout bas le docteur, il a raison; l'âme, en effet, est comme une assemblée délibérante; voyez dans quel trouble singulier elle est maintenant ; elle sent l'invasion de la mort et elle est folle de terreur. Chacun des membres que représente une de ces molécules de monade dont il nous parlait, chacun des membres émet une opinion contraire ; déjà le président s'est enfui sans doute, et nul n'est là pour rétablir l'ordre ; le secrétaire-archiviste, qui veille sur les facultés de la mémoire, a de même probablement quitté la réunion, aussi voyez comme les souvenirs se confondent, sans suite, sans logique, sans vérité. Chacun crie quelques phrases interrompues par les observations d'un autre. L'orateur qui tout à l'heure laissait tomber du haut de la tribune sa profession de foi pleine de sérénité, est parti maintenant ; tous ceux qui, pendant son discours, avaient gardé le silence, s'agitent en tumulte ; quelques-uns disent des paroles sensées, mais la plupart débitent des folies. Il avait raison, l'âme est une assemblée délibérante.

— Je vois, docteur, lui dis-je à mon tour, que vous ne tenez pas, comme la majeure partie de vos confrères, pour l'opinion de Broussais, qui disait : J'ai disséqué bien des cerveaux, et je n'y ai jamais trouvé d'âme.

— Ce mot, qu'on a rendu célèbre, est plus qu'un paradoxe, c'est un non-sens : vous aurez beau fouiller une maison, vous n'y trouverez jamais le locataire lorsqu'il est en sorti. Sylvius nous a dit : Je crois à la transmigration des âmes ; soit, la thèse est acceptable mais il aurait pu ajouter : et je crois aussi à la transformation de la matière ; la matière est, comme l'esprit, indestructible et éternelle ; il eût pu dire : Je ne crois pas à la résurrection de la chair, parce qu'elle ne meurt jamais! Les machines les plus formidables ne pourront pas anéantir un grain de sable. Dieu lui-même n'annihile rien, car il est éminemment créateur; il transforme, mais il ne détruit jamais. Les matérialistes et les idéalistes sont fous de se combattre sans cesse, car Dieu est partout, aussi bien dans la matière que dans l'esprit. Un squelette, avec l'agencement de ses os, prouve autant la divinité que le raisonnement philosophique le plus élevé; aveugles ceux qui nient!

Une lueur de raison semblait être revenue vers Sylvius, car il s'agitait en disant:

— J'irai, j'irai montant la spirale infinie des créations supérieures, irradiant mon âme à celle de la nature entière, attiré vers Dieu par la part de son essence que je garde en moi, gravitant autour de lui, comme un satellite autour de sa planète, et m'en rapprochant toujours. J'irai, j'irai vers les récompenses de l'avenir; je retrouverai dans les existences futures les amours qui m'ont fait jouir et souffrir dans cette vie que je quitte sans regret, parce que maintenant mes horizons vont s'élargir; j'irai et je rencontrerai le bonheur, car je porte en moi le droit d'être heureux, droit imprescriptible dont Dieu a placé la conscience en mon cœur et qu'un jour j'exercerai librement. Ne pleurez pas! ne pleurez pas! j'accomplis une nouvelle délivrance. Des voies meilleures m'attendent où je marcherai sans fatigue; ne pleurez pas! Les Parthes avaient raison qui se lamentaient autour des berceaux et se réjouissaient sur les tombes! Intelligence de Dieu, je te salue; tu m'appelles et c'est vers toi que je vais aller.

Ce fut son dernier éclair de lucidité. Il s'affaissa sur lui-même et n'eut plus qu'une sorte de somnolence remuée par le souffle affaibli de sa respiration. Le docteur Lanère suivait sur son bras les dégradations du pouls.

— Voici l'agonie, me dit-il.

Quelquefois Sylvius rouvrait les yeux, mais il ne parlait plus.

— Avez-vous déjà vu mourir? me demanda le docteur.

— Souvent, répondis-je.

— C'est un bon spectacle, reprit-il, et je ne sais pas trop ce qu'on peut y voir d'effrayant. Tenez, ajouta-t-il en se tournant brusquement vers moi, ce pauvre garçon ne peut plus nous entendre; il m'a presque troublé avec ses idées; voyez comme ce qui se passe prouve qu'il a raison; l'âme est une légion, nous a-t-il dit, une assemblée, soit; il eût pu dire aussi, un corps d'armée: voyez. La mort, cet éternel ennemi de la forteresse humaine, fait activement le siège de ce corps déjà ruiné. Tant que la défense a été possible, l'âme est restée forte, immuable, complète, et luttant avec courage, elle réunissait toutes ses molécules sur la brèche pour repousser l'assaillant. Mais maintenant que la résistance est devenue inutile, qu'elle ne ferait que prolonger des douleurs atroces en laissant au corps sa sensibilité, voyez comme elle se retire, comme elle bat habilement en retraite. Le général en chef a évacué la place en entraînant à sa suite tous les soldats valides ; il n'y a laissé que les infirmes, les faibles qui ne peuvent plus être d'aucun secours et qui restent là seulement pour protester et pour prouver qu'on a assayé de combattre jusqu'à la dernière minute. La raison est partie, et je ne vois plus, de toutes ces facultés si vivantes tout à l'heure, qu'un souffle insignifiant qui n'a même pas concience du danger de sa fin prochaine.

Cela dura longtemps, toute la fin du jour et une partie de la nuit ; vers trois heures du matin, Sylvius mourut.

— La citadelle est prise, dit le docteur, où retrouverons-nous les soldats qui l'ont défendue.

— Quand nous serons morts, lui répondis-je.

— Est-ce adieu, qu'il faut leur dire ?

— Non, docteur, c'est : au revoir !

X

Même date.

A l'époque où la mort de Suzanne et peut-être aussi le départ de Zaynèb me faisaient souffrir, j'avais écrit à Sylvius pour lui confier mes douleurs ; il me

répondit une lettre, qui est une explication de mes
fautes et des chagrins qu'elles m'ont valus; je viens
de la relire, cette lettre, et je la transcris, car elle
pourrait presque me tenir lieu de confession :

« Décidément, mon pauvre Jean-Marc, m'écrivait
« Sylvius, tu joues de malheur avec le sort, et cette
« fois, je te plaindrai sérieusement, car tu es sérieu-
« sement à plaindre. Tu as toujours trop recherché
« les émotions dangereuses de la douleur; la douleur
« est femme, elle a senti que tu l'aimais, et elle ne
« veut plus te quitter; elle s'est accrochée à toi et
« t'emporte vers des abîmes dont ta chute seule con-
« naîtra le fond. Tu m'écris : « Que vais-je devenir,
« maintenant que j'ai perdu la seule créature que
« j'aie pu aimer ? » A cela je te répondrai que tu te
« consoleras d'autant plus facilement que tu ne l'as
« jamais aimée. Comme toujours tu as été dupe de
« toi-même : tu as cru ne partir que pour obéir
« à Suzanne, et tu t'éloignais peut-être pour satis-
« faire ce goût immodéré de voyage qui t'a tou-
« jours poussé loin de nous; si tu l'avais réellement
« aimée, tu aurais fait, au besoin, une absence de
« quelques mois et bien vite tu serais revenu près
« de celle qui t'appelait. Ne m'as-tu pas dis souvent:
« La première pensée d'un homme en face d'une
« femme qui lui plaît, est de l'avoir; sa première
« pensée quand il l'a eue, est de s'en débarrasser?
« Tu as mis ta morale en action, comme doit faire
« un homme conséquent. Dans les premiers jours, et
« en proie à la douleur d'être séparé malgré ta vo-
« lonté d'une maîtresse agréable, tu as pris ta colère

« pour de l'amour, tu t'es laissé entraîner à des ser-
« ments que tu étais certain de ne pas tenir, tu as
« écrit des lettres qui ont allumé dans le cœur de
« cette pauvre femme un feu que tu aurais dû étein-
« dre; tu as mal agi. L'absence a calmé ces beaux
« élans de fidélité; tant que tu as voyagé, tu as gardé
« à Suzanne une foi que tu ne trouvais pas occasion
« de violer; dès que tu t'es arrêté, dès que tu as sé-
« journé, tu as bien vite acheté une esclave, afin de
« satisfaire, non pas les besoins d'amour, mais les
« besoins de domination qui sont en toi. Tu m'écri-
« vais alors : « Cette Zaynèb est fort belle, mais elle
« ne réalise en rien ce je voudrais.. » Lorsqu'un
« homme se plaint sans cesse, comme toi, de toutes
« les femmes, c'est qu'il est un égoïste, c'est qu'il
« veut tout recevoir et ne rien donner. La vie est un
« échange, tu as trop souvent méconnu ce principe,
« et c'est pour cela que tu as tant souffert.

« Quand Suzanne, courageuse pour elle et faible
« pour toi, s'imaginant être aimée parce qu'elle t'ai-
« mait, eut tout quitté, pour aller te rejoindre, et qu'elle
« te trouva occupé des tendresses d'une Circassienne,
« que fis-tu ! Tu mentis d'abord, au lieu d'avouer une
« faute qu'on t'eût pardonnée, et ensuite, au lieu de
« renvoyer l'esclave à l'instant même, tu voulus ater-
« moyer, parce que tu avais peut-être conçu la possi-
« bilité de conserver ces deux femmes côte à côte
« dans ta vie. Tu fus honteux vis-à-vis de Suzanne,
« et c'est pour ne pas avoir à rougir devant elle que
« tu contraignis Zaynèb à s'enfermer dans ses appar-
« tements. Lorsque tu poussais la porte du harem, y

« allais-tu seulement pour donner à l'esclave des con-
« solations ou des ordres ? Je t'avoue que je n'en crois
« rien ; tu n'es pas un homme avec qui le diable perd
« ses droits. Tu as expié trop chèrement ta conduite
« pour que je te la reproche, mais tu as été coupable,
« et tu peux frapper ta poitrine en disant : C'est ma
« faute ! Sais-tu ce qui serait arrivé si Suzanne et
« Zaynèb avaient pu s'accoutumer à vivre ensemble ?
« Tu te serais fatigué de Suzanne et tu serais re-
« tourné à Zaynèb, que tu aurais quittée ensuite pour
« revenir à Suzanne. Ne me démens pas ; tu sais que
« je dis vrai. Te souviens-tu de ce jour où je te re-
« prochais ta conduite avec Hadrienne ? Tu te tour-
« nas vers moi en me disant : Tais-toi, tu es plus dur
« qu'une conscience !

« Tu souffriras longtemps de ce malheur ; mais
« pour toi, ce ne sera pas un remords, ce sera une
« occupation. Ton caractère, naturellement enclin à
« d'orgueilleuses tristesses, ne laissera pas échapper
« cette occasion

« De maudire le ciel et d'accuser les dieux.

« Tu te nourriras de ce souvenir, tu jetteras cette
« histoire dans le gouffre insatiable de ton cerveau,
« et de tout cela il ne surnagera peut-être qu'un re-
« gret : celui d'avoir perdu Zaynèb. Tu la regrette-
« ras, malheureux rêveur, parce que tu n'as pas
« épuisé avec elle la somme des désirs qu'elle t'avait
« inspirés, comme on regrette la coupe à demi pleine
« qu'on a laissée parce qu'on croyait sa soif apaisée.

« Dégoûté par les essais que tu as tentés, croyant
« avec bonne foi avoir réellement aimé Suzanne
« parce qu'elle t'a été violemment arrachée par la
« mort, parce que ta blessure n'est pas cicatrisée, tu
« te dis : Je n'aimerai plus ; je vivrai avec la mé-
« moire de celle que j'ai perdue, et je ne me conso-
« lerai pas ! Tu te trompes, tu aimeras encore, et
« cette fois je désire que ce soit sérieusement ; et tu
« te consoleras, car le cœur est fait de manière qu'il
« se console de tout.

« As-tu vu sur les grandes routes travailler les
« cantonniers ? Ils bouchent les ornières, rassurent les
« talus, comblent les trous, dégagent les rigoles, ou,
« lorsque le temps est beau, se contentent de balayer
« la poussière. Alors vient la diligence qui roule
« joyeusement au bruit des grelots et du fouet. A la
« moindre averse, la route se défonce de nouveau,
« les pavés se disjoignent, les eaux creusent des ra-
« vines, et la pauvre diligence à moitié embourbée
« s'avance péniblement, avec de la fange jusqu'au
« moyeu. Le cantonnier recommence alors son tra-
« vail, toujours semblable, toujours utile ; un rayon
« de soleil vient à son secours, et la diligence repasse
« au galop ; et cela dure jusqu'à ce qu'il soit tant
« tombé d'averses, jusqu'à ce qu'il ait passé tant de
« voitures que la route devienne et demeure imprati-
« cable.

« Il en est de même de l'homme.

« Le cœur, cette grande route des passions, est
« toujours entretenu, réparé, nettoyé, remis à neuf
« par le temps, ce cantonnier infatigable. Lui aussi,

« il comble les trous et bouche les ornières, afin que
« nos passions puissent allègrement s'avancer sur un
« chemin uni ; mais quand la fortune mauvaise dé-
« chaîne en nous quelques-unes de ses bourrasques
« de jalousie, de trahison, de mensonge, de doute ou
« d'amertume, alors tout s'embourbe et marche avec
« de grandes douleurs dans cette voie effondrée, jus-
« qu'à ce que le temps ait nivelé les précipices, aplani
« les inégalités et rétabli tout à sa place sur cette
« route où courent sans cesse de nouveaux voya-
« geurs.

« Sois donc calme, tu aimeras encore, et au lieu de
« t'épuiser stérilement en restant enfermé dans les
« regrets de ta vie passée, reprends courage, regarde
« vers l'avenir, laisse tes rêves de côté et prépare
« ton cœur aux graves réalités de l'amour. La femme,
« je le sais, n'a jamais été pour toi qu'une distrac-
« tion ou un souffre-douleur ; tu ne l'as pas comprise,
« tu as dédaigné de l'élever jusqu'à toi sans t'aper-
« cevoir que souvent tu t'abaissais au-dessous d'elle.
« Obéissant à l'impulsion de ta nature maladive, tu
« as recherché en elle ce qui pouvait augmenter en-
« core tes dispositions chagrines, mais jamais tu n'as
« essayé de trouver les consolations qu'elle garde
« pour ceux dont elle se sent vraiment aimée, et tu
« lui as rendu au centuple la tristesse que tu savais
« en tirer. Tu as souffert des jalousies rétrospectives,
« je le sais. Mais as-tu jamais compris combien était
« touchant l'aveu de la femme qui te racontait ses
« fautes passées et oubliées peut-être ? mais ne l'es-tu
« pas senti pris d'une adoration profonde, à l'aspect

« de ce visage noyé de larmes qui te regardait avec
« des yeux suppliants? Tu as rêvé la mort, l'exter-
« mination de ceux qui t'avaient précédé; mais lors-
« que ta colère était apaisée, lorsque ton intelligence
« pouvait enfin te parler à travers le tumulte adouci,
« n'entendais-tu pas sa voix qui te disait : Et toi qui
« te plains et qui pleures, n'es-tu pas coupable aussi,
« n'as-tu donc jamais eu d'autres tendresses, n'as-tu
« pas obéi à tes caprices, es-tu donc arrivé vierge
« dans les bras de celle que tu aimes maintenant?
« Que répondais-tu alors? rien; tu courbais la tête et
« tu te contentais de dire : Je sais que je souffre, je
« sais qu'un raisonnement ne prévaut pas contre un
« sentiment! Il le faut cependant, il faut que notre
« courage étouffe notre peine. J'ai été l'amant d'une
« femme mariée qui venait me raconter en gémis-
« sant que son mari la trompait et qu'elle en était
« jalouse. Certes, le cas est rare; mon cœur a bondi
« de colère, mais j'ai compris que cette femme souf-
« frait, et je l'ai consolée.

« Je n'ai pas comme toi accompli de longs voyages;
« mais enfin j'ai fait aussi quelques tours sur notre
« planète, et j'ai été à Jérusalem. Je l'ai parcourue
« en curieux, sans scepticisme et sans impiété; on
« peut ne pas partager une croyance, mais toute
« croyance est respectable. La première fois que je
« visitai le Saint-Sépulcre, qui est à la fois une tombe
« et un berceau, j'avais passé en face du temple
« protestant nouvellement bâti par les Anglais; j'y
« jetai un coup d'œil; cela ressemblait à une étude
« de collège ou à une salle d'attente de chemin de fer;

« des hommes vêtus à l'européenne, nu-tête et assis
« régulièrement sur des bancs fourbis et brillants,
« écoutaient un ministre qui lisait la Bible. Je me
« suis senti le cœur serré ; une religion qui ne satis-
« fait que la raison est incomplète ; j'aime mieux
« l'idolâtrie qui s'adresse à toutes nos facultés ; le pro-
« testantisme mourra de ce qui l'a fait naître : du
« libre examen ! Je continuai ma route et j'arrivai de-
« vant les arcades arabes de l'église du Saint-Sépulcre ;
« les portes étaient ouvertes entre deux haies de men-
« diants déguenillés ; j'entrai. Tu sais comme moi ce
« que je vis : un assemblage de chapelles, d'autels, de
« tribunes, d'endroits traditionnels, réunis sous des
« constructions bâtardes, sévèrement gardés par leurs
« possesseurs et que chaque jour, sans vergogne et
« sans foi, se disputent les Arméniens, les Grecs, les
« Latins et les Coptes. — Les Grecs sont des voleurs,
« me disait un frère latin ; — les Latins sont des bri-
« gands, me disait un moine grec. — O Christ, me
« disais-je, comme ils te crucifient dans ta propre
« maison ! Pour monter au Calvaire, je donnai un
« pourboire, pour entrer au Tombeau, un pourboire.
« Rien n'est changé à Jérusalem, les vendeurs sont
« toujours dans le Temple. Je parcourais avec éton-
« nement les galeries, la coupole, les vestibules, les
« escaliers où s'agenouillent les chrétiens du pays ;
« des chants retentissaient sous les voûtes ; des par-
« fums d'encens planaient comme un nuage ; appuyé
« contre un pilier, je regardais ce mouvement, j'é-
« coutais ce bruit, et je me disais :

« Tout cela aussi est fini et ne sera bientôt plus

« qu'une chose historique; comme au temps de Cons-
« tantin, une voix a crié : Les dieux s'en vont! Me
« voici, moi, chrétien baptisé, me voici froid, insen-
« sible, regardant sans émotion toutes ces cérémonies
« diverses d'un culte qu'on proclame le même; je ne
« vois à travers ces dissemblances qu'une chose vi-
« vace et vigoureuse, c'est la haine qui dévore et sé-
« pare ces sectes agenouillées devant le même Dieu.
« Voilà des pappas insolents, des moines envieux
« des Arméniens avares, des Coptes avides, quelques
« pauvres Abyssins refoulés parce qu'ils sont faibles,
« et voilà aussi, dans la maison de Dieu, des soldats
« turcs qui gourdinent sans pitié les mendiants et les
« chercheurs d'aumône. Tout cela est bien mort, et
« Jérusalem est réellement le Saint-Sépulcre. Cette
« religion illumine encore les peuples, mais comme le
« reflet qui éclaire encore le ciel lorsque déjà le so-
« leil a disparu. Alfred de Musset a raison :

« Qui de nous, qui de nous va devenir un dieu?

« L'humanité, lasse et fatiguée, se tourne de tous
« côtés et cherche d'où lui viendra la lumière; elle
« presse avec inquiétude ses flancs depuis longtemps
« stériles; elle demande à Dieu qu'Isaac naisse en-
« core de la vieille Sarah; tourmentée, haletante,
« elle attend avec angoisse celui qui doit féconder ses
« entrailles; elle cherche son générateur, et comme
« Tamar elle se donne à tous dans l'espérance de
« concevoir. Qu'elle soit sans crainte, il viendra? Les

« croyances sur lesquelles elle vit depuis dix-huit siè-
« cles et demi lui sont devenues insuffisantes, quoi
« qu'elle fasse peut-être pour s'illusionner sur ses
« lassitudes; chaque jour les idées nouvelles, ces
« idées reçues d'abord avec des éclats de rire ou des
« persécutions, chaque jour ces idées s'infiltrent dans
« sa large poitrine, et plus tard, quand les temps se-
« ront venus, elles écloront comme une fleur de
« réhabilitation et d'amour; elles se formuleront en
« une croyance supérieure pour nos petits-enfants;
« car toute pensée gagne sa manifestation; tout verbe
« devient chair. Et peut-être déjà les convulsions qui
« agitent l'humanité ne sont-elles que les efforts
« douloureux de l'enfantement. Qu'il soit béni celui
« qui doit venir! Son œuvre sera une œuvre de ra-
« jeunissement, car nous sommes des vieillards;
« c'est en nous cependant qu'il trouvera la sève nou-
« velle; rien ne sera créé pour nous; l'élément régé-
« nérateur est à nos côtés, et c'est appuyés sur la
« femme, côte à côte avec elle et sur le même rang,
« que nous marcherons à la conquête de l'intelli-
« gence suprême. O Christ! pourquoi as-tu dit à ta
« mère : « Femme, il n'y a rien de commun entre
« vous et moi !

« Oui, le nouveau messie viendra; j'ai vu son pré-
« curseur et je me suis incliné sous sa main; sa lon-
« gue barbe flottait sur sa robe blanche : ses cheveux
« déroulés inondaient ses épaules; il marchait grave
« et pensif, à travers les ruines des civilisations
« écroulées; les femmes le contemplaient avec amour,
« les hommes se courbaient devant lui et ils l'ap-

« pelaient *Aboul-Dounieh*, le père du monde !
« Voilà ce que mon esprit *novateur*, comme tu
« l'appelles, me disait pendant que des flots de par-
« fums et de prières montaient vers des cieux deve-
« nus sourds et muets. Je continuai ma promenade
« dans cette vaste église qui est, selon les traditions
« nazaréennes, le centre du monde, et qui couvre de
« ses bâtiments inharmonieux tous les lieux où s'agita
« le grand drame de la Passion ; je vis la pierre de
« l'onction, là même où fut déposé le corps du Christ ;
« je vis l'endroit où pleurèrent les saintes femmes ;
« je vis le tombeau de Joseph d'Arimathie, cet homme
« de bien qui frotta de myrrhe le cadavre dont on ne
« brisa pas les os, et passant à travers les couloirs
« qui conduisent au couvent latin où je voulais entrer,
« j'arrivai à une chapelle obscure ; je m'y arrêtai. Sur
« les dalles grises et usées s'arrondissait une rosace
« en marbre blanc et noir ; un autel en bois couvert
« d'une peinture écaillée s'élevait dans un coin, sans
« nappe et sans flambeaux ; la chapelle semblait
« abandonnée ; à la muraille s'accrochait une grande
« toile entourée d'un cadre souillé par les mouches et
« la poussière ; c'était un tableau, je le regardai, et je
« distinguai un Christ coiffé d'un chapeau de jardi-
« nier, illuminé par la clarté rayonnante qui sortait
« de ses plaies, et faisant un geste comme pour re-
« pousser une femme blonde agenouillée qui tendait
« ses bras vers lui ; de la bouche du Christ s'élançait
« une légende que j'eus grand'peine à déchiffrer ; je
« lus : *Noli me tangere.* — Quelle est cette chapelle ?
« dis-je à un jeune moine latin qui m'accompagnait.

« — C'est la chapelle de la Madeleine, me répondit-
« il ; cet emplacement couvre le jardin où notre Sau-
« veur lui apparut après sa mort, en lui disant : « Ne
« me touche pas. » Je ne saurais te dire l'émotion qui
« me saisit alors. Je pensai, avec attendrissement, à
« cette pauvre fille qui avait si éperdument aimé celui
« qui n'avait pas une pierre où reposer sa tête ; je me
« la figurai charmante et délicate, perdue dans la
« foule des disciples, marchant par les chemins ro-
« cailleux, s'asseyant sur le bord des lacs, gravissant
« les montagnes et suivant toujours d'un regard inef-
« fable, celui dont les paroles lui remuaient le cœur,
« celui qui avait laissé tomber sur elle cette promesse
« divine : « Il te sera beaucoup pardonné, parce que
« tu as beaucoup aimé ! » Je la voyais, essuyant avec
« ses longs cheveux, les pieds endoloris du Seigneur,
« qu'elle avait mouillés de ses parfums et de ses lar-
« mes, et plus tard se tordant de douleur en baisant
« les blessures de ce mort qu'elle avait adoré. Ce fut
« elle qui resta le plus longtemps et la dernière auprès
« du sépulcre ; ce fut à elle qu'il apparut d'abord, car
« il était attiré malgré lui par cet amour sans limite
« qui gonflait le cœur de la pécheresse ; il fut forcé
« d'obéir au désir éperdu qu'elle avait de le voir ; ce
« fut à elle qu'il dit : « Marie ! » ce fut elle qui lui ré-
« pondit : « Maître ! » Elle l'avait pris pour le jardi-
« nier, et elle lui disait en pleurant : « Si c'est vous
« qui l'avez enlevé, dites-moi où vous l'avez mis, afin
« que je l'emporte ! » Puis, quand il s'en fut allé tout
« à fait, quand il fut remonté vers son père, elle par-
« tit, gardant l'impérissable souvenir de cette ten-

« dresse infinie, morte à la vie, et rejetant toujours
« sa pensée vers ces heures où elle contemplait le plus
« beau des enfants d'Israël expliquant les préceptes
« divins aux peuples qui l'entouraient. On en a fait
« une repentante, on a eu tort, crois-moi ; elle ne se
« repentait pas, elle regrettait : elle regrettait celui
« qu'elle ne se consolait pas d'avoir perdu. Bien des
« peintres ont essayé de représenter la Madeleine aux
« pieds du Christ ; ils n'ont pas réussi, car ils ne
« l'avaient pas comprise ; le grand Léonard lui-même,
« qui se préoccupait peu de mysticisme, et qui pei-
« gnait le *banquet* au lieu de peindre la *cène*, n'a
« pas senti la vérité de la légende évangélique ; un
« seul s'est approché de la vérité : c'est Lesueur ;
« seul il a saisi le côté humain et naturel de cette
« histoire.

« Si j'ai été si ému dans cette chapelle déserte dé-
« diée à la Madeleine, là même où elle a vu son Sei-
« gneur pour la dernière fois, c'est que je crois à
« l'amour auquel tu ne crois pas, cher Jean-Marc ; tu
« as tort ; certains esprits forts le nient par principe,
« qui le subissent en ayant honte d'eux-mêmes, ceux-
« là ne méritent qu'un sourire ; d'autres en souffrent ;
« ceux-là, je les plains ; mais malgré les douleurs, il
« faut aimer, aimer de toutes ses forces, de tout son
« cœur, de toute son intelligence, aimer quand même !
« Je sais que l'amour a parfois des amertumes si
« grandes que le cœur en reste troublé à toujours ;
« mais quelle passion n'a pas ses douleurs ? quelle
« douleur n'a pas son influence fécondante ? c'est parce
« qu'elle est malade que l'huître donne ses perles.

« Des hommes ont dit : La femme étant un obstacle
« à tout, ne doit jamais être un obstacle à rien ! Cli-
« quetis de mots, et voilà tout. Une femme qui aime
« n'est jamais obstacle à rien ; l'amour élève, déve-
« loppe son intelligence, et lui fait comprendre bien
« des choses qu'elle ne soupçonnait pas. Elle devient
« un obstacle lorsqu'elle n'aime pas assez, et elle n'ai-
« me pas assez lorsqu'elle n'est pas suffisamment ai-
« mée. Sème la tendresse si tu veux la recueillir ; le
« sentiment vrai est comme une épidémie, il faut
« le partager. Si tu avais eu le bonheur d'éprouver
« des amours violentes, tu aurais remarqué un phé-
« nomène singulier : on devient attractif pour les
« femmes, qui s'émeuvent en se sentant pénétrées
« par les effluves qui s'échappent de votre être. On a
« dit : Le bon moyen de devenir l'amant d'une femme,
« est d'en aimer une autre ; cela est vrai ; mais de ce
« fait très simple on a tiré une fausse conséquence.
« Les gens qui veulent faire de l'esprit, cette inutilité
« peu luxueuse, cette graine de niais dont chacun
« cherche à se nourrir, débitent à ce sujet mille com-
« tes absurdes. — La femme étant naturellement en-
« vieuse, cherche à s'approprier l'objet des affections
« d'autrui ! — La femme, créature décevante et per-
« verse, ne se plaît qu'à faire le mal ; — et l'on raconte
« avec mille enjolivements cette vieille histoire du
« paradis terrestre. Tout cela est bête, c'est de la
« mauvaise et facile philosophie, et rien de plus. La
« femme se sent attirée, non pas vers l'homme qui
« aime, mais vers la passion vraie et sérieuse qu'il
« porte en lui ; ce n'est point à ce monsieur qui a des

« cheveux blonds ou des cheveux noirs, qui a le nez
« aquilin ou le nez camard qu'elle veut se donner,
« non ; c'est à un sentiment indéfinissable, profond et
« grave qu'elle veut s'associer ; elle comprend confu-
« sément que là il y a du bonheur ; elle en veut sa
« part ; c'est son droit.

« Les Orientaux regardent la femme comme un
« être supérieur à l'homme, et en cela, comme au
« reste en beaucoup de choses, ils sont plus consé-
« quents que nous. En effet, après avoir créé l'homme,
« Dieu créa la femme ; on ne peut pas admettre que
« la dernière œuvre de Dieu soit inférieure aux pre-
« mières ; la femme étant venue après toutes les au-
« tres, est naturellement la plus parfaite ; ouvre un
« livre de paléontologie, et tu te convaincras que Dieu
« n'a jamais procédé que progressivement, par essais
« et peut-être même par tâtonnements. Quand la
« femme fut faite, il s'arrêta, à moins que tu ne croies
« à la création de la sauterelle par la vierge, et de la
« chauve-souris par Jésus.

« Les femmes sont infidèles et inconstantes, —
« moins que nous, sois-en certain. Chaque être porte
« en soi un sentiment indéfini d'inquiétude qui le
« pousse vers les choses nouvelles. Ce sentiment, dont
« chacun subit l'impulsion dans une mesure plus ou
« moins étendue, je l'appellerai le droit au bonheur.
« Nous avons le droit d'être heureux, nous le savons
« instinctivement, et nous cherchons. Si nous ne
« cherchons qu'en nous, nous ne trouvons pas ; si
« nous ne cherchons que dans les autres, nous ne
« trouvons pas davantage ; nous ne rencontrerons

« que dans la ligne providentielle, qui est située à une
« distance égale du *moi* et du *non moi*, c'est-à-dire
« dans l'amour qui est un échange entre nos forces et
« celles d'autrui. Pour me rendre heureux, il faut la
« communion, dans une somme semblable de l'*objec-*
« *tif* et du *subjectif*. C'est cette recherche du bonheur
« qui fait que nous nous trompons si souvent ; c'est
« elle qui rend les femmes mobiles et les hommes
« infidèles. L'histoire légendaire de don Juan est un
« symbole. Il marchait, dit-on, d'amours en amours
« à la conquête d'un idéal qu'il pressentait. Beaucoup
« de braves gens, du nombre de ceux à qui Rabelais
« dédiait ses livres, n'ont vu dans cet idéal qu'une
« maîtresse désirée, faite d'une certaine manière et
« tournée d'une certaine façon ; ils se sont trompés.
« Il cherchait le bonheur là où il doit réellement se
« manifester, dans l'amour ; il ne le trouvait pas et se
« remettait en quête.

« Je crois que, dans les rémunérations futures, l'a-
« mour sera récompensé comme une vertu ; Dieu est
« une part de nous-mêmes, et il nous tient compte du
« bonheur que nous lui avons donné en nous rendant
« heureux. La vraie félicité est dans sa voie.

« Pour les femmes, l'amour véritable se complète
« de la maternité, et c'est par là qu'elles sont parfois
« punies des fautes qu'elles ont commises dans leur
« vies précédentes. En Orient, la stérilité est regardée
« comme une malédiction, et c'est à juste titre. La
« femme qui a été mauvaise mère renaîtra stérile
« dans les existences futures, et le désir immodéré
« qu'elle aura d'avoir des enfants ne sera peut-être

« que le regret latent, et pourtant perceptible, de les
« avoir mal aimés autrefois.

« Sais-tu ce que sera la béatitude finale ? Écoute-
« moi. Parmi toutes les existences que nous par-
« courons sous différentes formes humaines, notre
« monade a aimé une âme par-dessus toutes les au-
« tres. Elle la recherche toujours, elle la veut, il la lui
« faut ; si elle ne la trouve pas, elle souffre et devient
« malheureuse. Rien ne l'arrête dans cette quête
« éperdue, ni les obstacles, ni les distances, ni les
« dangers. Elle sait profiter de nos goûts, de nos ins-
« tincts, pour nous conduire à des actes qui nous rap-
« procheront peut-être de celle qui l'attire par ses
« affinités électives. Cette réminiscence, dont nous
« subissons l'influence tyrannique, nous jette à travers
« des hasards de toutes sortes. As-tu songé quelque-
« fois de quelle manière merveilleuse les événements
« se combinaient pour réunir deux êtres qui ne se
« connaissaient pas physiquement et qui étaient des-
« tinés à s'aimer ? Eh bien ! plus tard, dans les mondes
« supérieurs, ces deux âmes qui auront traversé les
« générations en se cherchant, en s'aimant ; ces deux
« âmes qui, par un échange perpétuel, sans cesse re-
« nouvelé depuis des siècles, ne forment plus pour
« ainsi dire qu'une même essence, ces deux âmes se-
« ront réunies, mêlées, identifiées à jamais dans la
« même monade, avec conscience dans leur indisso-
« luble communion ; ce sera alors l'amour délivré de
« ses tourments, ce sera l'extase permanente, ce sera
« le baiser en Dieu dans l'infini. Remue l'humanité
« dans tous les sens et sur toutes les surfaces, tu ne

« trouveras à ses œuvres qu'un mobile immuable :
« l'amour.

« Et ne crois pas que l'humanité seule le ressente
« et l'éprouve ; tu te tromperais. La nature entière
« n'existe que par lui. Les savants ont fait de gros
« livres de calculs et de nomenclatures ; ils ont ex-
« pliqué les lois naturelles avec des chiffres ; ils ont
« tout vu avec leurs lunettes, ils ont tout mesuré à
« leur règle ; mais il faut leur rendre cette justice
« qu'ils auront été les *boute-en-train* de la science
« (pardonnez-moi cette sotte comparaison) et qu'elle
« est maintenant fort adoucie pour ses amoureux.
« Ceux qui viendront étudieront la création sous le
« rapport de ses *mœurs* et ils nous révéleront les
« mystères magnifiques de la loi d'amour.

« Ils nous diront les joies infinies des plantes qui
« s'aiment entre elles, et nous raconteront les efforts
« que font les métaux pour se réunir. Savons nous,
« pauvres ignorants que nous sommes, si une planète
« ne mourrait pas de douleur en se voyant abandon-
« née par un de ses satellites ? Au commencement tout
« était ténèbres et l'élément humide s'étendait sur le
« néant. La lumière fut créée qui féconda les eaux, et
« alors naquirent ces myriades de mondes qui peu-
« plent l'immensité ! Tout est mariage et jouissance
« dans la nature ! Nous nous arrêtons simplement au
« fait physique ; nous savons en profiter pour nos
« besoins, mais nous ne recherchons pas assez les lois
« invisibles et morales qui régissent la création.
« Lorsque le fer s'élance vers l'aimant et s'attache à
« lui dans un baiser éperdu, crois-tu que ses molécules

« ne frémissent pas de bonheur; quand la valisnérie
« se sépare de sa tige, pendant la saison des amours,
« quand elle s'en va inquiète sur le fleuve, ballottée
« sur les vagues, submergée, surnageant, prise de
« folie et recherchant la fleur qu'elle aime et qui l'ap-
« pelle par ses désirs, n'est-elle pas sollicitée par
« l'espoir des caresses qui l'attendent et poussée par
« des besoins d'amour? Certains corps n'aiment que
« par réminiscence : la plupart des métaux, par
« exemple, qui ne peuvent entrer en communion que
« liquéfiés par le feu, comme s'ils se ressouvenaient
« de leur état primitif, de cette époque préadami-
« que où ils coulaient librement l'un vers l'autre
« comme des océans de lave. Les éruptions des vol-
« cans ne sont peut-être que les joies d'amour des
« métaux entre eux. Les gaz qui se réunissent,
« l'hydrogène qui se précipite sur le chlore imprégné
« de lumière, tout ce qui s'attire, se cherche, se
« trouve et se mêle; tout aime, jouit et ressent d'inef-
« fables voluptés; crois-tu que la terre ne tressaille
« pas d'aise lorsqu'elle reçoit les baisers « du soleil?

« J'ai presque envie de m'écrier comme les poètes
« classiques : Où suis-je? Car en suivant ma pensée
« à travers le labyrinthe des transitions, je suis arrivé
« bien loin de mon point de départ. L'Évangile a dit :
« Cherchez, et vous trouverez; je te dirai : Cherche,
« et tu trouveras; ne nie pas ce que tu n'as pu appré-
« cier; ne te lasse pas, recommence vingt fois, s'il le
« faut, ton travail de conquête; ce n'est pas du pre-
« mier coup que le mineur trouve le filon d'or; sois-
« en certain, tu la rencontreras, celle qui doit calmer

« tes colères, attiédir ton cœur, dissiper tes tristesses
« et chanter avec toi l'Hosanna des jours heureux. Ne
« dis pas : Je n'aimerai plus ; car il faut que tu aimes
« encore ; il faut, en recevant par la tendresse des
« forces inconnues et centuplées, que tu comprennes
« enfin que l'amour est l'armure et l'armature de
« l'homme. Marche vers la vie nouvelle, vers la ré-
« surrection, vers l'accroissement de toutes tes fa-
« cultés, c'est-à-dire vers l'amour. Apprends à aimer
« et donne-toi sans mesure ; ton cœur battra plus à
« l'aise dans ta poitrine, une vie ardente circulera
« dans tes veines, et ton intelligence agrandie brillera
« sur ton front comme une étoile. »

XI

9 octobre 1852

Oh ! qui me donnera bien loin, dans quelque coin ignoré de la terre, sous de grands arbres, une petite maison où je pourrais causer art et métaphysique avec mes amis ? Je souffre ! Le monde qui m'entoure m'irrite et avive mes plaies ; sa sollicitude m'impatiente, son indifférence m'exaspère. A qui la faute ? à lui ou à moi ?

A moi, car les autres hommes vont et viennent, vivent et meurent sans ces supplices qui me déchirent. J'ai mal dans tout mon être.

De quelle liqueur malfaisante Dieu a-t-il rempli mon sein, pour que sans cesse elle trouble mon cerveau et noie mon cœur d'amertume? Il fait froid dans le ciel bleu, le vent du nord souffle par rafales, et sous le soleil je trouve la souffrance; mes mains sont moites, mes oreilles bourdonnent, j'étouffe.

Hier, dans une maison où j'étais en visite, je me suis évanoui, sans raison, sans motif apparent. Mon esprit fait souffrir ma chair, ma chair accable mon esprit. Ah! comme j'ai envie de mourir!

J'ai écrit à celle qui me console et qui peut-être se fatigue déjà de mes incompréhensibles tristesses. Je lui ai dit : « Je souffre, je suis insensé du désir de te voir, j'ai besoin de toi. Ah! si tu pouvais venir! » Puis j'ai attendu.

J'ai attendu, attendu, attendu; elle n'est point venue. A chaque voiture qui passait dans la rue en ébranlant la maison, je courais regarder à ma fenêtre et je sentais mon cœur qui se brisait. Quand la nuit fut arrivée et que je fus bien certain que maintenant je ne la verrais pas, je pleurai comme un petit enfant. J'ai les sept glaives dans la poitrine; j'ai le cœur gonflé de larmes et de haine, j'entends gronder en moi des colères qui seront effroyables.

Je mourrai, je veux mourir! Je suis las de cette existence. Je me débats dans ma solitude; j'ai beau crier, nul ne m'entend; j'ai beau appeler, nul ne me répond ou ne veut me répondre; je mourrai!

O mort, je t'ai toujours aimée! Ils ont fait de toi un fantôme hideux, squelette armé d'une faux et portant superbement un linceul sur l'épaule. Dans l'orbite de tes yeux ils n'ont point mis de regard ; sur ta bouche grimaçante ils ont fait un signe de menace ; ton bras est toujours levé, et tu galopes au travers des mondes sur un hippogriffe plus rapide que la lumière et qui broie sous ses pieds d'airain les générations pleines d'épouvantements. O mort, tu n'es point ainsi.

Si j'étais un grand sculpteur, je prendrais un bloc de marbre et j'y taillerais une statue. Ce serait une jeune femme pâle et sérieuse ; ses cheveux négligés, d'où s'échapperaient des violettes, côtoieraient ses joues amaigries et tomberaient sur ses frêles épaules ; un sourire triste comme un adieu entr'ouvrirait ses lèvres décolorées ; son regard voilé serait doux comme un baiser. Vêtue d'une draperie transparente qui laisserait voir la beauté charmante de son corps, elle tiendrait d'une main une faucille d'or et tendrait l'autre vers ceux qui l'appellent et la prient ; elle poserait un de ses pieds nus et minces sur des chaînes brisées ; auprès de l'autre germerait la fleur de l'espérance ; elle s'appuierait sur une colonne où je graverais les noms de Chatterton, Gilbert, Léopold Robert, Rabbe, Escousse, Le Bas, don José de Larra, de Tierceville, Antonin Moine, et quand ma statue serait ainsi faite, je l'appellerais LA MORT CONSOLATRICE !

XII

10 octobre 1852.

Cela est décidé, je mourrai. Qu'est-ce qui pourrait arrêter ma résolution ? rien. Qui est-ce qui pourrait se jeter au devant de moi en me criant : Pour être heureux, j'ai besoin de ton existence ? personne. En effet, je suis seul ; j'ai beau regarder autour de moi, je ne vois que le vide et la solitude ; tout est ténèbres.

Des maîtresses, j'en ai eu. Si elles m'ont aimé, je les ai aimées ; nous sommes quittes ; elles n'ont plus rien à me demander. Comment ont-elles compris l'amour ? Hélas ! comme je l'ai compris moi-même : comme un passe-temps, une distraction, un échange de bons procédés et de caresses agréables, comme une occupation de quelques heures par semaine. Mais où donc est-elle, celle qui eût endormi mes douleurs et emporté mon âme vers les pays de l'extase ? Où donc est-elle, celle qui eût tout quitté pour me suivre, tout méprisé pour me plaire, tout franchi pour m'atteindre ? Oh ! ingrat et aveugle que je suis ! et Suzanne ? Qu'importe, après tout ; Sylvius a peut-être raison en me disant : « Cherche, et tu trouveras ; » mais je n'ai plus le courage de chercher ; je suis trop las pour me remettre en marche !

Quand le voyageur perdu dans le désert, haletant, poudreux, fatigué, a pendant plusieurs jours lassé le sable de ses pas sans rencontrer la source où il voudrait boire, il s'arrête et se couche, le dos tourné au soleil. Ses compagnons le tourmentent et veulent ranimer son courage : « La fontaine n'est pas loin, lui disent-ils; nous apercevons déjà les palmiers et la coupole blanche des tombeaux. — Non, répond-il, ce n'est pas cette oasis après laquelle nous courons depuis si longtemps; c'est le mirage; c'est encore ce mirage qui vingt fois me l'a montrée depuis hier ; allez-y, mais laissez-moi mourir en paix, car je sens que jamais je n'atteindrai l'eau qui me ferait vivre ! » Les compagnons s'éloignent; ils trouvent le ruisseau ou le mirage, qu'importe ! il ne le saura jamais, car il meurt de lassitude, croyant que toutes les sources du monde sont taries pour lui.

Je ressemble à ce voyageur; j'aime mieux mourir de soif que de prendre tant de peine pour ne pas réussir peut-être à me désaltérer.

Quant à mes amis, je me suis convaincu qu'il ne fallait pas les fréquenter trop assidûment, si je voulais en garder les illusions. Cela est triste mais cela est vrai. L'homme n'admet guère la solidarité qu'à son profit; il la pratique rarement pour les autres. J'en ai vu qui me disaient : « Je suis fort, énergique, à l'épreuve de tout. » Quand j'ai été à même de les étudier de près, je les ai trouvés débiles, faiblissants, découragés à la seule idée de l'action. Lorsque j'ai voulu m'appuyer sur leur épaule qu'ils disaient si large, je n'ai plus mis la main que sur une ombre qui fuyait.

Ceux-là, je les ai délaissés, car ils avaient trahi plus que ma confiance, ils avaient trahi ma bonne foi ; cela est pire qu'un vol domestique. On m'a reproché d'avoir vécu trop seul ; mais que faire ? Quand j'interroge ceux qui m'entourent, je reconnais des martyrs ou des apostats. La plaie des uns me fait pleurer ; la conscience des autres me fait vomir.

Ce qu'on appelle *le monde* ne m'aurait pas rendu heureux ; la banalité de ses relations m'a toujours repoussé. Le monde est une fontaine publique dont l'eau est troublée, parce que chacun vient y boire ; or, j'ai l'estomac près des lèvres et j'aime les sources pures. Les médisances, les calomnies, les petits scandales, les friponneries heureuses, les trahisons voilées, les vanités ridicules, les délaissements odieux, les tendresses menteuses, les amours variables, les apostasies encensées, les charités d'ostentation, les suffisances puériles, les sottises outrecuidantes, l'ignorance, les préjugés gothiques, les espoirs absurdes et les souhaits misérables, toutes ces pauvretés, tout ce clinquant, tout ce cuivre doré qui constitue l'intérêt de la société n'est pas compensé par le médiocre plaisir de passer quelques heures au coin d'une cheminée, en présence de femmes décolletées et d'hommes grisonnants qui ont été, sont ou seront ministres, ou ambassadeurs, ou rien du tout.

« Il y a pourtant du bon, répétait Candide. — Cela peut être, disait Martin, mais je ne le connais pas. »

Si je voyais au moins des préjugés enracinés conséquents avec eux-mêmes, je ne dirais rien ; cela serait logique. Mais je vois de pauvres gens qui veulent jouer de bonne foi au grand seigneur, qui se laisseraient volontiers traiter d'Excellence par leurs filles de cuisine; qui se mettraient, s'ils osaient, leur écusson sur la poitrine, afin que nul n'en ignorât, et qui s'en vont chaque jour, en plein midi, grapiller quelques gros sous à la Bourse avec autant d'orgueil que leurs ancêtres s'en allaient jadis, bannières déployées et lance haute, conquérir le royaume de Trébizonde ou le duché de Mésopotamie. Maintenant ils battent monnaie avec leur blason et chauffent les locomotives avec leurs parchemins. Ils profitent de ce que leur père leur a laissé quelque argent, qu'il tenait lui-même de son grand-père, pour vouloir en avoir plus encore. Ils méprisent les agents de change et se font agioteurs pour s'accroître un peu ; ils dédaignent les banquiers et spéculent sur les trois-six ; ils se feraient juifs, tout barons chrétiens qu'ils sont, s'ils devaient y trouver bénéfice.

Autrefois, chacun allait mettre sa montre à l'heure sur l'horloge des *Tuileries*, maintenant chacun va la régler sur celle de la *Bourse*. Ceci est un symbole.

Il y avait la famille qui aurait pu adoucir à jamais ma vie et la rendre au moins supportable ; les autres en ont, et moi je n'en ai plus. Mon père, je ne m'en souviens même pas ; ma mère, je l'ai perdue au moment où j'allais pouvoir comprendre qu'elle devait être mon refuge et mon salut ; des frères, des sœurs, je n'en ai jamais eu. Il me restait une vieille tante, celle qui prit soin de mon enfance et que j'aimais par-dessus toutes choses. Je l'ai vue mourir folle de douleur, pleine de pensées terribles, mais abaissant sur mon front ses mains bénissantes. Que son pardon descende sur ceux qui l'avaient offensée !

Donc les femmes ne m'ont point sauvé, mes amis me sont insuffisants, le monde m'indigne, et je n'ai plus de famille. Que me reste-t-il donc ? Le travail ! Ah ! je l'ai méconnu cet ami solitaire, fidèle et consolant, que doivent rechercher les forts. Mon cœur atrophié, mon esprit habitué à des nonchalances irrémédiables ne sont plus maintenant dignes de le recevoir ; je suis désaccoutumé de lui ; il ne pourrait peupler le désert dans lequel je voyage, il ne daignerait plus me visiter, aussi je vais mourir.

Ah ! je connais ma plaie, et je plongerai mes mains entre ses lèvres béantes afin d'en mesurer la profondeur ; le grand œuvre de la vie se rencontre dans *l'action* qui comporte la pensée, le travail et l'amour ; j'ai lâchement préféré *l'inaction*, où j'ai trouvé la rêverie, la paresse et l'égoïsme.

La rêverie est à la pensée ce que la débauche est à l'amour.

La paresse est au travail ce que la paralysie est au mouvement.

L'égoïsme est à l'amour ce que la cécité est à la vue.

Dans les trois cas, c'est une maladie substituée à une fonction : on en meurt. Je ressemble à un arbre dont on aurait brûlé l'aubier. Je l'ai dit quelque part, il me semble, j'ai rêvé à tout, je n'ai pensé à rien. J'ai rêvé que je pensais, que je travaillais, que j'aimais. Toute ma vie j'ai ressemblé à ces gens qui sommeillent encore et veulent se lever ; ils rêvent qu'ils sont debout et restent endormis ; je suis un somnambule qui ne s'est jamais réveillé. Souvent il m'est arrivé de désirer ce qu'on appelle une *position*. Jamais je n'ai réfléchi aux moyens qu'il me fallait employer pour l'obtenir ; jamais je n'ai examiné le chemin qui devait m'y conduire ; je rêvais que j'y étais parvenu et je me prélassais dans la réussite supposée de mon ambition. J'ai toujours eu une inconcevable répugnance pour l'action ; j'ai écrit dans ma tête de beaux livres dont je n'ai jamais eu le courage de mettre un mot sur le papier. Je n'aime que les voyages, et seulement peut-être parce qu'ils fournissent pâture à mes habitudes de songes creux.

Ce matin encore, aujourd'hui même, je suis resté de longues heures absorbé dans cette idée que je ferais bien d'aller aux Indes. J'ai fait alors comme déjà pour la Chine, comme pour tous les pays que j'ai envie de visiter, je m'y suis transporté immédiatement. J'ai vu les temples d'Ellora, la pagode de Kédaram ; j'ai salué la trimurti de Brahma, Whisnou et Çiva ; j'ai marché sur les bords du Gange ; j'ai fait danser les bayadères et j'ai gravi les cimes de l'Himalaya. Ce qu'il y a de plus positif dans ces désirs de voyage, c'est le besoin d'échapper au milieu qui m'entoure et peut-être à moi-même. Parfois je me croirais en quête d'une patrie dont je serais exilé ; mais j'ai beau la chercher, je ne la rencontre nulle part ; elle ressemble à l'île d'Ithaque qui fuyait devant Ulysse. Le meilleur moyen d'arriver est encore de mourir.

Un instant, j'avais pensé à me faire soldat, et cependant j'ai en répulsion les choses militaires ; mais lorsque j'entends un régiment passer au son des fanfares, je me sens des velléités belliqueuses, je rêve le hennissement des chevaux blessés, les détonations de l'artillerie, l'odeur du sang, les éclairs de l'épée et les cris de victoire. Mais à qui donner mon courage et ma force ? Pour quelle cause maintenant pourrais-je aller combattre ? Dans mes voyages, j'ai vu les Nationalités ; elles étaient couchées sur le dos, râlantes, saignantes et mourantes ; elles se tournaient l'une vers l'autre avec effort et se disaient à voix basse en écoutant le coq qui chantait dans la nuit : « Ma sœur, ma sœur, ne vois-tu rien venir ? » Les temps ne sont pas encore arrivés où celui qui veut être réuni à ses pères pourra glorieusement escompter sa mort ! Comme je les envie à cette heure, ceux qui combattirent pour la Grèce !

Je ne mourrai pas en héros de mélodrame, je finirai paisiblement, bourgeoisement, sans imprécation, sans anathème, sans colère, sans haine, sans désespoir et sans plaisir peut-être. Je tuerai ma vie comme on tue un cheval emporté qui vous mène à l'abîme. La forme que j'occupe m'est devenue insupportable, et je veux en changer.

Pourquoi donc, puisque l'existence est si amère à son début, les vieillards regrettent-ils leur jeunesse avec tant de violence ? pourquoi ne se souviennent-ils de la saison passée de leurs amours qu'avec des spasmes de douleurs ? Est-ce une aspiration désespérée vers le temps qui n'est plus ? A chaque instant on maudit la vie, et les moribonds à cheveux blancs se relèveraient sur leur couche, secoueraient leur agonie et consentiraient à vivre mutilés et sans membres, pourvu seulement qu'ils vécussent, ne fût-ce qu'un jour, une heure, une minute de plus. Cela tient peut-être à ce qu'ils ne croient pas. Au delà d'eux ils ne voient sans doute que le néant ; ils ont peur et reculent devant la mort, qu'ils regardent comme une dissolution définitive. A ce sujet, je pense comme Sylvius, je crois à la transmigration des âmes ; pour moi, la mort n'a rien que de consolant, car elle me fait faire un pas de plus vers l'état de perfection. Oui, toujours, plus tard, comme autrefois, je verrai la poudre d'or des soleils couchants, j'écouterai le murmure des grands fleuves, je dormirai sur la mousse des forêts, je lèverai mes yeux vers les cieux étoilés, je gravirai les montagnes, j'entendrai l'océan se briser sur les rochers couverts de goëmons. O nature éternelle ! je t'admirerai toujours, ici ou ailleurs, qu'importe ! je t'admirerai plus belle si je te vois dans les mondes supérieurs !

Depuis que j'ai résolu de mourir, je suis comme allégé d'un grand poids et je me trouve presque joyeux ; c'est une sensation nouvelle qui me surprend, car j'ai toujours été triste ; toutes les fois que je me suis égayé, j'imitais ces enfants qui ont peur la nuit en traversant un bois et qui chantent pour se donner du courage. Et puis je sais que rien ne pourra maintenant ébranler ma décision ; je me réjouis en pensant aux longs jours de repos que je vais avoir enfin.

J'ai fait comparaître ma vie devant moi-même, juge impartial que je ne récuse pas ; je l'ai interrogée, elle est coupable, mauvaise, désespérée ; je l'ai condamnée à mort, et bientôt j'exécuterai la sentence.

XIII

18 octobre 1852.

Je viens de relire ces notes, qui sont le récit décousu de ma vie ou plutôt de mes impressions, et je trouve que j'ai parlé souvent de ma mère, trop souvent peut-être. Est-ce une forfanterie de regret filial ? Non ; c'est l'expression involontaire d'un souvenir qui a dominé mon existence. C'est à cette mort, qui est venue si prématurément faire le vide autour de ma jeunesse, que j'ai attribué l'exagération de ces douleurs qui vont me jeter dans l'éternité. J'ai toujours senti que quelque chose manquait auprès de moi ; j'ai cherché à fermer cette blessure par où mon sang s'échappait goutte à goutte, et je n'ai point réussi. Cette affection, sur laquelle je comptais pour appuyer ma vie, s'est éloignée de moi brusquement et j'en suis resté chancelant. Comme un aveugle qui a perdu son guide, je me suis heurté aux arbres de la route, et je m'en suis pris aux arbres au lieu de m'en prendre à ma cécité.

Ne pouvant raconter mes peines à celle qui aurait su les adoucir, j'ai vécu de mes propres confidences extravasées en moi, j'ai été à la fois le vase et la liqueur ; le vase est faible, la liqueur fermente ; l'un est sur le point de se briser, l'autre va se répandre. Rien n'a pu jamais remplacer ces joies de fils que je n'ai pas eues; et si je me suis souvent dégoûté de mes maîtresses, c'est peut-être parce qu'elle ne m'ont point assez maternellement aimé. Les femmes croient trop avoir accompli le sacrifice de l'amour lorsqu'elles ont fait don de leur chair; elles se trompent. Je sais que la possession est la consécration des tendresses humaines, mais, au-dessus d'elle, il y a ces caresses de l'âme qui sont la consolation suprême offerte à ceux qui souffrent.

La mort de ma mère qui était pour moi, orphelin et fils unique, comme une famille entière, a creusé dans mon cœur un vide d'affection qui ne s'est point comblé et où les méchantes passions se sont précipitées. Elles se sont rendues maîtresses de mon être; elles ont tenu en moi leurs conciliabules, et m'ont poussé dans des rêves où je me suis usé à désirer ce que je ne pouvais avoir. Si j'avais été un homme d'action, je serais devenu promptement criminel. Mes mauvais instincts, développés par la solitude, se perdaient dans le cours de mes rêveries, comme ces égouts qui s'écoulent dans un fleuve.

J'ai réussi à me créer des besoins insatisfaisables; le revenu de l'empire romain paraîtrait insuffisant à mes fantaisies, et je serais pauvre avec les trésors de Golconde. Le luxe d'Héliogabale, qui faisait sabler de diamants les salles de ses palais, ne me semble pas extraordinaire, et la statue d'or de Néron me paraît à peine digne d'un empereur. Si j'avais eu une très grande fortune, j'aurais été dangereux. Et cependant quels voyages j'aurais entrepris! quels théâtres j'aurais fait bâtir! quelles fêtes j'aurais données aux artistes, aux poètes et aux femmes, ces manifestations supérieures de l'intelligence et de la forme! quels livres, quels tableaux, quels monuments, quelles statues, quelles symphonies j'aurais fait exécuter! Quel dieu, à main toujours ouverte, j'aurais été pour les élus de l'Esprit, pour les inventeurs et les pionniers qui se jettent dans le pays de l'inconnu! Quelles machines j'aurais fait construire pour explorer le fond des mers! quels ballons gigantesques pour monter jusqu'aux étoiles! quelles armées d'ouvriers pour aller arracher aux entrailles de la terre le dernier mot de leur secret!... Que Dieu me pardonne, voilà que je rêve encore! Hélas! c'est cependant à ruminer des folies semblables que j'ai consumé mes facultés les meilleures.

A travers tout ce que j'ai aimé, possédé, désiré, cherché, voulu, demandé, décidé, j'ai toujours décidé, demandé, voulu, cherché, désiré, possédé, aimé autre chose. Qui est-ce qui se souvient de la chanson de Gœthe : *vanitas vanitatum?*

Ma mère, en vivant près de moi, en surveillant mon esprit avec la sollicitude inquiète des mères, en dirigeant sur elle les besoins d'affections qui me remplissaient et que je n'ai pas su utiliser, en engageant ma jeunesse vers un but de travail, aurait-elle assez modifié ma nature pour m'empêcher d'être malheureux? Les joies qu'elle me réservait me semblent peut-être grandes parce que je ne les ai jamais connues. Je m'en serais peut-être lassé bien vite; je l'aurais peut-être délaissée pour aller à la conquête des affections faciles qui attirent les jeunes gens et les détachent du foyer.

Qu'elle soit morte ou vivante, une mère ne quitte jamais son enfant. L'esprit de la mienne me visite souvent. Une fois, en m'apparaissant dans un rêve, elle m'a sauvé la vie. J'avais vingt ans; je m'en souviens, c'était pendant la nuit du 26 septembre; j'habitais un village des Vosges enfermé dans une étroite vallée. J'avais été dans la journée chasser à quelques lieues de là, et le soir, fort tard, j'étais revenu à cheval par une pluie torrentielle. J'étais mouillé, harassé de fatigue, et je me jetai au lit. Je dormais depuis quatre heures environ, lorsque j'eus un rêve dont je n'ai jamais perdu la mémoire.

J'étais tout enfant, couché dans mon petit lit, et cependant j'avais une conscience confuse que les années m'avaient fait homme. Je regardais les tableaux accrochés aux murailles et je reconnaissais un portrait de Washington et une Vierge à la chaise, qui avaient autrefois décoré ma chambre. J'entendais une sorte de murmure indistinct de voix, de piaffements de chevaux, de craquements de toiture, et surtout, dominant le tumulte, un bruit semblable au cours d'un fleuve grossi; je grelottais, et je me promettais de gronder ma bonne de ne m'avoir pas mis un double couvre-pieds. Un sentiment inexprimable d'effroi m'avait envahi, je ne sais pourquoi je me sentais mal à l'aise; je n'osais tourner la tête dans la crainte de voir des fantômes, et comme ma peur allait toujours croissant, j'appelai à haute voix : « Maman! » A peine avais-je parlé que ma mère parut, je ne sais par où elle entra. Elle était pâle et portait ses cheveux déroulés sur une camisole blanche, comme le jour de sa mort. Elle accourut vers moi, s'assit sur le bord de mon lit, me prit la tête dans ses mains, et m'embrassa en me disant : « Qu'as-tu, mon pauvre petiot ? » Je lui dis : « J'ai peur ! » Elle me répondit : « Lève-toi. » Je la regardais avec des yeux étonnés ; elle me prit sur ses genoux et se mit à me bercer, en me chantant, sur un air très doux, ces deux mots, qu'elle répétait toujours : « Lève-toi ! lève-toi ! » Le bruit que j'avais entendu augmentait de minute en minute et ressemblait à la rumeur de la mer. « J'ai peur ! j'ai peur ! disais-je. — Lève-toi ! lève-toi ! » répétait ma mère. J'eus alors un geste d'enfant maussade, et je dis : « Non, je ne veux pas me lever. — Mais, lève-toi donc ! » cria ma mère, en me poussant avec violence contre la muraille. Je ressentis une douleur au front et je me réveillai. En dormant, je m'étais effectivement heurté contre les parois de l'alcôve.

J'étais bien éveillé et j'écoutai. Le bruit que j'avais entendu à travers mon sommeil et mon rêve était devenu distinct. Des cris de détresse, le fracas d'un torrent, le bondissement de la pluie sur le toit, un tumulte sourd et prolongé qui venait de loin monta jusqu'à moi. Je me précipitai hors de mon lit, je courus à la fenêtre et je l'ouvris. Le ciel, sans étoiles, était noir comme du velours noir, quelque chose d'un jaune assombri passait en bruissant sous mes fenêtres. J'entendais des voix lamentables qui parlaient.

Qu'est-ce qu'il y a donc? criai-je. — C'est l'inondation, répondirent les voix, sauvez-vous! sauvez-vous! » J'allumai une bougie, je sortis de ma chambre. La maison, jusqu'au premier étage, baignait dans l'eau; le flot montait froid et sablonneux jusque par-dessus l'escalier et commençait à remplir le corridor où se trouvait ma porte. Je retournai à la fenêtre. A la lueur vacillante de ma lumière, je vis des meubles emportés par le courant qui les brisait aux maisons. Sur les toits, il y avait des femmes qui pleuraient. La pluie avait gonflé une petite rivière qui traversait le pays, elle était sortie de ses rives et ravageait le village. « Où sont les bateaux? criai-je à des femmes que je voyais? — Au pont de la Maltardive, » me répondirent-elles. Je grimpai sur l'appui de ma fenêtre et je sautai dans cette eau, qui me saisit comme un bain de glace. Au bout de deux cents brasses, une barque me recueillit. Ma mère m'avait réveillé à temps.

Cette nuit encore elle m'a visité; mais cette fois, dans un songe terrible dont le sens m'échappe. J'avais pris de l'opium, selon cette triste habitude que m'ont donnée mes ennuis, et mon rêve s'est poursuivi avec cette continuité lucide qui fait la joie des thériakis. En me réveillant, j'ai écrit ce rêve, tout de suite, avant d'essayer de me rendormir.

Je me trouvais dans la salle à manger d'un des appartements que j'ai habités, occupé à allumer du feu dans un réchaud qui avait la forme d'une boîte à momie. Ce feu se composait de mèches de coton qui étaient froides quand on y touchait, et qui répandaient une grande chaleur lorsqu'on s'en éloignait ; au milieu il y avait du cresson et des dessins à la miniature. Pendant que je soufflais cet étrange brasier, une femme qui avait été autrefois au service de ma mère et qui s'appelait Julie, entra. Elle ôta son châle, détacha son chapeau sans me voir, et s'adressant à une vieille bonne qui m'a élevé, elle lui dit : « Je viens de chez madame ; elle vous dit bien des choses ; elle ne va ni mieux, ni plus mal ; elle meurt toujours. »

En entendant ces paroles, je me retournai ; Julie parut consternée de me voir.

« De qui parlez-vous ? » lui dis-je. Elle hésita longtemps à me répondre ; enfin, elle remua les lèvres, mais de sa bouche il ne sortit aucun bruit ; je n'entendais pas ses paroles, je les voyais, je les lisais. Dans cette sorte de langage visible, elle me raconta que ma mère vivait encore. Autrefois, les médecins, afin d'éviter de plus longues angoisses à sa famille, s'étaient décidés, après délibération, à la faire passer pour morte. Dans le but de donner à leur mensonge une apparence irrécusable de vérité, ils avaient feint de faire une autopsie, ce qui est très facile le soir avec des verres grossissants et des instruments de chirurgie en porcelaine de Saxe. Ensuite, ils avaient mis ma mère dans le cercueil, puis l'en avaient retirée, et s'en étaient allés en écrivant une épitaphe sur leur carte de visite. Depuis dix-sept ans, elle vivait couchée dans un appartement secret, mourant sans cesse de la même maladie, crue morte par tout le monde, et ne vivant que pour Julie qui allait la voir de temps en temps, et une servante qui faisait auprès d'elle les offices de garde-malade.

Malgré la stupeur que me causa cette révélation, il me sembla que déjà cette confidence m'avait été faite, mais je n'en pouvais préciser l'époque.

J'ordonnai à Julie de me conduire auprès de ma mère, à l'instant, tout de suite.

Immédiatement et sans transition, je me trouvai montant l'escalier de la maison où pour la dernière fois je l'avais vue. Alors, il me sembla que je me ressouvenais parfaitement; tous les détails de cet événement revinrent à mon esprit. « Comment donc, me disais-je, ai-je pu oublier cette aventure ? » Je poussai une porte que je reconnus et j'entrai dans une grande salle où s'élevait un billard qui servait de lit. Les murailles étaient revêtues de stuc jaune, autour de la corniche s'allongeait une rangée de turbans verts; aux quatre coins, au-dessous du plafond, il y avait une tête de nègre qui remuait les yeux et saignait du nez. A la place du lustre, un moulin à vent pendait, renversé; les ailes en tournaient avec une grande rapidité. Rien ne me surprit, et je me rappelai être souvent venu dans cet appartement. Cependant, je ne voyais pas ma mère, et je la demandai à Julie. Alors, avec un geste comme on en fait aux enfants qui jouent à *cache-cache*, elle souleva le rideau d'une couchette que je n'avais pas aperçue, en me disant : « Coucou ! la voilà ! » et je vis ma mère.

Je m'approchai d'elle lentement, je pris sa tête dans mes bras, je l'appuyai contre ma poitrine et je l'embrassai. Je fis cela avec beaucoup de calme, avec une sorte de froideur, comme une chose naturelle qui m'arrivait tous les jours ; pourtant, j'étais très surpris de la voir encore existante.

C'était bien elle cependant; seulement elle me parut maigrie, et ses cheveux me semblèrent plus noirs. Elle me parlait comme à un enfant, et ainsi qu'autrefois, elle m'appelait : cher petiot. Elle toucha de ses doigts le ruban rouge qui était à ma boutonnière, et me dit : « En quelle composition as-tu été le premier ? Tu as donc été bien sage que ton professeur t'a donné la croix ? » Je lui répondis en arabe. « Comme tu sais bien le latin maintenant, me dit-elle. » Elle me parla de sa mère, je n'osai pas lui dire qu'elle était morte. Alors, elle me raconta son histoire :

« Ah ! cher petiot, me disait-elle, avec une voix
« dont les accents font vibrer mon cœur lorsque je
« me les rappelle; ah ! cher petiot, ça m'ennuie bien
« d'être morte. Personne ne sait que j'existe ; la po-
« lice me tient enfermée ici, me surveille et m'em-
« pêche de sortir; mais je pense sans cesse à toi, mon
« pauvre enfant, tous les dimanches j'espère te voir,
« parce que je sais que c'est le jour de sortie à ton
« collège. Je ne vois personne, ni ma mère, ni mes
« frères, ni mes amies. Ah ! je m'ennuie beaucoup,
« reprit-elle en pleurant, et je suis fatiguée d'être
« toujours couchée. »

Elle appela sa femme de chambre et lui dit : « Regardez bien mon fils, afin de le reconnaître désormais et de le laisser entrer toutes les fois qu'il viendra. »

Par une transformation que je ne puis m'expliquer,

à sa place, je vis un jeune Turc à barbe blonde, vêtu d'une redingote verte, prosterné, et qui égrenait un chapelet en répétant : Ya latif! ya latif! ya latif! Cependant c'était toujours ma mère. Je lui dis: « Maintenant je suis un homme; si vous voulez, j'achèterai une maison de campagne bien retirée où nous vivrons tous deux, heureux et inconnus du monde entier ; vous passerez pour une de mes parentes, et nul jamais ne saura que vous existez. »

Elle avait repris sa forme naturelle; elle se leva. « Vois mon jardin, comme il est beau, me dit-elle. » En effet, à travers les fenêtres, j'aperçus des tilleuls jaunis par l'automne. « Voilà dix-sept ans que je ne suis sortie, reprit-elle; tu es grand, tu as de la barbe, tu pourras me défendre; je vais m'habiller et nous irons nous promener ensemble. » Elle s'arrêta et se prit à rire : « C'est que je n'ai que des chapeaux d'il y a dix-sept ans, dit-elle, on va se moquer de moi dans la rue. »

Je l'engageai alors à se faire simplement une marmotte avec des dentelles noires, et je lui promis de la conduire dans un endroit où personne ne pourrait la reconnaître.

Nous descendîmes un grand escalier où des sources coulaient sous les marches, et nous nous trouvâmes dans le Jardin des plantes. Elle était à mon bras et marchait lentement. Des oiseaux chantaient dans les arbres baignés de lumière ; il faisait un temps magnifique; le ciel était tout bleu. Elle se réjouissait de cette nature splendide, et me disait :

« Ah! comme je suis heureuse d'être avec toi,

mon enfant ; cette chaleur me fait du bien, elle me retire la terre que j'avais dans les yeux. »

Un Auvergnat, chargé d'un orgue de Barbarie, nous suivait en jouant le grand air de Piquillo dont je chantais les paroles à demi voix.

. Nous étions arrivés en face des bâtiments du Muséum ; autour du cadran de l'horloge, je reconnus les quatre têtes de nègres qui remuaient les yeux et saignaient du nez.

Au détour d'une allée, un homme qui était gardien des animaux féroces aperçut ma mère et lui dit, d'une voix très dure, en la menaçant d'un fouet :

« De quel droit vous promenez-vous ici ? Vous savez bien que vous êtes morte ; je vais vous arrêter. »

Ma mère me prit à bras le corps et posa sur ma poitrine sa tête qu'elle agitait convulsivement. A ce moment tout disparut.

Je me trouvai ensuite, toujours au Jardin des plantes, dans la galerie intérieure des cellules où sont nourris les animaux vivants. Il y avait beaucoup de curieux et aussi l'Auvergnat qui jouait toujours le même air dont je continuais de chanter tout bas les paroles.

Un gardien marchait devant nous et nous racontait l'histoire et les mœurs des différents animaux que nous regardions. Arrivé devant une hyène, il s'arrêta et dit :

« Ceci est la superbe hyène de Barbarie ; son cri ressemble à celui d'un enfant, sa voix se fait entendre depuis le Sahara jusqu'à la place des Victoires, elle ne se nourrit que de cadavres, et ne comprend que le dialecte du Mogreb. »

Je regardais la hyène qui fixait sur moi des yeux pleins de larmes, et je reconnus ma mère. « J'ai faim, me dit-elle ; on ne me donne pas à manger ! »

Je passai la main à travers les barreaux pour la caresser ; elle se jeta sur moi et me coupa le poignet d'un seul coup de ses mâchoires.

Je poussai un cri et je me réveillai. J'avais réellement crié, car mon lévrier, qui couche toujours dans ma chambre, était debout sur ses pattes et grognait.

Ce rêve m'a troublé plus que je ne voudrais ; il m'a remis ma mère en mémoire ; j'y ai pensé tout le jour jusqu'à l'obsession. Au reste, chez moi, tout me la rappelle : ses portraits, ses meubles que j'ai pu sauver de la vente, son encrier qui est sur ma table, sa lampe qui m'éclaire en ce moment. Ses chansons favorites sont restées dans mon souvenir avec les intonations qu'elle leur donnait et les accents de sa voix.

Lorsque j'étais enfant, le soir, avant de me coucher, elle me prenait sur ses genoux, et, tout en bouclant mes cheveux, elle me berçait en murmurant quelque vieille romance. Il y avait un air qu'elle chantait toujours ; c'était un air plaintif et cependant plein d'une bravoure qui me ravissait ; il y était question de dragons, de tambours, de trompettes ; c'était, je crois, la chanson de Malplaquet. Elle la disait et la recommençait jusqu'à ce que ma tête appesantie fût retombée sur son épaule. Aujourd'hui cet air est revenu sur mes lèvres, et maintenant je le chante sur ma tombe comme autrefois elle le chantait sur mon berceau.

Ces souvenirs m'ont ramené vers mon enfance ! J'ai revu le grand manteau de la cheminée où je m'asseyais pour épeler des livres à images. J'ai revu la pelouse verte où je courais après les poules qui s'enfuyaient ; j'ai revu le grand bois de chêne dont les ombres m'effrayaient le soir ; j'ai revu le gros chien de Terre-Neuve qui jouait avec moi, et l'âne que je montais quand ma bonne me conduisait aux assemblées de village ! Combien loin tout cela, et cependant j'y touche encore ! Je ressemble à Charles Moore qui désirait redevenir enfant.

Ah ! que ne suis-je encore un insoucieux écolier sans regret de la veille, sans appréhension du lendemain ! Où est-il ce bon temps du collège ? où est notre classe du soir et notre long sommeil dans nos lits étroits ? Où est la joie des vacances et nos larmes quand on rentrait au mois d'octobre ? et la grosse horloge qui sonnait si tristement les heures ? Hélas ! voilà que j'en suis réduit à regretter le temps du collège dont j'avais toujours maudit le souvenir. Oh ! mon Dieu ! mon Dieu ! Est-ce que je deviens fou ?

J'aime mieux mourir ; mais c'est au cœur que je tirerai et non pas à la tête, car je ne veux pas qu'ils soient souillés de sang, ces cheveux noirs que ma mère avait tant de plaisir à boucler elle-même.

XIV

20 octobre 1852.

Ce matin j'ai voulu en finir; mais je l'avoue, le cœur m'a manqué; un vague instinct m'a dit de vivre encore. Est-ce l'espérance qui m'a parlé? Non! c'est cette peur de la mort que j'ai si souvent condamnée chez les autres. Si les prêtres catholiques avaient raison! si l'ange impassible allait mettre devant moi son épée flamboyante en me disant : « Sois maudit! tu n'entreras pas au séjour de repos! » C'est impossible; mon cœur et ma raison se soulèvent à cette pensée.

Je suis sorti; j'ai été dans une église et j'ai longtemps prié. Il y avait une messe de mariage. J'ai beaucoup pleuré. Pendant que j'étais agenouillé, un prêtre passa près de moi; en voyant mon visage ruisselant de larmes, il me dit :

— Pleurez et priez, mon fils! Dieu guérit tous les maux, il pardonne toutes les fautes et console toutes les infortunes.

— Ah! qu'il me guérisse de la vie, qu'il me pardonne l'action que je vais commettre, qu'il me console d'avoir tant vécu!

De là j'ai été dans les cimetières, afin de choisir la place où je veux reposer; tout y est laid, factice, sans grandeur. Les morts sont tassés les uns à côté des autres, les tombes se touchent; c'est régulier et bête comme le parterre d'un jardin français; il n'y a plus d'arbres, on les arrache pour faire place aux cercueils. J'ai cherché et je n'ai pas trouvé un seul endroit isolé, assombri par de grands saules pleureurs. Cela me révolte d'être enterré avec tout le monde; je ne voudrais pas être absorbé dans ce grand centre de putréfaction. Ah! si je pouvais être jeté à la mer, dans la mer Rouge! elle est si belle! j'irais, la face au ciel, pâle et glacé, sur les vagues bleuissantes, déchiré par les goëlands voyageurs et tiré en bas par les squales énormes. J'aimerais mieux cela que d'être enfermé dans une bière; ce coffre étroit m'épouvante, on n'a pas la place d'étendre les bras quand on est fatigué; puis encore on vous coud dans un linceul, et autour de vous parfois, quand on est pauvre, on met du son, afin de vous empêcher de *ballotter* ; pour les riches, on met des coussins brodés et des étoffes capitonnées. En argot de pompes funèbres, cela s'appelle *caler un mort*. Pouah! c'est affreux!

Autrefois, au cimetière Montmartre, à droite en entrant, s'ouvrait une sorte de précipice rempli d'une végétation magnifique. Des cyprès, plus vieux et plus hauts que ceux de Scutari, montaient au-dessus des mélèzes et des saules pâlissants. Les tombes, renversées, s'étaient égrénées sous les doigts du temps; des clématites, des aubépines, des chèvrefeuilles s'allongeaient sur les pierres disjointes et les avaient si bien embrassées qu'on ne les voyait plus ; des ramiers roucoulaient sur les branches, des lézards couraient sur les racines. Bien souvent, lorsque j'allais visiter mes pauvres morts, je me suis arrêté et je me suis dit : « C'est là que je voudrais dormir ! » Un beau jour, on a déraciné les arbres, on a chassé les ramiers, on a versé dans ce trou des charretées de terre, on a comblé le précipice, et maintenant c'est un terrain sablé, planté de tombeaux uniformes entourés de bordures de buis.

J'ai marché dans Paris. Sur le boulevard, des voitures passaient, des hommes et des femmes se promenaient. Le bruit m'a assourdi, et j'ai été étonné de voir tant de personnes vivantes. Un enfant m'a demandé l'aumône, j'ai vidé ma bourse dans ses mains. Ce n'est pas par charité; mais qu'est-ce que cela me fait? je n'ai plus besoin d'argent.

Je ne savais que faire pour employer mon temps; je ne voulais pas rentrer chez moi, mon appartement m'est devenu odieux, et dès que j'y suis je prends de l'opium afin de dormir. J'ai été au tir de Pirmet ; j'ai tiré vingt-cinq balles avec beaucoup d'adresse.

— Diable! me dit le chargeur, dans un cas donné monsieur ne manquerait pas son homme.

— Soyez en paix, lui ai-je répondu, je vous réponds que je ne le manquerai pas.

Une curiosité invincible, m'a fait remonter les quais et m'a conduit jusqu'à la Morgue. Je suis entré dans ce petit bâtiment sombre, froid, humide, et qui semble poussé sur les bords de la Seine comme un champignon vénéneux. On se pressait aux vitres: on regardait à travers les carreaux ternis et enduits d'une crasse jaunâtre; je me suis approché. Des loques dépenaillées pendaient à des crochets de fer : au-dessous, sur les dalles de marbre, deux hommes étaient étendus, partiellement couverts de ce petit tablier en cuir qui a déjà servi à tant de cadavres. L'un était un enfant pâle et roidi ; un sillon bleuâtre le traversait de l'épaule droite à la hanche gauche et lui faisait comme une écharpe. A côté de moi des gens disaient : « Il a été écrasé par un omnibus. » L'autre était un homme de quarante ans, gonflé, tuméfié, vert et livide ; il semblait qu'à poser seulement le doigt sur son ventre ballonné, on y eût fait un trou. Sa bouche tordue, son nez à moitié dévoré par les poissons, ses yeux qui n'étaient que des trous, faisaient faire à son visage une grimace sinistre ; le bout de ses mains et de ses pieds s'en allaient en lambeaux comme de la charpie mouillée. Un tatouage se dessinait sur le biceps de son bras gauche, et représentait un autel d'où s'élançait une flamme entourée de ces mots : « Toujours pour mon Élisa ! »

La mort a quelquefois des aspects horribles ; je suis troublé ; tout le jour, j'ai murmuré ces vers :

> Bleuâtre, enflé, méconnaissable,
> Bercé par le flot qui bruit,
> Sur l'humide oreiller de sable
> Je dormirai bien cette nuit !

J'avais beau les chasser, ils revenaient toujours en m'apportant l'image de ce monstre que j'avais vu à la Morgue. Ils étaient comme le refrain de toutes mes pensées. La persistance de ce souvenir me fatigue.

J'ai trouvé un air pour ces quatre vers ; je ne les récite plus, je les chante.

Je suis, du reste, sujet à ces sortes d'obsessions. Souvent, pendant des semaines entières, je me redis, sans arrêter, une phrase, un refrain, un vers. Après la mort de Suzanne, je me souviens, à ce moment où je rêvais plus que jamais l'isolement, la solitude, la fuite de cette humanité méchante, je me répétais à chaque minute, ces vers de Louis Bouilhet :

> Savez-vous pas, loin de la froide terre,
> Là-haut, là-haut, dans les plis du ciel bleu,
> Un astre d'or, un monde solitaire
> Roulant en paix sous le soufle de Dieu ?

Pauvre Suzanne ! je vais lui servir de victime expiatoire. Où est-elle à cette heure ? dans quelles régions, vers quelles étoiles s'est enfuie son âme aimante et douce ? sous quelle forme nouvelle existe-t-elle maintenant ? à qui sera-t-il accordé de la récompenser des douleurs que je lui ai infligées ? Cette histoire me donne des remords. Heureusement que bientôt je ne me souviendrai plus. Qui sait si mon existence future ne sera pas attristée pour le rachat de ce malheur.

Quant à Zaynèb, je me sens rongé par la jalousie lorsque je pense qu'elle est en la possession de ce nègre borgne. Pourquoi me plaindre ? N'est-ce pas moi qui l'ai voulu ?

XV

24 octobre 1852.

Il vient de m'arriver une aventure étrange ; j'ai la tête troublée, très troublée, très troublée. Cette molécule de mon âme qui préside à la raison, comme aurait dit ce pauvre Sylvius, m'a-t-elle déjà quittée ? s'est-elle enfuie aux approches de la mort ! Voyant que sa parole n'était plus écoutée, sentant que ses forces devenaient insuffisantes et inutiles dans le combat, est-elle partie d'avance en éclaireur sur la route où je dois bientôt marcher ? Suis-je encore dans mon bon sens. Je n'en sais rien. Voici ce qui m'est advenu :

Aujourd'hui, il y avait du soleil ; je suis sorti pour voir encore une fois des arbres avant de mourir ; les feuilles, roussies et colorées par l'automne, remuaient au souffle d'une brise tiède comme dans une journée de printemps. J'allai aux Tuileries, je m'assis sous les marronniers et je regardai des enfants qui jouaient devant moi. Ils tournaient en rond, se tenant par la main, et chantaient :

> Mon père n'avait d'enfant que moi,
> Dessus la mer il m'envoya,
> Sautez, mignonnes !
> Cœcilia ! ah ! Cœcilia !

Ces rondes, que je contemplais avec tristesse, me rappelaient Mézières où je revoyais la blonde Apollonie qui était si jolie avec sa robe noire. Je considérais tous ces pauvres petits qui sautaient en cadence et je me répétais ce mot d'un Anglais : « Les enfants sont charmants, mais on devrait par pitié les étouffer avant l'âge de raison. »

Une petite fille de deux ans environ jouait à côté de la chaise où j'étais assis, presque à mes pieds; elle mettait avec un grand sang-froid du sable dans un panier, puis en faisait de petits tas sur lesquels elle plantait des branchettes tombées. Une femme se tenait à distance et la surveillait avec sollicitude. Ce jeu dura quelques minutes, puis l'enfant dirigea ses yeux vers moi et m'aperçut.

Elle attacha avec une fixité singulière son regard sur le mien et, sans sourire, me contempla longtemps. Tout à coup elle se leva; laissant là sa pelle et son panier, elle vint à moi; se plaça entre mes genoux et me dit sérieusement, dans son langage à peine ébauché :

— Bonjour, Monsieur !

Je me penchai vers elle et je l'embrassai. Elle devint toute rose, et dans ses yeux je lus un sentiment si triste que j'en fus ému malgré moi. Je lui parlai en adoucissant ma voix et je lui demandai son nom.

— Je m'appelle la petite Marie, me répondit-elle.

— Eh bien ! Mademoiselle Marie, êtes-vous sage?

Elle sembla ne pas comprendre ma question et ne répliqua pas. Elle avait pris ma canne et jouait avec le cordon. Elle ne cessait pas de me regarder.

— Oh! Monsieur, je t'aime bien, me dit-elle.

Puis elle escalada mes genoux, s'assit sur moi, posa sa tête sur ma poitrine, prit ma main dans la sienne et ne bougea plus. Je la laissai faire.

Sa bonne s'approcha alors, et la tirant par son mantelet, elle lui dit :

— Voyons, mademoiselle Marie, vous fatiguez Monsieur ; descendez.

La petite fille jeta ses bras autour de mon cou, se mit à pleurer en criant :

— Non ! non ! je ne veux pas ! je ne veux pas !

— Laissez-la, dis-je à la servante, elle ne me gêne pas.

L'enfant s'était dressée sur mes genoux, elle m'embrassait avec ses lèvres fraîches ; aucun sourire n'avait déridé son visage.

Je pris sa tête dans mes mains et je la considérai attentivement. Ses traits étaient arrondis et indécis comme ceux des enfants ; une pâleur mate donnait un ton uniforme à sa figure qu'encadraient des cheveux très noirs. En voyant ses yeux, je ne sais quelle réminiscence confuse passa dans ma mémoire.

Ils étaient d'un bleu foncé et presque violet ; de longs cils recourbés en alanguissaient encore l'expression désolée et comme mourante. Je me sentais troublé d'une émotion vague. Où donc avais-je vu des yeux semblables ? Tout à coup le visage de Suzanne apparut à mon souvenir, et je reconnus ces tristes yeux qui m'avaient contemplé si souvent. O Suzanne ! est-ce toi ? Un frisson de terreur m'agita, mon cœur battit avec violence. Seigneur! Seigneur! est-ce donc une de vos révélations?

Je restai anéanti, frappé de stupeur, éperdu, immobile à cette idée que l'âme de Suzanne habitait le corps de cette enfant qui était venue vers moi, sans sollicitations, sans efforts, et qui ne voulait pas me quitter. Il y a aujourd'hui trois ans que Suzanne est morte. Au milieu de mes préoccupations sinistres, je n'y avais plus songé; cet incident étrange me rappelait violemment cet anniversaire.

La petite fille me caressait toujours; sa bonne la regardait avec surprise:

— Faites excuse, Monsieur, me dit-elle, jamais elle n'est comme cela; ordinairement elle ne parle à personne; elle est très douce, mais elle ne rit jamais; elle a toujours l'air si triste qu'elle en donnerait envie de pleurer.

— Quel âge a-t-elle? demandai-je en me sentant défaillir.

Cette femme sembla faire un calcul mental, et me répondit, sans remarquer le tremblement qui agitait mes mains.

— Tiens! c'est drôle; elle a eu ce matin deux ans et trois mois. Ah! je m'en souviens bien, allez, car je l'ai vue naître, moi, cette petite-là; ç'a été une dure matinée. Madame avait souffert toute la nuit; vers quatre heures, comme le jour allait paraître, l'enfant vint au monde, mais si chétive, si débile, si maigrelette, que c'était une pitié. Le médecin crut d'abord qu'elle était morte; enfin elle cria; mais elle est presque toujours malade, et nous avons bien du mal à l'élever.

Cette enfant était donc née, neuf mois presque heure pour heure après la mort de Suzanne ; je jetai un cri et je la pressai contre mon cœur. Alors un sourire que je n'ose raconter illumina son visage tout à l'heure si pensif ; elle laissa tomber sa tête sur mon épaule, et pleura, sans cris ni sanglots.

Cela est certain, l'âme de Suzanne est dans cette enfant.

Un instant j'ai eu la pensée de la voler, de m'enfuir avec elle et de la garder toujours pour recommencer à vivre à ses côtés, car cette rencontre est providentielle.

Il doit y avoir en Bretagne, auprès de la mer, dans les environs de Fouesnant et de Concarneau, quelque coin perdu où je pourrais peut-être vivre encore paisible et heureux auprès de cette petite fille, auprès de cette Suzanne nouvelle. Rêve de folie que tout cela ! Cette domestique m'aurait dénoncé, et puis je n'ai plus de courage pour rien.

Pendant deux heures je suis resté avec l'enfant, absorbé, ne voyant rien autour de moi ; sentant une foi profonde descendre dans mon cœur et remerciant Dieu.

Quand le soleil déjà voilé des nuages du soir fut sur le point de disparaître, la bonne voulut emmener Marie. L'enfant s'était accrochée à mes vêtements et refusait de s'en aller ; elle disait en pleurant :

— Je ne veux pas ! je ne veux pas ! C'est mon bon ami à moi !

Ce fut une scène presque terrible; la bonne ne savait plus que faire; Marie criait et sanglotait; quant à moi, j'étais faible comme un mourant. Quelques personnes s'arrêtaient devant nous et commençaient à regarder curieusement de notre côté; je pris Marie dans mes bras et je lui dis :

— Sois bien sage, chère enfant, obéis à la bonne; je reviendrai te voir; si tu n'est pas raisonnable, si tu ne veux pas rentrer, tu ne me reverras plus.

La pauvre enfant comprima ses sanglots, et, tournant vers la domestique son pauvre petit visage décomposé, elle lui dit d'une voix suffoquée :

— Viens-t'en, ma bonne.

Puis elle m'embrassa; sa bonne la prit dans ses bras et partit avec elle. Aussi longtemps qu'elle put me voir elle regarda vers moi en m'envoyant des baisers avec sa petite main.

Lorsqu'elle eut disparu derrière les grilles, je me réveillai de ma torpeur et je me sauvai en pleurant.

Cela est ma conviction, que Suzanne existe de nouveau et que je l'ai vue.

XVI

25 octobre 1852.

J'ai voulu revoir cette enfant, ma Suzanne. Tout le jour je l'ai cherchée en vain, j'ai couru par les Tuileries, le Luxembourg, les Champs-Élysées, les boulevards, les rues et les places. J'ai regardé tous les enfants qui passaient et je ne l'ai point trouvée. Hier j'aurais dû la suivre. Je suis rentré brisé de lassitude.

Je me suis peut-être troublé à tort. Les enfants sont sujets à ces affections subites auxquelles ils ne pensent plus quelques minutes après; ce rapprochement si singulier de sa naissance et de la mort de Suzanne n'est peut-être qu'une des mille combinaisons du hasard. Je n'aime pas à croire au hasard. Et puis ces yeux, ces grands yeux tristes, et leur expression de douleur ineffable! Oh! qui me dira la vérité? J'ai des bourdonnements dans la tête, j'ai le cervelet pincé comme avec des tenailles, je sens que mes idées n'ont plus de suite. Je souffre beaucoup. Cette nuit j'ai rêvé que je voyais Suzanne berçant une tête d'enfant qui lui ressemblait.

Cette apparition est plus qu'un appel, c'est un reproche. Sylvius avait raison, je ne l'ai pas aimée comme je l'ai cru, et depuis j'en aime une autre; Sylvius avait raison encore. Celle-là aura eu les derniers souffles de ma vie ; je lui écrirai, je vais lui écrire ; je n'ai même plus la force d'être heureux.

Heureux! tout le monde me semble l'être, excepté moi ; j'envie ceux que je vois et je les prends en haine, parce que leur repos insulte à mes souffrances.

Ah! maintenant que je vais recevoir sur mes lèvres le froid baiser de la mort, maintenant que tout est fini et que demain mon cadavre sera couché sur le dos, si l'on me demande quelle pensée, quels regrets, quelle aspiration agite mon âme, je répondrai : Oh! comme ils doivent être heureux ceux qui ont une jeune femme blonde qui entoure leur cou de ses bras et qui voient grandir un enfant qui les appelle mon père! Ils habitent la campagne ; une pelouse verdoie devant la maison ; quand ils sortent, un gros chien les suit qui porte le petit enfant. Ils ont pris dans la vie les joies de la famille. Comme il doit être heureux celui qui veille la nuit, le front courbé sur un livre et laissant retomber par instants sa tête pleine de méditations! quelquefois il se lève pour aller regarder des mixtures étranges qui fermentent dans des vases de cristal. Il a pris dans la vie les joies de la science. Comme il est heureux le peintre qui monte et descend de son échelle, la palette à la main, le statuaire qui frappe son marbre, le compositeur qui pâlit en écoutant les mélodies dont son âme est pleine, l'écrivain qui revêt sa pensée de formes magnifiques! Ils ont pris dans la vie les joies de l'art. Comme il est heureux le capitaine habillé de son bel uniforme qui le fait regarder par les femmes! il mourra de bon cœur pour sauver la frontière ou pour empêcher un chien d'entrer aux Tuileries! Il a pris dans la vie les joies de la gloire et de la discipline. Comme il est heureux le secrétaire d'État qui décachète des dépêches qu'il ne lit pas et signe des papiers qu'il n'a pas lus! Il baise gracieusement la main des femmes, il ne parle pas afin d'avoir l'air de réfléchir, il se courbe devant les broderies qui passent, car il veut devenir ministre. Il a pris dans la vie les joies de l'ambition. Comme il est heureux le banquier qui aligne ses chiffres, compte son argent, regarde avec amour les cinquante serrures de sa caisse solide et gagne quatre-vingts pour cent le plus honnêtement du monde! Il a pris dans la vie les joies de la richesse. Comme il est heureux le jeune homme qui s'en va la nuit, le cœur battant et le pied léger vers la fenêtre de celle qui l'aime! peut-être en escaladant la muraille, se brisera-t-il les reins, mais qu'importe, puisqu'il peut tenir dans ses bras celle qu'il appelle sa chérie. Il a pris dans la vie les joies de l'amour. Comme ils sont heureux! comme ils sont heureux tous ceux qui ne sont pas moi; tous ceux qui ne sont pas rongés par les inquiétudes des rêves impossibles!

J'envie tout le monde, et cependant je ne voudrais être à la place de personne. Une seule chose peut-être aurait pu me faire heureux, la misère; parce que la nécessité de travailler pour soutenir ma vie aurait étouffé les rêves insensés qui m'ont détruit.

Je n'aurais voulu avoir pour m'entourer aucune des familles que j'ai vues; je n'y ai trouvé que désunion, querelles, jalousies, adultère sinon inceste, lâchetés et médisances. Il y a des morts que je n'ai jamais connus et pour lesquels je me sens saisi de pitié, rien qu'à voir ceux près desquels ils ont vécu.

Voilà que je raisonne où plutôt que je déraisonne encore ; à quoi bon, mon Dieu, à quoi bon ! J'ai encore bien des choses à faire, des notes à écrire, des papiers à brûler, des dispositions à prendre, des adieux à adresser et mille détails dont ne se doutent pas ceux qui ne vont pas mourir. Le temps me presse ; la mort est assise à ma porte, elle attend ; il faut que je la fasse entrer en lui disant la bienvenue arabe : *Bismillah !* au nom de Dieu !

Ah ! c'est égal, j'aurais bien voulu revoir cette petite fille qui est Suzanne !

XVII

25 octobre 1852, trois heures du matin.

Tout est prêt, mon cœur est préparé ; j'ai écrit à Porcia ; j'ai jeté au feu mes papiers inutiles, et j'ai brûlé tous les portraits qui m'étaient chers ; j'aime mieux les détruire moi-même que de savoir qu'ils iront s'étaler chez les brocanteurs. Il est trois heures du matin ; le soleil ne se lèvera pas sur mon existence actuelle. J'ai presque envie d'écrire comme au collège : *Ave, morituri te salutant!* J'aurais bien mieux fait de mourir à cette époque. A quoi cela me sert-il d'avoir vécu jusqu'à présent ?

Je suis assez calme, et ma résolution ne vacillera pas ; mais ma chair est troublée ; elle est pleine d'appréhensions, il est évident qu'elle a peur de souffrir ; ma tête est vide comme lorsque l'on a pris une forte dose de quinine ; j'entends des murmures confus qui chantent dans mes oreilles ; ma main sèche et gonflée écrit difficilement ; mon cœur bat irrégulièrement, je respire avec peine, et je sens des frissons me parcourir comme pendant un accès de fièvre. Est-ce que j'aurais peur ?

Mes pistolets sont là, devant moi, sur la table ;

tout à l'heure j'en ai pris un et je l'ai armé. A ce bruit sec, mon lévrier, qui était couché près de moi a levé la tête et m'a regardé d'un air inquiet, comme il faisait en voyage lorsqu'il me voyait préparer mon fusil; je me suis demandé si je ne ferais pas mieux de le tuer, afin de l'emmener avec moi, lui qui m'a suivi depuis tant d'années. Cela est inutile, on ferait jeter son cadavre à la voirie; Bekir-Aga le conduira dans son pays, et ils se regarderont tous les deux en pensant à moi. Ce pauvre Arnaute, ma mort lui fera de la peine; il m'aimait bien, depuis dix ans qu'il ne me quittait pas.

Ah! comme tout s'est rembruni, comme la nuit est venue vite! comme tout s'est assombri sous les ténèbres de la fatigue et du découragement! J'aurais peut-être pu avoir du bonheur; je ne demandais, comme tant d'autres, que ma place au soleil. Ne me l'a-t-on pas donnée, ou n'ai-je pas su la conquérir! Ah! je sais ma maladie, c'est un cancer moral au cerveau; j'en meurs.

Je brûle tous mes papiers, excepté ces notes, tout, même ces parchemins où pendaient de grands sceaux de cire et qui étaient enfermés dans le vieux coffre en bois de cèdre. J'ai parcouru ces paperasses, j'y ai lu la devise menteuse de ma famille : *Levius fit patientiâ*. Jamais raillerie ne fut plus amère. Certes, lorsque notre grand-aïeul, prisonnier à Londres avec le roi Jean, récitait à son royal compagnon, pour l'engager à souffrir courageusement sa captivité, le vers d'Horace dont le second hémistiche devait lui être donné pour devise, il ne se doutait pas qu'un de ses descendants, le dernier, devait chercher dans la mort un refuge contre la vie, en riant de l'ironie de ce dicton menteur.

Qu'est-ce qu'on dira demain en entrant dans ma chambre et en me voyant mort? Je pense toujours avec regret à mon enterrement que je ne verrai pas. Sans doute les journaux feront des articles ; ils m'appelleront fou, insensé, impie ; ils diront : ce malheureux ! ils prétendront que je me tue parce que je suis ruiné ; ils m'inventeront quelque vice secret par où s'est écoulée ma fortune ! Au reste, qu'est-ce que cela me fait ?

Je viens d'ouvrir ma fenêtre. Il y a des étoiles à l'horizon ; de grands nuages chassés par le vent passent et repassent devant la lune ; j'ai respiré largement, comme si je voulais faire provision d'air contre les étouffements du cercueil. Une rafale est entrée et a éteint ma lampe ; je me suis trouvé tout à coup dans l'obscurité, j'ai eu peur ; il m'a semblé que je voyais des formes violettes qui remuaient à travers les ténèbres. J'ai allumé ma bougie, je me suis regardé dans la glace ; j'étais très pâle.

———

J'ai écrit mes dernières recommandations ; elles sont très simples et faciles à suivre. On m'habillera de mes burnous de voyage, les capuchons seront rabattus sur mon visage. On m'enveloppera tout entier, les bras placés le long du corps, dans le couvre-pieds que Porcia m'a donné. Les paquets de lettres que j'ai préparés et mis en évidence seront déposés près de moi ; le portefeuille en velours bleu brodé d'or, qui contient un portrait et des cheveux, sera placé sur mon cœur, de façon à cacher la blessure que je vais y faire. On laissera mes bagues à mon doigt. Mes cheveux ne seront pas coupés. On ne fera de moi ni dessin ni moulage. Sous ma tête on mettra ma bible in-folio.

Je sais que tout cela est plein d'enfantillage ; mais qu'importe ; on peut bien passer quelque fantaisie à un mourant.

Je serai couché dans une bière en bois de chêne ; je ne veux pas de cercueil en plomb, je ne veux pas de double cercueil. J'aurai bien assez du poids de six pieds de terre et d'un morceau de marbre, sans y ajouter encore l'oppression des boîtes incorruptibles. Je ne veux pas être embaumé ; que la destruction fasse son œuvre en paix ! La vue des momies égyptiennes suffit à dégoûter de ces sortes d'empaillements. Il faut, comme disait le lazariste sur la tombe de Suzanne, que la poudre retourne à la poudre, et que l'esprit remonte à Dieu qui l'a donné !

Seigneur ! toi qui m'as jeté à travers la vie dans un but que j'ignore et qui bientôt va se révéler, pardonne-moi si je quitte l'existence par le seul fait de ma volonté ! Tu n'avais pas mis dans ma poitrine un courage égal à mes douleurs; elles m'ont usé lentement, lentement, et je dois disparaître maintenant que je ne suis plus bon à rien. O maître des destinées ! directeur des transmigrations, accepte-moi dans ta miséricorde; pardonne, toi dont tous les apôtres ont souffert; souvent j'ai crié vers toi, mais tu sais que je n'ai jamais douté; je t'ai toujours senti t'agiter au-dedans de moi-même, et j'ai adoré ta présence dans toutes les choses de la nature. Donne-moi, ô Père bienfaisant ! les forces nécessaires pour être moins malheureux dans ma vie prochaine; ne me réserve pas à porter encore, en expiation de mes fautes, le poids des existences mauvaises; réchauffe-moi à ce foyer d'amour, d'intelligence et de bonté qui émane de toi; prends-moi en pitié, délivre-moi de mes faiblesses, anéantis mes prévarications, rapproche-moi de toi, et quoi qu'il arrive, ô mon Dieu ! que ton nom soit béni !

XVIII

A PORCIA

25 octobre 1852, une heure avant de mourir.

C'est à vous, Porcia, que je dédie ces notes d'une existence qui va s'éteindre. Vous avez été pour moi, que j'avais déjà condamné à mort, comme cette vierge des dernières amours que les sauvages d'Amérique envoient au prisonnier attaché au poteau du supplice ; votre rayonnement a illuminé les instants suprêmes de ma vie, et peut-être m'auriez-vous sauvé, si j'avais été sauvable.

Je vous ai rencontrée trop tard, vous avez pu galvaniser mon cadavre, mais non pas, hélas ! rendre le souffle à cet être épuisé, endolori, vaincu et prêt à partir. C'est vous, ô Porcia ! qu'à travers mes passions, mes ennuis, mes découragements, mes voyages, mes aspirations éperdues, c'est vous que j'appelais, que j'invoquais, que je voulais. Dans les chemins de la vie, où j'ai ensanglanté mes pieds, où j'ai meurtri mon cœur, où j'ai affaibli mon intelligence, c'est l'espoir imprescriptible de vous trouver un jour, que je poursuivais. Dans cette recherche désespérée, j'ai usé mes forces, abâtardi mon courage, et lorsque Dieu vous eut enfin jetée dans mes bras, j'étais devenu faible, appauvri à force de souffrir et je ne portais plus en moi qu'une ruine chancelante qui devait s'écrouler bientôt et m'ensevelir sous ses décombres. Ces malaises, ces marasmes qui me dévoraient tout vivant, m'ont laissé plein d'énervements et plus débile qu'un nouveau-né. J'ai essayé de lutter, j'ai voulu reconquérir l'existence afin de vivre heureux près de vous, mais il était trop tard ; mes sentiments atrophiés n'ont plus de vaillance ; mon cœur ne sait plus que souffrir, ma bouche ne sait plus que se plaindre, mon esprit ne sait plus que rêver ; je suis devenu si faible et si ruiné que le bonheur même m'écrase comme un poids insupportable ; je n'ai plus la science de jouir, je ne peux plus que me lamenter. Pour d'autres vous auriez été une récompense, mais Dieu est juste, pour moi vous êtes un châtiment : ma punition est de toucher aux félicités que vous gardez et de ne pouvoir les saisir. Je me sens incapable de vous.

Votre cœur, le plus grand que j'aie connu, m'avait accepté avec mes imperfections sans nombre et mes douleurs sans motifs. Vous seule avez peuplé ma solitude, vous seule m'avez consolé du départ de ceux qui ne sont plus ; vous avez été à la fois mon épouse, ma sœur et ma mère ; vous auriez été ma joie, ma consolation et ma force, si déjà je n'avais appartenu à cette autre amie fidèle qu'on appelle la Mort. Soyez heureuse cependant, car grâce à vous, je peux mourir en croyant avec ferveur que le bonheur n'est point introuvable. Surtout n'allez pas vous affliger, n'allez pas vous dire : « Si j'avais fait plus pour lui, peut-être aurait-il vécu ; si je l'avais mieux aimé, peut-être aurait-il fini par être moins misérable. » Non, cela était impossible ; je vous le répète, je ne pouvais plus vivre, et, pour me servir d'une vieille comparaison, je vous dirai : il n'y avait plus d'huile dans la lampe, elle s'éteint et nul ne peut la rallumer.

Nous nous reverrons, Porcia, soyez-en certaine ; Dieu qui parmi tant d'obstacles nous a réunis, nous remettra encore en présence dans une existence future. Je vous laisse une partie de mon âme, j'emporte une partie de la vôtre ; attirées par leurs souvenirs et leurs affinités premières, nos monades sauront bien se retrouver plus tard, et nous vivrons enfin côte à côte des jours pleins de bonheur que notre tendresse a mérités.

Pardonnez-moi, car vis-à-vis de vous aussi je suis coupable ; je n'avais pas le droit de me faire aimer et de partir en vous laissant des regrets.

Dans ces notes, aucune ne s'adresse à vous ; elles étaient closes déjà en partie, le jour où, pour la première fois, vous avez mis votre main dans la mienne ; elles vous aideront à comprendre cet être taciturne et sauvage que votre amour a pu seul apprivoiser. En les lisant vous saurez peut-être le dernier mot de certain cris de désespoir qu'il a poussés vers vous ; elles vous expliqueront ces répulsions, ces colères, ces puérilités d'enfant malade pour lesquelles vous aviez tant d'indulgence et que vous endormiez sous le charme de vos yeux.

O Porcia ! que Dieu vous garde et vous récompense du bien que vous m'avez fait; et s'il ne veut pas me punir trop cruellement de mes fautes, qu'il me réunisse à vous dans cette existence nouvelle où tout à l'heure je vais faire le premier pas.

JEAN-MARC.

C'est ainsi que se termine le manuscrit de Jean-Marc; j'ai recueilli quelques détails sur sa mort, et je les donne pour compléter l'histoire de ce malheureux.

Lorsque le matin Bekir-Aga, attiré par les hurlements du chien, entra chez son maître, il le trouva mort, roidi, couché sur le dos comme un soldat. Il s'était frappé en pleine poitrine et a dû mourir sur le coup.

Ce fut un grand émoi dans le quartier, et l'Église, comme je l'ai dit, refusa de prier sur son corps. Ses instructions furent suivies à la lettre. Du reste, il avait acheté un terrain et composé lui-même son épitaphe. Je l'ai lue moi-même au cimetière Montmartre, un jour que j'ai rencontré une femme vêtue de noir qui priait en pleurant à genoux devant sa tombe. C'était Porcia, qui ne l'a pas encore oublié. Cette épitaphe, la voici :

ICI GIT
LA DÉPOUILLE D'UNE AME
ÉTERNELLE.

—

O MORT
QUE J'AI FORCÉE A M'OBÉIR,
DÉJA JE T'AI VUE SOUVENT DANS MES EXISTENCES
ANTÉRIEURES,
ET SOUVENT JE TE REVERRAI DANS MES EXISTENCES
FUTURES.
CHOISIS-MOI DE PRÉFÉRENCE
LORSQUE TU VOUDRAS
DÉLIVRER
UN HOMME DE L'ENVELOPPE
QUI EMBARRASSE SON AME
ÉTERNELLE !
FAIS QUE JE SOIS TON ÉLU
A TOUJOURS
ET CONDUIS-MOI
DE TRANSMIGRATIONS EN TRANSMIGRATIONS
JUSQU'A DIEU
AFIN QUE JE PUISSE RENTRER
A JAMAIS
DANS SON ESSENCE INFINIE
ET
ÉTERNELLE !

—

AINSI SOIT-IL

FIN

www.ingramcontent.com/pod-product-compliance
Lightning Source LLC
Chambersburg PA
CBHW071255160426
43196CB00009B/1303